DIDEROT

OBRAS VI

O ENCICLOPEDISTA

ꝏ

ARTE, FILOSOFIA E POLÍTICA

Equipe de realização – Preparação de texto: Marcio Honorio de Godoy; Revisão: Daniel Guinsburg Mendes; Ilustração: Rita Rosenmayer; Projeto de capa: Adriana Garcia; Produção: Ricardo W. Neves, Sergio Kon e Raquel Fernandes Abranches.

DIDEROT

OBRAS VI
O ENCICLOPEDISTA

ARTE, FILOSOFIA E POLÍTICA

J. GUINSBURG E ROBERTO ROMANO
Organização

NEWTON CUNHA E J. GUINSBURG
Tradução e Notas

PERSPECTIVA

CIP-Brasil. Catalogação-na-Fonte
Sindicato Nacional dos Editores de Livros, RJ

D552o
v.6

Diderot, Denis, 1713-1784
Diderot : obras VI : o enciclopedista : arte, filosofia e política / J. Guinsburg e Roberto Romano, organização; Newton Cunha e J. Guinsburg, tradução e notas. – São Paulo: Perspectiva, 2011.
5 il. - (Textos; 12)

Contém dados biográficos
Inclui bibliografia
ISBN 978-85-273-0909-7

1. Diderot, Denis, 1713-1784. 2. Filosofia francesa – Século XVIII. 3. Filosofia moderna - Século XVIII. 4. Arte – Filosofia. 5. Ciência política – Filosofia. I. Guinsburg, J. (Jacó), 1921-. II. Romano, Roberto, 1946-. III. Cunha, Newton, 1949-. IV. Título. V. Título: Arte, filosofia e política. VI. Série.

10-6482 CDD: 194
CDU: 1(44)

13.12.10 22.12.10 023482

EDITORA PERSPECTIVA S.A.

Av. Brigadeiro Luís Antônio, 3025
01401-000 São Paulo SP Brasil
Telefax: (11) 3885-8388
www.editoraperspectiva.com.br

2011

SUMÁRIO

NOTA DE EDIÇÃO

A editora Perspectiva vem desenvolvendo na sua coleção Textos um projeto que lhe parece relevante para o público de língua portuguesa, ou seja, o de pôr ao seu alcance grande parte do legado filosófico, literário e científico de Dennis Diderot. Fazendo-o, seu propósito é reabrir o diálogo de nosso leitor com o pensamento e a produção daquele que, pelo brilho invulgar de suas ideias e pela capacidade de expô-las em sua escritura, fora chamado, em sua época, de *o Filósofo*, denominação que o sobrepôs como expoente e ícone do espírito de uma época, mais ainda do que Voltaire ou Rousseau.

Por isso mesmo, a *Enciclopédia* francesa (subtitulada Dicionário Raciocinado das Ciências, das Artes e dos Ofícios) mereceu uma prospecção cuidadosa que resultou em três volumes de artigos redigidos e publicados por Diderot, na qualidade de autor exclusivo ou de coautor. Estão previstos, dado o interesse permanente e sempre renovado dos subsídios que esta obra pode trazer, outros tomos, com acepções relativas às artes e à política, procedentes igualmente do mesmo manancial enciclopédico.

Os dois primeiros livros desta seleção da *Encycopédie*, também editados na coleção Textos, reúnem os verbetes dedicados aos filósofos e suas escolas, compondo, em conjunto, uma história da reflexão e da indagação filosóficas até o século XVIII. Já o presente volume, integrado por traduções de Newton Cunha e J. Guinsburg, abrange outros temas aos quais o ecletismo do pensador se aplicou, sem nunca deixar de servir como motivo de argumentação e de controvérsia ideológicas em favor não só do espírito republicano, como de uma maturidade cognitiva e moral que muito deve às Luzes e à sua desassombrada campanha racionalista. Os assuntos sobre os quais refletiu, pesquisou e escreveu para a *Enciclopédia*, na forma de verbetes, encontram-se aqui enfeixados num só volume e abrangem os mais variados interesses do conhecimento (*enciclopédia*), da estética (*arte, belo*), da filosofia (*nada*, *negação, gozo*), da política (*autoridade política, intolerância*), da religião (*alma, irreligioso*) e da vida social (*cidade, celibato*), marcas de um intelectual que foi e continua a ser, ao mesmo tempo, um símbolo da polimatia, da autonomia do pensar e do engajamento político-existencial.

Assim, torna-se patente o quanto de razão assiste a Laurent Versini, um dos mais argutos editores contemporâneos das obras completas de Diderot, ao escrever que o Filósofo "elabora, metodicamente, a partir de um conhecimento profundo dos sistemas antigos que lhes deram seus anos de Sorbonne e de preparação para a *Enciclopédia*, da nova filosofia inglesa [...] e das primeiras conquistas das ciências nascentes da vida, um pensamento muito pessoal que repousa sobre um materialismo do qual não se encontra exemplo em outra época e sob outros céus, o materialismo biológico – explicação do mundo e do homem pelo jogo das leis de organização biológica e química, da combinação de moléculas ou de 'fibras', sem recurso a uma alma, e do qual o corolário vem a ser um ateísmo coerente, sem agressividade e sem angústia".

Mais do que tudo, no entanto, é que com o passar do tempo – esse velho senhor que sabe julgar com maior precisão e justiça as obras humanas –, o nome e a importância de Diderot têm ganho o merecido destaque que lhe cabe, sobretudo pelo fato de não ter o autor conseguido publicar a maior parte de seus escritos em vida. Provas desse renovado interesse são as grandes investigações e os alentados estudos produzidos nos dois últimos séculos, entre os quais merecem ser citados os de Karl Rosenkranz (*Diderots Leben und Werke*), John Morley (*Diderot and the Enciclopaedists*), Arthur Wilson (*Diderot*, a ser publicado em português pela Perspectiva), Jean Varloot (*Correspondance*) e H. Dieckmann, J. Fabre e J. Proust (*Oeuvres Complètes*). Em todos eles, e em muitos mais, evidencia-se uma inabalável certeza: a de que o filósofo foi uma das mais expressivas figuras daquilo que, ainda hoje, carrega o nome de *modernidade*.

J. Guinsburg e Newton Cunha

CRONOLOGIA

1713 Nasceu em Langres, em uma família de artesãos abastados (o pai é mestre cuteleiro).

1726 Destinado pela família à carreira eclesiástica, estudou com os jesuítas, em Langres, e foi tonsurado.

1726 Prossegue os estudos em Paris, no colégio de Harcourt.

1732 Recebe o grau de bacharel em Artes pela Universidade de Paris.

1742 Trava amizade com Jean-Jacques Rousseau e Grimm.

1743 Casa-se com Anne-Toinette Champion, contra a vontade do pai.

1746 O editor Lebreton contrata-o para traduzir a *Cyclopaedia* de Chambers.

1747 É encarregado, com d'Alembert, de dirigir a redação da *Encyclopédie* (Enciclopédia).

1749 É detido e encarcerado em Vincennes por causa da publicação de *Lettre sur les aveugles* (Carta Sobre os Cegos).

1751 Sai o primeiro volume da *Enciclopédia*. Entre os seus verbetes mais célebres e de grande repercussão pública figura o artigo sobre a "Autoridade Política". Publica

Lettre sur les sourds et muets (Carta Sobre Surdos e Mudos) e suas *Additions* (Adições).

1753 Nascimento da filha, Marie-Angélique.

1756 Liga-se a Sophie Volland.

1757 Aparece o tomo VII da *Enciclopédia*. O artigo "Genebra" provoca vivos protestos do partido devoto e o rompimento com Rousseau.

1758 Aparece *De la poésie dramatique* (Da Poesia Dramática), cujo capítulo final discorre sobre "Autores e Críticos".

1759 A *Enciclopédia* é condenada como subversiva pelo Parlamento. O rei revoga a licença de impressão e ordena a queima dos sete volumes publicados. O Papa coloca a obra no *Index*. Os manuscritos em poder do Enciclopedista são apreendidos, mas seu amigo Malesherbes, chefe da polícia, os esconde em sua casa. Diderot lança-se à crítica de arte, iniciando *Les Salons* (Os Salões), série de nove ensaios publicados até 1781.

1760 Possível início da composição de *Jacques le fataliste* (Jacques, o Fatalista), cuja redação parece ter se estendido, intermitentemente, até 1780.

1761 Julga-se que neste ano ou em 1762, Diderot começou a redigir *Le Neveau de Rameau* (O Sobrinho de Rameau), obra cujo término é situado entre 1775 e 1776.

1762 Edição de *Éloge de Richardson* (Elogio a Richardson).

1765 Os dez últimos tomos da *Enciclopédia*, impressos secretamente na Holanda, aparecem com endereço falso. Catarina II compra a biblioteca de Diderot, para que ele possa prover o dote de casamento da filha.

1766 Término do *Salão de* 1765, que inclui o escrito intitulado "Fragonard" e os "Essais sur la peinture" (Ensaios Sobre a Pintura), editados separadamente em 1795.

1769 Composição do *Entretien entre d'Alembert et Diderot* (Diálogo entre d'Alembert e Diderot), do *Rêve de d'Alembert* (O Sonho de d'Alembert) e dos *Principes philosophiques sur la matière et le mouvement* (Princípios Filosóficos Sobre a Matéria e o Movimento). “Regrets sur ma vieille robe de chambre” (Lamentações sobre Meu Velho Robe), fragmento do *Salão de* 1767, é divulgado pela *Correspondance littéraire.*

1771 A *Correspondance littéraire* difunde o *Entretien d'un père avec ses enfants* (Colóquio de um Pai com Seus Filhos).

1772 Aparece *Sur les femmes* (Sobre as Mulheres). Conclusão de *Ceci n'est pas un conte* (Isto não é um Conto) e *Mme de La Carlière.* Primeira versão do *Supplément au Voyage de Bougainville* (Suplemento à Viagem de Bougainville). Edição de *Traité du beau* (Tratado Sobre o Belo).

1773 Esboça o *Paradoxe sur le comédien* (Paradoxo sobre o Comediante), viaja para a Rússia e para a Holanda.

1774 Delineia o *Entretien d'un philosophe avec Mme la maréchale* (Colóquio com a Marechala).

1784 Diderot morre em Paris, no dia 30 de julho.

O ENCICLOPEDISTA: ARTE, FILOSOFIA E POLÍTICA

Ao lado: Página de abertura do tomo de História das Ciências e Belas--Artes, impressa secretamente na Holanda.

MÉMOIRES POUR L'HISTOIRE DES SCIENCES ET BEAUX ARTS.

Commencés d'être imprimés l'an 1701. à Trévoux, & dédiés à ſon Alteſſe Sereniſſime Monſeigneur LE PRINCE SOUVERAIN DE DOMBES.

FÉVRIER, 1763.

SE DISTRIBUENT A PARIS,

Chez { CHAUBERT, Quai des Auguſtins à la Renommée & à la Prudence.
LE BRETON, premier Imprimeur Ordinaire du ROI, rue de la Harpe.

M. DCC. LXIII.

Avec Approbation & Privilége du Roi.

ALMA. (Ordem enciclopédica. Entendimento, Razão, Filosofia ou Ciência dos Espíritos, de Deus, dos Anjos, da Alma)[1] Às quatro

1. Os dois primeiros parágrafos transcritos abaixo correspondem ao início deste verbete, solicitado ao abade Yvon e, como não poderia deixar de ser, tratado sob o ponto de vista da doutrina cristã. Após tê-lo recebido, Diderot resolveu acrescentar novas argumentações então expostas pelas filosofias e pelas ciências da época. Assim, para que se perceba o vínculo entre as quatro questões propostas de início pelo abade Yvon e a visão complementar de Diderot, apresentamos aqui o início do texto encomendado.

"Entende-se por alma um princípio dotado de conhecimento e de sentimento. Aqui se apresentam várias questões a serem discutidas: 1. qual sua origem; 2. qual a sua natureza; 3. qual o seu destino; 4. em que seres ela reside.

Houve uma enorme quantidade de opiniões sobre sua origem e essa matéria foi extremamente agitada na antiguidade, tanto na pagã quanto na cristã. Só há duas maneiras de encarar a alma: ou como uma qualidade, ou como substância. Aqueles que pensaram ser ela pura qualidade, como Epicuro, Dicearcos, Aristóxeno, Asclépios e Galeno, acreditavam e deviam necessariamente crer que ela se aniquilava com a morte. Mas a maioria dos filósofos pensou ser a alma uma substância. Todos os que eram dessa opinião sustentaram unanimemente que ela era apenas uma parte separada de um todo; que Deus era esse todo e que a alma devia, enfim, a ele se reunir por questões precedentes sobre a origem, a natureza, o destino da alma e sobre os seres que nela residem, os físicos e os anatomistas acrescentaram uma quinta, que lhes parecia ser mais de sua alçada do que da metafísica: a de fixar a sede da alma nos seres que a possuem. Aqueles que dentre os físicos acreditavam poder admitir a espiritualidade da alma, e conceder-lhe ao mesmo tempo a extensão, uma qualidade que não podem mais olhar como a diferença específica da matéria, não lhe fixam qualquer sede em particular: dizem que está em todas as partes do corpo. E como acrescentam que ela existe inteiramente sob cada parte de sua extensão, a perda de certos membros nada deve retirar de suas faculdades nem de sua atividade ou de suas funções. Esse sentimento resolve as dificuldades, mas faz nascer outras, tanto sobre essa maneira particular e incompreensível de existência dos espíritos, quanto sobre a distinção da substância espiritual e da substância corporal: por isso não teve sequência. Os outros filósofos pensam que ela não possui extensão e que, no entanto, há no corpo um local particular onde ela reside e de onde exerce seu império. Não fosse um certo sentimento comum a todos os homens, que os persuade ser a cabeça ou o cérebro a sede de seus pensamentos, haveria também motivo para se crer que é o pulmão ou o fígado, ou ainda outra víscera que se quisesse. Pois se seu mecanismo não tem e não pode ter qualquer relação com a faculdade de pensar, como se demonstrou precedentemente, um local do cérebro não a conteria mais. Seria necessário, ao que parece, uma parte

via de refusão. Mas diferenciavam-se entre si sobre a natureza desse todo: uns sustentando que não havia na natureza senão uma só substância; outros pretendendo haver duas. Os que sustentavam haver uma só substância universal eram, na verdade, ateus: seus sentimentos e aqueles dos spinozistas modernos são os mesmos; sem dúvida, Spinoza foi buscar seus erros nessa fonte corrompida da antiguidade. Aqueles que sustentavam haver na natureza duas substâncias gerais, Deus e a matéria, concluíam, como inferência deste famoso axioma – *de nada, nada* – que uma e outra eram eternas: estes aqui formavam a classe dos filósofos teístas e deístas, aproximando, mais ou menos conforme suas diferentes subdivisões, o que se chama Spinozismo".

onde se viessem concluir todos os movimentos das sensações, tal como o senhor Descartes tinha imaginado a glândula pineal. Mas era bastante verdadeiro, como se verá na sequência deste artigo, tratar-se de uma pura imaginação daquele filósofo, e que não apenas essa parte, mas qualquer outra, não é capaz das funções que ele lhe atribuía. Esses traços que se supõem tão naturais, e dos quais os filósofos tanto falaram que se tornaram familiares no discurso comum, não se sabe bem onde colocá-los. E não se vê parte no cérebro que seja bem apropriada para recebê-los nem para guardá-los. Não apenas não conhecemos nossa *alma*, nem a maneira pela qual ela age sobre os órgãos materiais, mas nesses mesmos órgãos não podemos perceber qualquer disposição que determine um a ser, de preferência a outro, a sede da alma.

No entanto, a dificuldade do assunto não exclui as hipóteses; ela deve apenas tratá-las com menos rigor. Nós não terminaríamos se quiséssemos relacioná-las todas. Como era difícil dar preferência a uma parte sobre outra, não há quase nenhuma em que não se tenha posto a alma. Metêmo-la nos ventrículos do cérebro, no coração, no sangue, no estômago, nos nervos etc., mas de todas essas hipóteses, aquelas de Descartes, de Vieussens[2] e de Lancisi[3], ou a do senhor de La Peyronie[4], parecem ser as únicas às quais os autores tenham sido conduzidos pelos fenômenos, como o faremos ver. O senhor Vieussens, o

2. Raymond Vieussens (1635-1715), anatomista e médico francês, regente da Universidade de Montpellier, autor de *Neurographia universalis* (1690), importante tratado de descrição da função das estruturas nervosas, incluindo o cérebro. Essa obra veio como resultado de pesquisas e de dissecações efetuadas sobre cerca de 500 cadáveres.

3. Giovanni Maria Lancisi (1654-1720), médico e anatomista italiano, autor, entre vários estudos, de *Del modo di filosophare nell'arte medica, Dissertationes anatomico-medica, altera de veni sine pari, altera de gangliis* e *De motu cordis et aneurismatibus*.

4. François Gigot de La Peyronie (1678-1747), médico francês, fundador da Academia Real de Cirurgia. Escreveu diversas "memórias" para a Academia, relatando e discutindo casos e procedimentos.

filho, supôs em uma obra, na qual se propõe a explicar o delírio melancólico, que o centro oval era a sede das funções do espírito. Conforme as descobertas ou o sistema do senhor Vieussens pai, o centro oval é um tecido de pequenos vasos muito finos que se comunicam todos por uma infinidade de outros vasinhos ainda mais delgados, produzindo todos os pontos de sua superfície exterior. É nos primeiros desses pequenos vasos que o sangue arterial se subtiliza a ponto de se tornar espírito, e escorre nos segundos sob a forma de espírito. Dentro desse prodigioso número de condutos, quase absolutamente imperceptíveis, se fazem todos os movimentos aos quais as ideias respondem. E as impressões que esses movimentos ali deixam são os traços que lembram as ideias já tidas. É preciso saber que o centro oval se encontra situado na origem dos nervos, o que muito favorece a função que a ele aqui se dá.

Uma vez admitida essa mecânica, pode-se imaginar que a saúde material do espírito, por assim dizer, depende da regularidade, da igualdade e da liberdade dos cursos dos espíritos no interior dos pequenos canais. Se a maior parte estiver aluída, como durante o sono, os espíritos que correm naqueles que fortuitamente estiverem abertos, despertam ao acaso ideias entre as quais não há, frequentemente, nenhuma relação, mas que a alma não deixa de reunir, na falta de haver outras que, ao mesmo tempo, lhes façam perceber a incompatibilidade. Se, ao contrário, todos os pequenos canais estiverem abertos, e os espíritos sejam rápidos e em abundância, levanta-se ao mesmo tempo uma grande quantidade de ideias muito vivas que a alma não tem tempo de distinguir e comparar; e é isso o frenesi. Se houver em alguns condutos uma obstrução tal que os espíritos cessem de correr, as ideias que a eles estiverem ligadas se perdem para a alma, e ela não pode mais fazer com eles qualquer uso em suas operações. De sorte que levará a um julgamento insensato todas as vezes que essas ideias lhe forem necessárias para formar um racional; fora disso, todos os seus juízos serão sadios. É isso o delírio melancólico.

O senhor Vieussens fez ver o quanto sua suposição concorda com tudo o que se observa nessa doença; como ela procede de uma obstrução, é produzida por um sangue muito espesso e lento, e também não se tem febre. Devem estar menos sujeitos ao delírio melancólico aqueles que habitam em um país quente, e cujo sangue está despojado de suas partes mais sutis, devido a uma grande transpiração; aqueles que usam alimentos muito grosseiros; os que foram afligidos por um grande e longo temor. Poder-se-ia levar o detalhe das suposições tão longe quanto se queira e encontrar, em cada suposição diferente, um efeito diverso, de onde resultaria não haver mais mente sã onde não houvesse algum pequeno duto do *centro oval* bem fechado.

Mas quando a suposição da causa do senhor Vieussens concordar com todas os casos que se apresentem, talvez não seja mais a causa real. Os antigos atribuíam o peso do ar ao horror do vácuo; e hoje, todos os fenômenos celestes à atração. Se os antigos, baseados em experiências reiteradas, tivessem descoberto nesse horror alguma lei constante, como se descobriu uma na lei da atração, teriam eles podido supor que o horror ao vácuo fosse realmente a causa dos fenômenos, mesmo quando os fenômenos jamais se tenham afastado dessa lei? Podem os newtonianos supor que a atração seja uma causa real, mesmo quando jamais ocorra qualquer fenômeno que não siga a lei do inverso do quadrado das distâncias? De modo algum. O mesmo serve para a hipótese do senhor Vieussens. Não adianta o centro oval ter pequenos dutos que se abrem e se fecham: mesmo podendo assegurar-se a olhos nus (o que lhe é impossível) que o delírio melancólico aumenta ou diminui em conformidade com os pequenos canais abertos ou fechados, sua hipótese adquiriria muito mais certeza, e entraria na classe do fluxo e do refluxo e da atração considerada relativamente aos movimentos da lua: mas não estaria ainda demonstrada. Isso provém do fato de, em todos os lugares, só percebermos efeitos que se correspondem, e não que um desses efeitos seja a razão do efeito correspondente; quase sempre falta a ligação, e talvez jamais a descubramos.

Mas de qualquer maneira que se conceba aquilo que pensa em nós, é invariável que as funções são dependentes da organização e do estado atual de nosso corpo enquanto vivemos[5]. Essa dependência mútua do corpo e do que pensa no homem é o que se chama a *união do corpo com a alma*; união que a sã filosofia e a revelação nos ensinam ser unicamente o efeito da vontade livre do Criador. No entanto, não temos nenhuma ideia imediata de dependência, de união, nem de relação entre essas duas coisas, *corpo e pensamento*. Essa união é, pois, um fato que não podemos pôr em dúvida, mas cujos detalhes nos são absolutamente desconhecidos. Cabe à experiência ensiná-los e decidir sobre todas as questões que se possam propor sobre a matéria. Uma das mais curiosas é aquela de que tratamos aqui: a alma exerce igualmente suas funções em todas as partes do corpo com o qual está unida? Ou existe uma à qual esse privilégio esteja particularmente vinculado? Se existe uma, qual é essa parte? A glândula pineal, disse Descartes; o centro oval, disse Vieussens; o corpo caloso, disseram Lancisi e o senhor de La Peyronie. Descartes tinha apenas uma conjectura, sem outro fundamento além de algumas conveniências; Vieussens fez um sistema apoiado em certas observações anatômicas; o senhor de La Peyronie apresentou o seu com experiências.

Descartes viu a glândula pineal única e como que suspensa, em meio aos ventrículos do cérebro, por dois filamentos nervosos e flexíveis, que lhe permitem ser movida em todos os sentidos, e por onde recebe todas as impressões que o escoamento do espírito ou de um fluido qualquer que corre pelos nervos pode, de todo o resto do corpo, levar até ela. Viu a glândula pineal envolvida por arteríolas, tanto as do plexo coroide quanto as das paredes internas dos ventrículos, onde está confinada, tendendo

5. Esse pensamento contém, *avant la lettre*, as premissas do estruturalismo. Na sequência da reflexão, vê-se que o problema só poderá ser resolvido pela pesquisa empírica, de caráter científico.

os mais desatrelados em direção à glândula; e sobre essa situação vantajosa, conjecturou que a glândula pineal era a sede da alma e o órgão comum de todas as nossas sensações. Mas descobriu-se que ela faltava em certas pessoas, ou que em outras se encontrava inteiramente obliterada, sem que elas tivessem perdido o uso da razão e dos sentidos. Em outras, encontrâmo-la putrefata, sem que o destino lhes tenham sido diferente: estava apodrecida em uma mulher de vinte e oito anos, que conservava o sentido e a razão; e eis então a alma desalojada do lugar em que Descartes lhe havia atribuído por morada.

Têm-se experiências de destruição de outras partes do cérebro, tais como as da testa e da trama capilar, sem que as funções da alma tenham sido destruídas. O mesmo se deve dizer dos *corpos canelados*. Foi o senhor Petit quem expulsou a alma dos corpos canelados, apesar de sua estrutura singular. Onde está, pois, o *sensorium commune*? Onde está essa porção cujo ferimento ou destruição conduz, necessariamente, à cessação ou à interrupção das funções espirituais, enquanto que outras partes podem ser alteradas ou destruídas sem que a pessoa deixe de raciocinar ou de sentir? O senhor de La Peyronie passou em revista todas as partes do cérebro, exceto o corpo caloso. E faz-lhe a exclusão por uma série de doenças muito manifestas e perigosas que as atacaram, sem interromper as funções da alma: é, pois, segundo ele, o corpo caloso o lugar do cérebro onde a alma habita. Sim, segundo Peyronie, o corpo caloso é a sede da alma, que entre os filósofos uns supuseram em todos os lugares, e outros procuraram em tantos lugares particulares. E eis como o senhor de La Peyronie procede em sua demonstração:

Um camponês perdeu, por um golpe recebido na cabeça, uma grande porção da substância do cérebro; no entanto, curou-se, sem que a razão lhe fosse alterada: logo, a alma não reside em toda a extensão da substância do cérebro. Vimos sujeitos em quem a glândula pineal estava obliterada ou apodrecida; outros que não tinham dela nenhum traço, e todos usufruíam da razão: portanto, a alma não se encontra na glândula pineal. Temos as mesmas provas para o *infundibulum*[6], para os corpos canelados e o cerebelo; quero dizer que tais partes foram ou destruídas ou atacadas por doenças violentas, sem que a razão sofresse de outro mal; assim, a alma não se encontra nessas partes. Resta o corpo caloso.

Pode-se ver nos comentários do senhor de La Peyronie todas as experiências pelas quais ele prova que essa parte do cérebro não pôde ser alterada ou destruída, sem que a alteração ou a perda da razão não se seguisse. Nós nos contentaremos aqui de trazer aquela que nos há mais fortemente impressionado. Um jovem de dezesseis anos foi ferido por uma pedrada no alto e na frente do parietal esquerdo; o osso sofreu uma contusão e não pareceu fendido; nada aconteceu até o vigésimo quinto dia, quando o doente começou a sentir que o olho direito se enfraquecia, estando pesado e doloroso, sobretudo quando pressionado; ao cabo de três dias, perdeu a visão somente desse olho; perdeu, em seguida, quase todos os sentidos e caiu em um estado de torpor e abatimento de todo o corpo. Foram feitas incisões; foram feitas três trepanações; abriu-se a dura-máter e tirou-se um abscesso, que devia ter aproximadamente o volume de um ovo de galinha, três onças e meia de matéria espessa, com alguns flocos da substância do cérebro. Julgou-se, pela direção de uma sonda achatada e de ponta arredondada, em forma de cogumelo, que se chama *meningophylax*, e pela profundidade com que a sonda penetrou, que a matéria sustentava-se no corpo caloso.

Quando aquilo que pesava sobre o corpo caloso foi esvaziado, o torpor cessou, a visão e a liberdade dos sentidos retornaram. Os acidentes recomeçavam na medida que a cavidade se enchia com nova supuração, desaparecendo quando as matérias saíam. A injeção produzia o mesmo efeito que a presença

6. Segundo o *Dicionário da Academia Francesa*, edição de 1762, trata-se de “uma cavidade ou pequena fossa que se encontra entre a base anterior da abóbada do cérebro e a parte anterior do ponto de reunião dos nervos óticos”.

das matérias: desde que se preenchesse a cavidade, o doente perdia a razão e a sensação; e as recobrava, bombeando a injeção por meio de uma seringa. Deixando correr o *meningophylax* sobre o corpo caloso, apenas o seu peso já fazia voltar os acidentes, que desapareciam tão logo o peso estivesse afastado. Ao fim de dois meses, o doente curou-se: teve a cabeça inteiramente liberada e não sentiu o menor incômodo.

Eis aí a *alma* instalada no corpo caloso, até que sobrevenha alguma experiência que a desloque, deixando aos fisiologistas o fato de não saber mais onde pô-la. No aguardo, consideremos o quanto suas funções dependem de poucas coisas: uma fibra deslocada; uma gota de sangue extravasada; uma ligeira inflamação; uma queda; uma contusão. E adeus julgamento, a razão e toda essa perspicácia de que os homens se vangloriam. Toda essa vaidade depende de um filete bem ou mal colocado, são ou malsão.

Após ter utilizado tanto espaço para estabelecer a espiritualidade e a imortalidade da alma, dois sentimentos bastante capazes de orgulhar o homem sobre sua condição futura, que nos seja permitido empregar algumas linhas para humilhá-lo a respeito de sua condição presente, considerando a contemplação de coisas fúteis das quais dependem as qualidades que aprecia. Apesar dos esforços, a experiência não deixa qualquer dúvida sobre a conexão das funções da alma com o estado e a organização do corpo; é preciso convir que a pressão exagerada do dedo da parteira seria suficiente para fazer de Corneille um tolo, quando a caixa óssea que confina o cérebro e o cerebelo era mole como pasta. Terminaremos este artigo por algumas observações que se encontram nas *Memórias da Academia das Inscrições*, em vários lugares, e que, sem dúvida, se espera reencontrar aqui. Uma criança de dois anos e meio, tendo até ali gozado de uma saúde perfeita, começou a cair em estado de apatia; a cabeça aumentou pouco a pouco e, ao fim de dezoito meses, parou de falar tão distintamente quanto o havia feito; não aprendeu nada mais de novo; ao contrário, todas as funções da alma se alteraram, a ponto de não dar mais nenhum sinal de percepção nem de memória, nem mesmo de gosto, de odor ou de audição. Comia a qualquer hora e recebia com indiferença alimentos bons e ruins. Estava sempre deitado de costas, não podendo sustentar nem mexer a cabeça, que se havia tornado bem grande e bastante pesada. Dormia pouco e gritava noite e dia; tinha a respiração fraca, o batimento bem baixo, mas regular; digeria bem, tinha o ventre livre e nada de febre.

Morreu após dois anos de enfermidade. O senhor Littré o abriu e encontrou um crânio um terço maior do que deveria ser naturalmente, água clara no cérebro, o *infundibulum* largo de uma polegada e com a profundidade de duas; a glândula pineal cartilaginosa; a medula alongada, mas mole em sua parte anterior ao cérebro; o cerebelo esclerosado, assim como a parte posterior da medula alongada, e a medula espinal e os nervos que dela saem menores e mais moles do que de costume[7].

A natureza dos alimentos influi de tal forma sobre a constituição do corpo, e essa constituição sobre as funções da alma, que apenas essa reflexão seria bem capaz de alarmar as mães que entregam seus filhos a desconhecidos para serem alimentados.

As pressões feitas sobre os órgãos ainda suaves das crianças podem ter consequências tão cruéis, relativamente às funções da alma, que os pais devem velar com cuidado para que não lhes aconteça qualquer terror ou pânico, de qualquer natureza que seja.

Mas, eis aqui dois outros fatos muito apropriados para demonstrar os efeitos da alma sobre o corpo, e, reciprocamente, os efeitos do corpo sobre a alma. Uma jovem cujas disposições naturais ou a severidade da educação a haviam lançado em uma devoção extremada, caiu numa espécie de melancolia religiosa. O medo irracional que lhe foi inspirado do Ser soberano havia

7. Ver as *Memórias da Academia*, ano de 1705, p. 57; ano de 1741, p. 31; ano de 1709, p. 11.

preenchido seu espírito com ideias sombrias, e a supressão de suas regras foi uma consequência do terror e dos alarmes habituais nos quais vivia. Inutilmente se empregava contra esse fenômemo os emenagogos mais eficazes e melhores escolhidos; mas a supressão durava, ocasionando efeitos tão desagradáveis que a vida logo se tornou insuportável para a jovem enferma. E se encontrava nesse estado quando teve a felicidade de travar conhecimento com um eclesiástico de caráter doce e afável, e de espírito racional, quem, movido pela doçura de sua conversação, levado pela força de suas razões, acabou por banir os receios com os quais ela se obsedava, fazendo-a reconciliar-se com a vida e dando-lhe ideias mais sãs a respeito da Divindade. Tão logo o espírito curado, a supressão das regras cessou, o aspecto saudável voltou, e a enferma gozou de boa saúde. Mas como o espírito não está menos sujeito a recaídas do que o corpo, ao ter essa jovem retornado aos primeiros temores supersticiosos seu corpo readquiriu os mesmos transtornos e a doença veio acompanhada dos mesmos sintomas que antes. O eclesiástico seguiu, para tirá-la dali, o mesmo caminho que havia empregado; e ela conseguiu, as regras reapareceram e a saúde voltou. Durante alguns anos, a vida dessa jovem foi uma alternativa de superstição e de doença, de religião e saúde. Quando a superstição dominava, as regras cessavam e a saúde desaparecia; quando a religião e o bom senso se punham acima, os humores seguiam seu curso ordinário e a saúde retornava.

Um célebre músico, grande compositor, foi atacado por uma febre que, sempre aumentando, tornou-se contínua e com agravamentos. No sétimo dia ele caiu num delírio violento e quase contínuo, acompanhado de gritos, de lágrimas, de terrores e de uma insônia perpétua. No terceiro dia de seu delírio, um desses golpes instintivos, que se diz que faz com que os animais doentes procurem ervas apropriadas, fê-lo pedir que se tocasse um pequeno concerto em seu quarto. Seu médico não consentiu senão com grande esforço; apresentaram-lhe cantatas de Bernier e, desde os primeiros acordes que ouviu, seu rosto adquiriu um ar sereno, seus olhos se tranquilizaram, as convulsões cessaram no todo, e ele verteu lágrimas de alegria e teve então pela música uma sensibilidade jamais experimentada e, depois, nunca mais sentida. Permaneceu sem febre durante todo o concerto e, desde que acabou, recaiu no estado anterior. Não se deixou de voltar a um remédio cujo sucesso havia sido tão imprevisto e feliz. A febre e o delírio sempre se suprimiam enquanto duravam os concertos, e a música se havia convertido tão necessária ao doente que, à noite, fazia cantar e mesmo dançar uma parente que o velava e a quem sua aflição não permitia mais ter pelo doente a complacência que dela se exigia. Uma noite, entre outras, em que só tinha junto a si sua guardiã, conhecedora de apenas um miserável *vaudeville*, foi obrigado a contentar-se com ela e sentir alguns efeitos da doença. Enfim, dez dias de música o curaram inteiramente, sem outro recurso que uma sangria do pé, a segunda que lhe fizeram, e à qual se seguiu uma grande evacuação.

O senhor Dodart conta esse fato após tê-lo verificado. Não pretende que possa servir de exemplo ou de regra, mas é bastante curioso ver-se como em um homem, em que a música se tornara, por assim dizer, a *alma*, por um hábito longo e continuado, os concertos devolveram, pouco a pouco aos espíritos, seu curso natural. Não parece que, da mesma maneira, um pintor possa ser curado por quadros. A pintura não possui o mesmo poder sobre os espíritos e não trará a mesma impressão à alma.

ARTE. (Ordem Enciclopédica. Entendimento. Memória. História Natural. Arte) Termo abstrato e metafísico. Começamos por fazer observações a respeito da natureza, da utilidade, do uso e das qualidades dos seres e de seus símbolos. Em seguida, damos o nome de *ciência* ou de *arte*, ou de *disciplina* em geral, ao centro ou ponto de convergência no qual relacionamos todas as observações feitas, para com elas se dar forma a um sistema de regras ou de instrumentos com vistas a um mesmo fim; eis o que é *disciplina* em geral. Exemplo: refletimos sobre o uso e o emprego das palavras, e, em seguida, inventamos o termo *gramática*. Gramática é o nome de um sistema de instrumentos e de regras relativas a um objeto determinado. E esse objeto é o som articulado, os signos das palavras, a expressão do pensamento, ou tudo o que com eles tenha relação. O mesmo ocorre com as outras *Ciências* ou *Artes*.

Origem das Ciências e das Artes

Foi a indústria, a habilidade dos homens, empregada nas criações da natureza, em razão de suas necessidades, de seu luxo ou divertimento, e ainda por curiosidade, que deu nascimento às Ciências e às Artes. E os pontos de reunião de nossas diferentes reflexões receberam as denominações de *Ciência* e de *Arte*, segundo a natureza de seus objetos *formais*, como afirmam os Lógicos. Se o objeto é elaborado, o conjunto e a disposição técnica das regras com as quais é elaborado dão-lhe o nome de Arte. Se o objeto é apenas contemplado sob diferentes ângulos, o conjunto e a disposição técnica das regras de observação relativas ao objeto dão-lhe o nome de Ciência. Assim, a *Metafísica* é uma ciência, e a *Moral*, uma arte. O mesmo se diz da *Teologia* e da *Pirotecnia*.

Especulação e Prática de uma Arte

É evidente, pelo que nos precede, que toda arte possui sua especulação e sua prática. Sua especulação não é outra coisa senão o conhecimento inoperativo das regras; sua prática, o uso habitual e não refletido das mesmas regras. É difícil, para não dizer impossível, fazer evoluir a prática sem especulação; e, reciprocamente, de adquirir um bom conhecimento sem a prática. Há em toda arte um grande número de circunstâncias relativas à matéria, aos instrumentos e ao manuseio que só a prática ensina. É por ela que as dificuldades são sentidas e os fenômenos se mostram; é pela especulação que os fenômenos se explicam e as dificuldades são ultrapassadas. De onde se segue que somente um artista que domine as razões possa falar de sua arte.

Distribuição das Artes em Liberais e Mecânicas

Examinando as produções artísticas, percebeu-se que algumas eram mais obras do espírito do que das mãos e outras, ao contrário, mais obras da mão do que do espírito. Essa é, em parte, a origem da preeminência que se atribuiu a certas artes, e da divisão feita das artes em liberais e mecânicas. Tal distinção, embora bem fundamentada, produziu um mau efeito, aviltando pessoas muito estimáveis e muito úteis. E nos encorajou – não sei por que preguiça natural que por si só já muito nos conduzia – a crer que se dedicar a uma aplicação constante e seguida, à experiência e aos objetos particulares, sensíveis e materiais, era contrariar a dignidade do espírito humano. E que praticar ou mesmo estudar as artes mecânicas era rebaixar-se a coisas cuja pesquisa é trabalhosa, a meditação ignóbil, a exposição difícil, o comércio desonroso, a quantidade inesgotável e o valor mínimo: "*minui majestatem mentis humanae, si in experimentis et rebus particularibus* (reduz-se a majestade da mente humana [se a confinamos] a experiências e coisas particulares" – Bacon, *Novum Organum*). Preconceito que tendia a encher as cidades de pensadores orgulhosos e de contempladores inúteis, e os campos de pequenos tiranos ignorantes, ociosos e depreciadores. Não foi assim que pensou Bacon, um dos primeiros gênios da Inglaterra; Colbert, um dos maiores ministros da França; enfim, os bons espíritos e os homens sábios de todos os tempos. Bacon via a história das *artes mecânicas* como o ramo mais importante da verdadeira filosofia; logo, jamais pensou em desprezar suas práticas. Colbert acreditava que a indústria dos povos e o estabelecimento das manufaturas constituíam a riqueza mais segura de um reino. No julgamento daqueles que hoje têm ideias sadias sobre o valor das coisas, aquele que povoou a França de gravadores, de pintores, de escultores e de artistas; que supriu os ingleses de máquinas de fazer meias, os genoveses de veludos ou os venezianos de vidros, não fez menos pela sociedade do que aquele que bateu os inimigos e destruiu suas praças fortes. E aos olhos do filósofo, há talvez um mérito real e maior no fato de terem nascido pessoas como os Le Bruns, os Sueurs e os Audrans. Depositai num prato da balança as vantagens reais das ciências as mais sublimes e das artes as mais honradas e, no outro, aquelas das artes mecânicas, e vós percebereis que a estima que se faz de umas e de outras não foi distribuída em justas proporções de benefícios. E que louvamos mais aqueles homens ocupados em nos fazer acreditar que éramos felizes do que aqueles ocupados em nos fazê-lo de fato. Que julgamentos bizarros os nossos: exigimos que as pessoas se ocupem de maneira útil e desprezamos os homens que o são.

A Finalidade da Arte em Geral

O homem é apenas o ministro ou o intérprete da natureza. Ele só chega à compreensão e age na medida em que adquirir conhecimento experimental ou refletido dos seres que o envolvem. Sua mão nua, ainda que forte, infatigável e flexível, poucos resultados consegue. Ela não executa grandes coisas senão com a ajuda de instrumentos e de regras. O mesmo se pode dizer do entendimento. Ferramentas e regras são como músculos acrescidos aos braços e forças adicionais do espírito. A finalidade de toda arte em geral, ou de todo sistema de instrumentos e de regras, é a de imprimir certas formas determinadas sobre uma base dada pela natureza. Nas *artes mecânicas*, às quais atribuirei maior importância aqui do que outros autores que sobre ela falaram: "o poder do homem se reduz a aproximar ou a afastar os corpos naturais. O homem tudo ou nada pode conforme a aproximação ou o afastamento seja ou não possível" (*Novum Organum*).

Projeto de um Tratado Geral das Artes Mecânicas

Frequentemente, ignora-se a origem de uma *arte mecânica* ou, então, só possuímos conhecimentos vagos a respeito de seus progressos. Daí as consequências naturais do menosprezo havido em todas as épocas e em diferentes nações avançadas ou belicosas em relação àqueles que a elas se dedicaram. Nesses momentos, é necessário recorrer a suposições filosóficas, partir de alguma hipótese verossímil, de algum acontecimento primário e fortuito e avançar até onde a arte tenha alcançado. Explico-me por um exemplo que tomarei de bom grado das artes mecânicas, menos conhecidas do que as liberais, pois já citadas sob mil formas diferentes. Se ignorássemos a origem e os progressos da vidraria ou da fabricação do papel, o que faria um filósofo que se propusesse a escrever suas histórias? Suporia que um pedaço de roupa caiu por acaso num balde d'água, e que ali ficou durante muito tempo, até dissolver-se. E após esvaziar o balde, ao invés de nele encontrar um pedaço do pano deparar-se com uma espécie de sedimento, do qual teria dificuldade em reconhecer a natureza, não houvesse alguns filamentos restantes que indicavam que a matéria-prima encontrava-se antes sob a forma de roupa. Quanto à vidraria, poderia imaginar que as primeiras habitações sólidas que os homens construíram eram de terracota ou de tijolo. Ora, é impossível coser o tijolo a alta temperatura sem que, em alguma parte, ele não se vitrifique. Foi sob essa forma que o vidro se mostrou pela primeira vez. Mas que distância imensa entre essa primeira crosta suja e esverdeada e a matéria pura e transparente das vidraças. Eis, no entanto, a experiência fortuita, ou qualquer outra semelhante, da qual o filósofo partirá para chegar aonde a arte da vidraria se encontra atualmente.

Vantagens desse Método

Assim se fazendo, os progressos da Arte seriam explicados de uma maneira mais instrutiva e clara do que sua verdadeira história, quando a soubermos. Os obstáculos que teríamos tido que ultrapassar para aperfeiçoá-la se mostrariam inteiramente naturais, e a explicação sintética dos passos sucessivos da Arte facilitariam o entendimento dos espíritos mais simples e colocariam os artistas no caminho a ser seguido para alcançar uma maior perfeição.

Ordem que Seria Necessária Seguir para o Tratado

Quanto à ordem a ser seguida para semelhante tratado, creio que o mais vantajoso seria aproximar as *Artes* das produções da natureza. Uma enumeração exata dessas produções daria nascimento a muitas *Artes* desconhecidas. Um grande número de outras nasceria de um exame circunstanciado dos diferentes aspectos sob os quais a mesma produção pode ser considerada. A primeira dessas condições exige um conhecimento bastante extenso da história da natureza; e a segunda, uma dialética bem conduzida. Um tratado das *Artes*, tal como o concebo, não seria, pois, a obra de um homem comum. Que não se imagine que as ideias que proponho sejam vãs e que prometo aos homens descobertas quiméricas. Depois de ter percebido – por intermédio de um filósofo que não me canso de louvar e que nunca deixei de ler – que a história da natureza encontra-se incompleta sem aquela das *Artes*; e após ter convidado os naturalistas a coroar seus trabalhos sobre os reinos vegetal, mineral e animal com as experiências das *Artes mecânicas*, cujo conhecimento é importante para a verdadeira filosofia, ousaria acrescentar como exemplo: "Ergo rem quam ago, non opinionem, sed opus esse; eamque non sectae alicujus, aut placit, sed utilitatis esse et amplitudinis imensae fundamenta" (Logo, o assunto de que trato não é opinião, mas é coisa real, e forma a base não de qualquer seita ou fantasia, mas de algo útil e de imensa importância). Não se trata de um sistema. Não são fantasias de um homem. São as decisões da experiência, da razão, e os fundamentos de um edifício imenso. E quem pensar de outro modo, estará procurando estreitar as esferas de nosso conhecimento e desencorajar os espíritos. Devemos ao acaso um grande número de conhecimentos. Ele nos mostrou alguns de extrema importância, os quais não procurávamos. Seria presumível nada encontrar se acrescentássemos nossos próprios esforços aos seus caprichos, e se puséssemos ordem e método em nossas pesquisas? Se nós possuímos atualmente segredos que antes não esperávamos e se nos é permitido conjecturar sobre o passado, por que o futuro não nos reservaria riquezas com as quais não contamos hoje? Se há alguns séculos tivéssemos dito àquelas pessoas que medem a possibilidade das coisas de acordo com o alcance de seu gênio, e que nada imaginam além do que conhecem, que existe algo – a pólvora – que quebra rochas, que derruba muralhas espessas a uma distância espantosa, que as faz tremer, mesmo contida nas entranhas da terra, que surge através de massas enormes que a cobrem e pode abrir um abismo no qual uma cidade inteira desapareceria, elas não poderiam deixar de comparar tais efeitos à ação de roldanas, de polias, de alavancas, de contrapesos e outras máquinas conhecidas e dizer que tal coisa seria quimérica. E que não há senão o raio ou a causa dos terremotos, cujo mecanismo é inimitável, que sejam capazes desses prodígios estarrecedores. Aqueles que se apressam em pronunciar-se sobre obras e trabalhos que não comportam contradições, que são apenas pequenos acréscimos a maquinários já conhecidos e que pedem, no máximo, um hábil artesão; aqueles, repito, bastante limitados para julgar que essas obras são impossíveis, saibam que não são devidamente instruídos para prognosticar o que possa ser conveniente. Foi o chanceler Bacon quem lhes disse: "*qui sumpta* – [ou o que é ainda menos perdoável] – qui neglecta ex his quae praesto sunt conjectura, ea aut impossibilia, aut minus verisimilia, putet; eum scire debere se non satis doctum, ne ad optadum quidem commode et apposite esse"[8].

Outro Motivo de Pesquisa

Mas o que ainda nos deve encorajar em nossas pesquisas e nos fazer observar com atenção o que nos envolve são os séculos passados durante os quais os homens não se aperceberam

8. A tradução e a interpretação deste trecho encontram-se no parágrafo anterior, tendo sido feitas pelo próprio Diderot.

de coisas importantes que eles tinham sob os olhos. Assim é, por exemplo, a Arte de imprimir, de gravar. Como a condição do espírito humano é estranha! Quando se trata de descobrir, desconfia-se da força, as dificuldades incomodam e as coisas parecem impossíveis de serem alcançadas. Não se concebe de que maneira foi necessário tanto tempo para procurar. Tem-se piedade de si mesmo.

Diferença Singular entre as Máquinas

Após ter proposto ideias sobre um tratado filosófico das *Artes* em geral, passo a algumas observações úteis sobre o modo de tratar certas *Artes* mecânicas em particular. Usa-se às vezes uma máquina muito complexa para produzir um efeito simples em aparência; em outras, uma máquina de finalidade muito simples é suficiente para produzir uma ação bastante complexa. No primeiro caso, o resultado a ser produzido é facilmente concebido e o conhecimento que dele se terá não trará dificuldade ao entendimento; como também não sobrecarrega a memória, podendo-se passar então à descrição da máquina. No segundo caso, ao contrário, é mais adequado ir-se da descrição da máquina ao conhecimento do resultado. O efeito de um relógio é o de dividir o tempo em partes iguais com a ajuda de um ponteiro que se move lentamente sobre um plano pontuado. Se mostrasse, pois, um relógio a alguém que o desconhecesse, eu o instruiria primeiramente a respeito dos objetivos e só depois descreveria o seu mecanismo. Mas evitaria seguir o mesmo caminho com quem me perguntasse o que é a malha de uma meia, um tecido de lã, de veludo ou cetim. Aqui, começaria pelos detalhes dos ofícios que servem a tais produtos. O desenvolvimento da máquina, quando claramente exposto, faz com que se perceba imediatamente o seu objetivo; o que seria talvez impossível sem aqueles detalhes anteriores. Para se convencer da verdade dessas observações, que se procure definir exatamente o que é a gaze, sem supor qualquer noção da máquina que a fabrica.

Da Geometria das Artes

Concordamos que há poucos artistas, para quem os elementos matemáticos não sejam necessários. Mas um paradoxo cuja verdade não surgirá tão imediatamente é que aqueles elementos lhes serão prejudiciais em várias ocasiões, caso uma multiplicidade de conhecimentos físicos não corrijam os preceitos da prática: conhecimentos sobre lugares, posições, figuras, materiais e suas qualidades, elasticidade, fricção, consistência, durabilidade, efeitos da água, do frio e do calor etc. É evidente que os elementos da Geometria Acadêmica não são senão os mais simples e os menos complexos dentre aqueles da Geometria das oficinas. Não há uma alavanca na natureza cujas condições totais possam estar previstas num cálculo apenas abstrato. Entre tais condições há aquelas, em grande número e essenciais para o uso, que não podemos submeter a cálculos que vão até diferenças insensíveis de quantidades, ainda que sejam apreciáveis. Donde se segue que aquele que possui apenas a Geometria intelectual é, ordinariamente, um homem pouco hábil. Quantas máquinas ruins não são propostas todos os dias por pessoas que imaginaram que as alavancas, as rodas, as polias e os cabos agem em uma máquina como se estivessem apenas no papel. E que por falta de prática, jamais souberam a diferença dos efeitos produzidos pela própria máquina, ou mesmo o seu aspecto.

Da Língua das Artes

Achei a linguagem das *Artes* muito imperfeita, por duas razões: a escassez de termos próprios e a abundância de sinônimos. Há utensílios que possuem vários nomes diferentes; outros, ao contrário, que têm só o nome genérico – engenho, máquina –, sem nenhum acréscimo que lhes especifique. Às vezes, a menor diferença é suficiente para os *Artistas* abandonarem o nome genérico e inventar nomes particulares. Outras, uma ferramenta singular, por sua forma ou uso, ou não tem nome, ou traz o nome de outra com a qual nada tem em comum. Seria desejável que se levasse em consideração a analogia das formas e dos usos. Os Geômetras não possuem tantos nomes quanto figuras, mas, na linguagem das *Artes*, um martelo, uma tenaz ou uma pá têm quase tantas denominações quanto são as *Artes*. A linguagem muda quase tanto quanto de uma manufatura para outra. No entanto, acredito que os ofícios mais particulares e as máquinas mais complexas poderiam ser explicadas com um pequeno número de termos familiares e conhecidos, se se tomasse o partido de não se empregar os termos provenientes da Arte, a não ser quando oferecessem ideias precisas. Não deveríamos estar convencidos do que aqui adianto, quando consideramos que as máquinas complexas são combinações de máquinas simples, que as máquinas simples existem em pequeno número e que, na explicação de um ofício qualquer, todos os movimentos são redutíveis aos movimentos retilíneo e circular? Seria, pois, desejável que um bom Lógico, familiarizado com a nomenclatura, empreendesse a *gramática das Artes*. O primeiro passo seria o de fixar o valor das correlações: grande, médio, pequeno, largo, delgado, denso, leve, pesado etc. Para isso, teria de procurar uma medida constante na natureza, ou avaliar a grandeza e a força médias de um homem e por elas relacionar todas as expressões indeterminadas de quantidade, ou ao menos elaborar tabelas a partir das quais os Artistas seriam convidados a adaptar suas linguagens. O segundo passo seria determinar a diferença e a semelhança das formas e dos usos de instrumentos e de ofícios, atribuindo-lhes um mesmo nome ou dando-lhes nomes diversos. Não duvido que quem empreender esse trabalho encontre menos termos novos a serem introduzidos do que sinônimos a serem banidos; e mais dificuldades para bem definir coisas comuns, como *graça* em Pintura, *nó* em Passamanaria, *cavo* em diversas *Artes*, do que explicar as máquinas mais complicadas. Familiarizar-se com os objetos vale a pena, seja pelas vantagens que deles tiramos, seja pelo caráter honroso que dá testemunho do espírito humano. Em que sistema de Física ou de Metafísica observa-se mais inteligência, sagacidade e resultado que em uma máquina de fiar, de fabricar meias, nos trabalhos da passamanaria, da manufatura da gaze, dos tecidos de lã ou da seda? Que demonstração de Matemática é mais complicada do que o mecanismo de certos relógios ou que as diversas operações pelas quais se prepara o cânhamo ou se funde o vidro, antes de se obter seus fios e com eles criar objetos? Que projeção mais bela, delicada e singular do que aquela de um desenho sobre um modelo e deste sobre os fios da cadeia de tecelagem? Que se pode imaginar, em qualquer gênero que seja, que mostre mais sutileza do que as estampas variadas dos veludos? Jamais a terminaria se me impusesse a tarefa de descrever todas as maravilhas que, nas manufaturas, impressionam os que já não tragam os olhos prevenidos ou não sejam estúpidos.

Eu concordaria com o filósofo inglês sobre as três invenções que os antigos não conheceram e cujos autores, para vergonha da história e da poesia modernas, permanecem desconhecidos. Falo da arte de imprimir, da invenção da pólvora e da propriedade da agulha imantada. Que revoluções tais descobertas não provocaram na república das letras, na arte militar e na navegação! A bússola conduziu nossos navios até regiões ignoradas; os caracteres tipográficos estabeleceram uma correspondência de saberes entre todos os sábios, de todos os lugares e de todos os tempos; e a pólvora fez nascer obras-primas da arquitetura que defendem nossas fronteiras e as dos inimigos. Essas três *Artes* quase mudaram a face da Terra.

Enfim, façamos a devida justiça aos Artistas. As *Artes liberais* há muito se auto-elogiam. Poderiam agora empregar o que têm de voz para celebrar as *Artes mecânicas*. Cabe às artes liberais retirar as artes mecânicas do aviltamento e do preconceito em que se mantiveram durante tanto tempo. E aos reis a proteção contra a indigência em que ainda definham. Os artesãos se sentiram menosprezados porque os menosprezamos; ensinemos-lhes a pensar melhor sobre eles mesmos, pois é uma boa razão para obter-se deles produtos ainda mais perfeitos. Que um dia saia da Academia um homem que desça às oficinas, que ali observe os fenômenos das Artes e os exponha em um livro que estimule os Artistas a ler, os filósofos a pensar de maneira útil, e os poderosos a usar, proveitosamente, sua autoridade e capacidade de recompensa.

Um aviso que ousaremos dar aos sábios é o de praticarem aquilo que eles mesmos nos ensinam – que não devemos julgar os outros com tanta precipitação, nem proscrever um invento como sendo inútil, pois não conteria, na origem, todas as vantagens dele exigíveis. Montaigne, homem, aliás, de muita filosofia, não ficaria ruborizado se voltasse ao nosso tempo, após ter escrito que: "as armas de fogo possuem tão pouco efeito, salvo o estrondo causado, e ao qual cada um de nós já se habituou, que se espera que um dia o seu uso seja abandonado?" Não teria demonstrado mais sabedoria ao encorajar os arcabuzeiros de seu tempo a substituírem o sistema de mecha por outro mecanismo, e mais sagacidade se predissesse que isso seria um dia inventado? Colocai Bacon no lugar de Montaigne e vereis o primeiro considerar, filosoficamente, a natureza do agente e profetizar, se me é permitido dizer, as granadas, as minas, os canhões, as bombas e todo o aparato da pirotecnia militar. Mas Montaigne não foi o único filósofo que expressou um julgamento precipitado sobre a possibilidade ou a impossibilidade das máquinas. Descartes, este gênio extraordinário, nascido para extraviar e conduzir, e outros, iguais ao autor dos *Ensaios*, não afirmaram ter sido o espelho de Arquimedes uma fábula? No entanto, esse espelho encontra-se exposto à vista de todos nos jardins do Rei e seus efeitos, nas mãos do senhor Buffon, que o encontrou, não nos permitem mais duvidar daquilo que conseguiu sobre os muros de Siracusa, operado por Arquimedes. Tão grandes exemplos são suficientes para nos tornar circunspectos.

Convidamos os Artistas, por seu turno, a seguir os conselhos dos sábios e a não deixar perecer as descobertas que farão. Que eles saibam que se tornam culpados de lesa-sociedade se conservam em segredo algo de útil. E que não é menos vil preferir nessas ocasiões o interesse de um do que o de todos. Se se tornam comunicativos, livrar-se-ão de vários preconceitos e, sobretudo, daquele que quase todos têm, ao acharem que sua *Arte* alcançou o último degrau da perfeição. Que façam experiências e que em cada uma delas deem o melhor de si.

Poderíamos alongar este artigo, mas o que acabamos de dizer, juntamente com o que se encontra em nosso Discurso Preliminar, será o bastante para os que sabem pensar, e jamais diríamos o suficiente para os demais.

AUTORIDADE POLÍTICA.[9] Nenhum homem recebeu da natureza o direito de comandar os outros. A liberdade é um presente do céu, e cada indivíduo da mesma espécie tem o direito de desfrutá-la assim como desfruta da razão. Se a natureza estabeleceu alguma *autoridade*, é o poder paterno: mas o poder paterno tem seus limites, e no estado de natureza ele findaria tão logo os filhos estivessem em condição de conduzir-se. Qualquer outra *autoridade* provém de uma outra origem que não a da natureza. Que se examine bem, e far-se-á sempre remontar a sua procedência a uma dessas duas fontes: ou à força e à violência daquele que dela se apoderou, ou ao consentimento daqueles que se lhe submeteram por um contrato feito ou suposto entre eles e aquele a quem deferiram a *autoridade*.

O poder que se adquire pela violência não é senão uma usurpação e dura apenas enquanto a força daquele que comanda prevalece sobre a dos que obedecem; de sorte que se estes últimos

9. Este é um dos textos mais conhecidos de Diderot no que se refere ao seu pensamento político. Artigo da *Enciclopédia*, apareceu em 1751, e as suas primeiras linhas tiveram uma repercussão quase revolucionária, na medida que firmavam um conceito de igualdade em tom de uma declaração de princípios. Em seu conjunto, o trabalho desenvolve uma argumentação que une a tese de Hobbes sobre a força e a violência à concepção de Locke sobre o consentimento dos povos como fonte do poder e de sua legitimidade.

se tornam por seu turno os mais fortes e sacodem o jugo, eles o fazem com tanto direito e justiça quanto o outro que o deles havia imposto. A mesma lei que fez a *autoridade* a desfaz então: é a lei do mais forte.

Às vezes, a *autoridade* que se estabelece pela violência muda de natureza: é quando ela continua e se mantém pelo consentimento expresso daqueles que foram submetidos; mas ela entra por aí na segunda espécie de que acabo de falar; e aquele que dela se arrogara, tornando-se então príncipe, cessa de ser tirano.

O poder que vem do consentimento dos povos supõe necessariamente condições que tornam seu uso legítimo, útil à sociedade, vantajoso para a república, e que o fixam e o restringem em seus limites: pois o homem não deve nem pode dar-se inteiramente e sem reserva a um outro homem, porque ele tem um senhor que é superior e está acima de tudo. A quem somente ele pertence por inteiro. É Deus, cujo poder é sempre imediato sobre a criatura, senhor tão cioso quanto absoluto, que não perde jamais nada de seus direitos, e não os comunica de maneira alguma. Ele permite, para o bem comum e para a manutenção da sociedade, que os homens estabeleçam entre si uma ordem de subordinação, que obedeçam a um deles: mas ele quer que seja pela razão e com medida, e não cegamente e sem reserva, a fim de que a criatura não se arrogue os direitos do Criador. Toda outra submissão é verdadeiro crime de idolatria. Dobrar o joelho diante de um homem ou diante de uma imagem não é senão uma cerimônia exterior, com a qual o verdadeiro Deus, que exige o coração e o espírito, não Se preocupa, e que Ele abandona à instituição dos homens para dela fazer, como lhes convier, as marcas de um culto civil e político, ou de um culto de religião. Assim, não são essas cerimônias em si mesmas, mas o espírito de seu estabelecimento que torna sua prática inocente ou criminosa. Um inglês não tem nenhum escrúpulo em servir o rei, com o joelho no chão; o cerimonial não significa senão aquilo que se quis que este significasse; mas alguém entregar seu coração, seu espírito e sua conduta sem nenhuma reserva ao capricho de uma pura criatura, torná-lo o único e derradeiro motivo de suas ações, é seguramente um crime de lesa-majestade divina em alto grau; de outro modo, esse poder de Deus, de que se fala tanto, não seria senão um vão ruído de que a política humana usaria à sua fantasia, e de que o espírito da irreligião poderia fazer pouco, por sua vez; de modo que todas as ideias de poder e de subordinação vindo a confundir-se, o príncipe faria pouco de Deus, e o súdito do príncipe.

O verdadeiro e legítimo poder tem, pois, necessariamente, limites. Por isso a Escritura nos diz: "Que vossa submissão seja razoável", *sit rationabile obsequium vestrum* (São Paulo, *Epístola aos Romanos*, 12,1). "Todo poder que vem de Deus é um poder regrado", *omnia potestata a Deo ordinata est* (Idem, 13,1). Pois é assim que cumpre entender essas palavras, conformemente à reta razão e ao sentido literal, e não de conformidade com a interpretação da baixeza e da lisonja, que pretendem que todo poder, qualquer que seja, vem de Deus. Então quer dizer que não há em absoluto poderes injustos? Não há *autoridades* que, longe de vir de Deus, se estabelecem contra as Suas ordens e contra a Sua vontade? Os usurpadores têm Deus por eles? É preciso obedecer em tudo aos perseguidores da verdadeira religião? E para fechar a boca à imbecilidade, o poder do Anticristo será ele legítimo? Este há de ser, no entanto, um grande poder. Enoque e Elias que lhe resistirão, serão eles rebeldes e sediciosos que terão esquecido que todo poder vem de Deus, ou homens sensatos, firmes e piedosos, que saberão que todo poder cessa de sê-lo desde que sai dos limites que a razão lhe prescreveu, e que se desvia das regras que o soberano dos príncipes e dos súditos estabeleceu; homens, enfim, que pensarão, como São Paulo, que todo poder não é de Deus senão na medida em que é justo e regrado?

O príncipe recebe de seus súditos a mesma *autoridade* que ele tem sobre eles; e essa autoridade está limitada pelas leis da natureza e do Estado. As leis da natureza e do Estado são as condições sob as quais eles se submeteram, ou se supõe que se submeteram a seu governo. Uma dessas condições é que, não tendo poder e *autoridade* sobre eles, exceto pela escolha e pelo consentimento deles, não pode jamais empregar essa *autoridade* para romper o ato ou o contrato pelo qual esta lhe foi diferida: ele agiria desde logo contra si mesmo, pois que sua *autoridade* não pode subsistir salvo pelo título que a estabeleceu. Quem anula um, destrói a outra. O príncipe não pode, portanto, dispor de seu poder e de seus súditos sem o consentimento da nação, e independentemente da escolha marcada no contrato de submissão. Se a usasse de outro modo, tudo seria nulo, e as leis o desobrigariam das promessas e dos juramentos que teria podido fazer, como um menor que houvesse agido sem conhecimento de causa, pois teria pretendido dispor daquilo de que não dispunha senão em depósito e com cláusula de substituição, da mesma maneira como se o tivesse tido com toda a propriedade e sem nenhuma condição.

Aliás, o governo, embora hereditário em uma família, e depositado na mão de um só, não é um bem particular, mas um bem público, que por consequência não pode jamais ser tirado do povo, o único a quem pertence essencialmente e com plena propriedade. Por isso é sempre ele quem faz o arrendamento: ele intervém sempre no contrato que adjudica seu exercício. Não é o Estado que pertence ao príncipe, é o príncipe que pertence ao Estado; mas pertence ao príncipe governar no Estado, porque o Estado o escolheu para isso, porque ele se comprometeu com os povos na administração dos negócios, e porque eles de seu lado se comprometeram a obedecer-lhe de conformidade com as leis. Aquele que leva a coroa pode bem desobrigar-se disso absolutamente, se o deseja; mas não pode transferi-la para a cabeça de um outro sem o consentimento de quem a pôs sobre a sua. Em uma palavra, a coroa, o governo e a *autoridade* pública são bens de que o corpo da nação é proprietário, e dos quais os príncipes são os usufrutuários, os ministros e os depositários. Embora chefes do Estado, não são menos membros dele, na verdade os primeiros, os mais veneráveis e os mais poderosos, podendo tudo para governar, mas não podendo nada legitimamente para mudar o governo estabelecido, nem para pôr um outro chefe em seu lugar. O cetro de Luís XV passa necessariamente a seu filho primogênito, e não há nenhum poder que possa opor-se a isso: nem o da nação, porque é a condição do contrato, nem o de seu pai, pela mesma razão.

O depósito da *autoridade* é, algumas vezes, apenas por um tempo limitado, como na república romana. É por vezes para toda a vida de um só homem, como na Polônia; por vezes para todo o tempo que subsistir uma família, como na Inglaterra; por vezes para todo o tempo que subsistir uma família através dos varões somente, como na França.

Esse depósito é, algumas vezes, confiado a uma certa ordem na sociedade; algumas vezes, a vários escolhidos de todas as ordens e, algumas vezes, a um só.

As condições desse pacto são diferentes nos diferentes Estados. Mas em toda a parte a nação tem o direito de manter com e contra todos o contrato que ela fez; nenhum poder pode mudá-lo; e quando este não tem mais lugar, ela retoma o direito e a plena liberdade de passar um novo com quem e como lhe aprouver. É o que aconteceria na França se, pela maior das desgraças, a inteira família reinante viesse a extinguir-se até nos seus menores rebentos; então o cetro e a coroa retornariam à nação.

Parece que somente escravos, cujo espírito fosse tão limitado quanto baixo o coração, poderiam pensar de outra maneira. Essas espécies de pessoas não nasceram nem para a glória do príncipe nem para a vantagem da sociedade: elas não têm nem virtude nem grandeza de alma. O medo e o interesse são as molas de sua conduta. A natureza não as produziu senão para servir de lustre aos homens virtuosos; e a Providência se serve delas para formar os poderes tirânicos, com que castiga comumente os povos e os soberanos que ofendem a Deus; estes usurpando, aqueles concedendo demasiado ao homem desse poder supremo que o Criador se reservou sobre a criatura.

A observação das leis, a conservação da liberdade e o amor à pátria são as fontes fecundas de todas as grandes coisas e de todas as belas ações. Aí se encontram a ventura dos povos e a verdadeira ilustração dos príncipes que os governam. Aí a obediência é gloriosa e o comando augusto. Ao contrário, a adulação, o interesse particular e o espírito de serventia são a origem de todos os males que atormentam um Estado, e de todas as vilanias que o desonram. Aí os súditos são miseráveis e os príncipes odiados; aí o monarca jamais ouve ser proclamado *o bem amado*[10]; a submissão nela [na adulação] é vergonhosa e a dominação cruel. Se reúno sob um mesmo ponto de vista a França e a Turquia, percebo de um lado uma sociedade de homens que a razão une, que a virtude faz agir, e que um chefe igualmente sábio e glorioso governa segundo as leis da justiça; e de outro, um rebanho de animais que o hábito reúne, que a lei da vara faz marchar, e que um senhor absoluto conduz segundo seu capricho.

Mas para dar aos princípios difundidos neste artigo toda a *autoridade* que eles podem receber, apoiemo-los no testemunho de um de nossos maiores reis[11]. O discurso que ele proferiu na

10. Era como o povo chamava Luís XV.

11. Henrique IV (1563-1610), chefe do partido protestante, tornou-se rei de Navarra e, por uma abjuração, escapou com vida na Noite de São Bartolomeu, mas, em seguida, retornou ao calvinismo e à liderança de seus adeptos. Herdeiro presuntivo da coroa francesa, acabou sucedendo a Henrique III, apesar da oposição armada dos partidários da Liga Católica, com o apoio dos príncipes protestantes. Ainda assim, não pôde submeter inteiramente os seus adversários e, para superar o impasse, reconverteu-se ao catolicismo em 1593, sendo, no ano seguinte, sagrado em Chartres. A seguir, conseguiu reduzir as últimas resistências de seus antagonistas, bem como derrotar as forças espanholas, encerrando militarmente as guerras de religião e selando politicamente este desfecho com o edito de Nantes, de 1598, pelo qual os dissidentes protestantes ficavam protegidos, na França, por um estatuto de tolerância. No entanto, os inimigos de Henrique IV não o perdoaram, sem

abertura da assembleia dos notáveis em 1596, cheio de uma sinceridade que os soberanos quase não conhecem, era bem digno dos sentimentos que ele aí trouxe. "Persuadido", diz o sr. de Sully[12],

de que os reis têm dois soberanos, Deus e a lei, que a justiça deve presidir sobre o trono, e que a brandura deve estar sentada ao lado dela, que sendo Deus o verdadeiro proprietário de todos os reinos, e não sendo os reis senão seus administradores, eles devem representar para os povos aquele a quem devem o lugar, que eles reinarão como ele apenas na medida em que reinarem como pais; que nos Estados monárquicos hereditários há um erro que se pode chamar também de *hereditário*, é que o soberano é senhor da vida e dos bens de todos os súditos, que mediante estas quatro palavras, *tal é nosso prazer*, ele é dispensado de manifestar as razões de sua conduta, ou mesmo de tê-las; que, quando isso acontecer, não há nenhuma imprudência igual à de se fazer odiar por aqueles aos quais se é obrigado a confiar a cada instante a própria vida, e que é cair nessa desgraça arrebatar tudo à viva força. Esse grande homem, persuadido, digo eu, desses princípios que todo o artifício do cortesão não banirá nunca do coração daqueles que se lhe assemelharem, declarou que, para evitar todo ar de violência e de coerção, ele não quisera que a assembleia se fizesse por deputados nomeados pelo soberano, e sempre cegamente avassalados a todas as suas vontades; mas que sua intenção era que aí fossem admitidas livremente todas as espécies de pessoas, de qualquer estado e condição que pudessem ser, a fim de que

dúvida, pois morreu assassinado por Ravaillac, cujo ato, ao que tudo indica, foi armado pelos seguidores da Liga. O reinado de Henrique IV firmou a autoridade real e, com ela, o absolutismo; confirmou as funções militares dos governadores das províncias e alijou a alta nobreza do exercício do poder, empreendeu a recuperação econômica e financeira da França em bases mercantilistas, e procurou ampliar o território do Estado e dar início a uma expansão colonial. Empenhou-se ainda em definir, no continente europeu, o papel da França, em oposição aos Habsburgos e à Espanha.

12. Maximilien de Béthune, barão de Rosny, duque de Sully (1559-1641), estadista francês, protestante, principal ministro de Henrique IV, secretário de estado em 1594, superintendente das finanças em 1559. Recuperou a economia francesa arruinada pelas guerras de religião, saneando as contas públicas, favorecendo a agricultura, a manufatura e o comércio, além de facilitar a circulação de mercadorias pela construção de estradas, pontes e canais.

as gentes de saber e de mérito tivessem o meio de nela propor, sem medo, o que julgassem necessário para o bem público; que ele não pretendia, ainda nesse momento, prescrever-lhes nenhum limite; que ele lhes ordenava somente não abusar dessa permissão para a redução da *autoridade* real, que é o nervo principal do Estado; restabelecer a união entre seus membros; aliviar os povos; desonerar o tesouro real de uma quantidade de dívidas, às quais este se via obrigado sem tê-las contratado; moderar com a mesma justiça as pensões excessivas, sem fazer dano às necessárias, a fim de estabelecer para o futuro um fundo suficiente e claro para a manutenção das gentes de guerra. Acrescentou que não teria nenhuma dificuldade em submeter-se a meios que ele próprio não tivesse de algum modo imaginado, desde que sentisse que haviam sido ditados por um espírito de equidade e de desinteresse; que não o veriam em absoluto procurar em sua idade, em sua experiência e em suas qualidades pessoais um pretexto bem menos frívolo que aquele de que os príncipes têm o costume de servir-se para eludir os regulamentos; que mostraria, ao contrário, por seu exemplo, que estes dizem respeito não menos aos reis para fazê-los observar, quanto aos súditos para se lhes submeter. "Se eu fizesse glória", continuou ele, "de passar por um excelente orador, teria trazido aqui mais belas palavras do que boa vontade: mas minha ambição tende a algo mais alto do que falar bem. Aspiro ao glorioso título de libertador e restaurador da França. Eu não vos chamei aqui de modo algum, como faziam meus predecessores, para vos obrigar a aprovar cegamente minhas vontades: eu fiz com que vos reunísseis para receber vossos conselhos, para crer neles, para segui-los; em uma palavra, para me colocar em tutela entre vossas mãos. É um desejo que quase não cativa os reis, de barbas grisalhas e vitoriosos como eu; mas o amor que dedico ao meus súditos, e o extremo desejo que tenho de conservar meu Estado, me levam a achar tudo fácil e tudo honroso".

Terminado esse discurso, Henrique se levantou e saiu, deixando apenas o sr. de Sully na assembleia, para comunicar-lhe os registros, os memoriais e os papéis de que se podia ter necessidade.

Não ousamos propor essa conduta como modelo, porque há ocasiões em que os príncipes podem ter menos deferência, sem todavia se afastar dos sentimentos que fazem com que o soberano na sociedade se encare como o pai de família, e seus súditos como seus filhos. O grande monarca que acabamos de citar nos fornecerá ainda o exemplo dessa espécie de brandura mesclada de firmeza, tão requerido nas ocasiões em que a razão está tão visivelmente do lado do soberano que ele tem direito de tirar de seus súditos a liberdade de escolha, e não lhes deixar senão a parte da obediência. Tendo sido confirmado o edito de Nantes após muitas dificuldades do parlamento, pelo clero e pela universidade, Henrique IV disse aos bispos: "Vós me haveis exortado ao meu dever; eu vos exorto ao vosso. Façamos bem à porfia uns com os outros. Meus predecessores vos deram belas palavras; mas eu, com minha jaqueta, vos darei boas vestes: verei vossos memoriais e lhes responderei o mais favoravelmente que me for possível". E ele respondeu ao parlamento que viera lhe fazer representações:

> Vós me vedes em meu gabinete onde acabo de vos falar, não em hábito real, nem com a espada e a capa, como meus predecessores, mas vestido como um pai de família, em gibão, para falar familiarmente com seus filhos. O que eu tenho a vos dizer é que eu vos peço confirmar o edito que outorguei aos da religião [protestante]. Isso que eu fiz foi para o bem da paz. Eu o fiz fora; eu o quero fazer dentro de meu reino.

Depois de expor as razões que tivera para lançar o edito, acrescentou: "Aqueles que impedem que meu edito passe, querem a guerra; eu a declararei amanhã aos da religião; mas eu não a farei; eu os enviarei a ela. Eu lancei o edito; quero que ele seja observado. Minha vontade deverá servir de razão; não se pergunta por ela jamais em um Estado obediente. Eu sou rei. Eu vos falo como rei. Eu quero ser obedecido".

Eis como convém a um monarca falar a seus súditos, quando ele tem evidentemente a justiça de seu lado: e por que não poderia ele aquilo que pode todo homem que tem a equidade de seu lado? Quanto aos súditos, a primeira lei que a religião, a razão e a natureza lhes impõem é a de respeitar eles mesmos as condições do contrato que fizeram, de não perder jamais de vista a natureza de seu governo; em França, de não esquecer que enquanto a família reinante subsistir pelos varões, nada os dispensará jamais da obediência; de honrar e temer a seu senhor, como aquele por meio do qual eles quiseram que a imagem de Deus lhes fosse presente e visível na terra; de estar ainda ligados a esses sentimentos por um motivo de reconhecimento da tranquilidade e dos bens de que usufruem ao abrigo do nome real; se alguma vez lhes acontecesse ter um rei injusto, ambicioso e violento, de não opor à desventura senão um único remédio, o de apaziguá-lo por sua submissão e de flectir Deus por suas preces; porque este remédio é o único que é legítimo, em consequência do contrato de submissão jurado antigamente ao príncipe reinante e a seus descendentes pelos varões, quaisquer que eles possam ser; e de considerar que todos esses motivos, que segundo se crê têm de resistir, não são, a bem examiná-los, senão outros tantos pretextos de infidelidade sutilmente coloridos; que, com essa conduta, jamais se conseguiu corrigir os príncipes nem abolir os impostos; e que somente se juntou, às desgraças de que as gentes já se queixavam, um novo grau de miséria. Eis os fundamentos sobre os quais os povos e os que os governam poderiam estabelecer sua felicidade recíproca.

BELO. (Metafísica)[13] Antes de entrar na difícil pesquisa acerca da origem do *belo*, observarei de início, junto com todos os

13. Poder-se-ia pensar que o interesse de Diderot pela questão do belo lhe viesse apenas de sua formação nas humanidades clássicas, diretamente de Platão e de Aristóteles. Mas não é bem assim. Na verdade, mais uma vez, é Shaftesbury quem o leva a essa incursão. Com efeito, em 1745, ao traduzir o *Ensaio sobre o Mérito e a Virtude*, daquele autor, tem a sua atenção despertada para a questão do *belo* e do *útil*. Embora não dê nenhuma centralidade ao tema, manifesta-se repetidas vezes a seu respeito no apêndice que escreveu para a edição francesa da obra do lorde inglês. O tópico volta a preocupá-lo cinco anos depois, e agora de maneira mais detida, quando passa a preparar para a *Enciclopédia* o artigo sobre o *Belo*. Nessa oportunidade, repassa as concepções mais fixadas no repertório clássico para formular o seu ponto de vista. É neste

autores que escreveram a esse respeito, que, por uma espécie de fatalidade, as coisas sobre as quais mais se fala entre os homens são assaz comumente aquelas que menos se conhecem; e que tal é, entre muitas outras, a natureza do *belo*. Todo mundo discorre acerca do *belo*: admiram-no nas obras da natureza; exigem-no nas produções das artes; concede-se ou recusa-se essa qualidade a todo momento; entretanto, se se pergunta aos homens de gosto mais seguro e mais refinado qual é sua origem, sua natureza, sua noção precisa, sua verdadeira ideia, sua exata definição; se é alguma coisa de absoluto ou de relativo; se há um *belo* essencial, eterno, imutável, regra e modelo do *belo* subalterno, ou se se dá com a *beleza* como com as modas, vemos logo os sentimentos divididos, e uns confessam sua ignorância, enquanto outros se atiram nos braços do ceticismo. Como acontece então que quase todos os homens estejam de acordo que há um *belo*; que existam tantos entre eles que o sintam vivamente onde ele está e que tão poucos saibam o que ele é?

Para chegar, se for possível, à solução dessas dificuldades, começaremos por expor os diferentes sentimentos dos autores que melhor escreveram sobre o *belo*; proporemos em seguida nossas ideias a respeito do mesmo assunto e concluiremos este artigo por observações gerais sobre o entendimento humano e suas operações relativas à questão de que se trata.

verbete que seu pensamento estético começa a adquirir uma feição mais definida, ainda que venha, em seguida, a evoluir bastante. De todo modo, o trabalho estampado no tomo II da *Enciclopédia*, em 1752, sob o título de O Belo, parece satisfazê-lo, a ponto de ser editado à parte, em 1772, como *Tratado do Belo*. Contemporâneo da *Carta sobre os Surdos e os Mudos*, em que o enciclopedista aborda várias questões da mesma ordem, o texto do *Tratado* se apoia sobretudo nas leituras de Wolff, um discípulo de Leibniz, de Crousaz e dos empiristas ingleses, Shaftesbury e Hutcheson. Mas Diderot, mesmo retendo certos elementos de algumas destas fontes, e rejeitando outros, vai além em sua conceituação estética, estribado no P. André, e chega a uma formulação própria, ao considerar, e isto já aparece na *Carta sobre os Surdos*, que a percepção das relações e da unidade entre as partes e o todo determinam o *belo*, concepção em que os ecos de Santo Agostinho se misturam aos prenúncios de Kant.

Platão escreveu dois diálogos a respeito do *belo*, o *Fedro* e o *Hípias Maior*: Neste, ensina antes o que o *belo* não é do que o que ele é; e no outro, fala menos do *belo* do que do amor natural que se tem por ele. Não se trata no *Hípias Maior* senão de confundir a vaidade de um sofista: e no *Fedro*, senão de passar alguns momentos agradáveis com um amigo em lugar delicioso.

Santo Agostinho havia composto um tratado sobre o *belo*, mas a obra está perdida e não nos resta de Santo Agostinho, sobre esse importante objeto, mais do que algumas ideias esparsas em seus escritos, pelas quais se vê que essa relação exata das partes de um todo entre elas, que o constitui em UNO, era, segundo ele, o caráter distintivo da *beleza*. Se pergunto a um arquiteto, diz este grande homem, por que, tendo levantado uma arcada em uma das alas de seu edifício, faz o mesmo na outra, ele me responderá, sem dúvida, que *é a fim de que os membros de sua arquitetura simetrizem bem em conjunto*. Mas por que essa simetria vos parece necessária? *Pela simples razão de que ela agrada*. Mas quem sois vós para vos erigir em árbitro do que deve agradar ou não agradar aos homens? E de onde sabeis que a simetria nos agrada? *Estou certo disso, porque as coisas assim dispostas têm decência, justeza, graça; em uma palavra, porque isso é belo*. Muito bem; mas, dizei-me, isso é *belo* porque agrada ou agrada porque é *belo*? *Sem dificuldade, isso agrada porque é belo*. Eu o creio como vós; mas eu vos pergunto ainda por que isso é *belo*? E se minha pergunta vos embaraça, porque de fato os mestres de vossa arte não vão quase até lá, convireis ao menos, sem maior esforço, que a similitude, a igualdade, a conveniência das partes de vosso edifício reduzem tudo a uma espécie de unidade que contenta a razão. *É isso que eu queria dizer*. Sim, mas atentai: não há em absoluto verdadeira unidade nos corpos, pois que eles são todos compostos de um número incontável de partes, cada uma das quais é ainda composta de uma infinidade de outras. Onde a vedes, pois, essa unidade que vos dirige na construção de vosso desenho; essa unidade que considerais em vossa arte como uma lei inviolável; essa unidade que vosso edifício deve imitar para ser *belo*, mas que nada na terra pode imitar perfeitamente, dado que nada na terra pode ser perfeitamente UNO? Ora, daí o que se segue? Não cumpre reconhecer que há, acima de nossos espíritos, uma certa unidade original, soberana, eterna, perfeita, que é a regra essencial do *belo*, e que vós procurais na prática de vossa arte? Daí Santo Agostinho conclui, em outra obra, que "é a unidade que constitui, por assim dizer, a forma e a essência do belo em todo gênero: *Omnis porro pulchritudinis forma, unitas est*"[14].

O sr. Wolff diz, em sua *Psicologia*[15], que há coisas que nos agradam e outras que nos desagradam, e que essa diferença é que constitui o *belo* e o *feio*; que aquilo que nos agrada se chama *belo*, e aquilo que nos desagrada é *feio*.

Ele acrescenta que a *beleza* consiste na perfeição, de maneira que, pela força dessa perfeição, a coisa que dela está revestida é própria para produzir em nós prazer.

Ele distingue, em seguida, duas espécies de *belezas*, a verdadeira e a aparente: a *verdadeira* é a que nasce de uma perfeição real; e a *aparente*, a que nasce de uma perfeição aparente.

É evidente que Santo Agostinho havia chegado bem mais longe na pesquisa do *belo* do que o filósofo leibniziano: este parece pretender, de início, que uma coisa é *bela* porque ela nos apraz: em vez que ela só nos apraz porque é *bela*, como Platão e Santo Agostinho observaram muito bem. É verdade que ele faz entrar em seguida a perfeição na ideia da *beleza*; mas o que é a perfeição? O *perfeito* é mais claro e mais inteligível do que o *belo*?

Todos aqueles que, gabando-se de nos falar simplesmente por costume e sem reflexão, diz o sr. Crousaz[16], quiserem descer dentro de si mesmos e prestar atenção ao que aí se passa, à

14. Carta XVIII a Celestino.

15. *Psicologia* ou *Tratado da Alma*, Amsterdã, 1745.

16. Jean-Pierre de Crousaz (1663-1750), profesor em Lausanne e em Gröninge; autor de várias obras, entre as quais um *Tratado do Belo*, de 1715.

maneira que eles pensam e àquilo que eles sentem quando exclamam *isso é belo*, aperceber-se-ão que exprimem por esse termo uma certa relação de um objeto com sentimentos agradáveis ou com ideias de aprovação, e irão concordar que dizer *isso é belo* é dizer: eu percebo alguma coisa que aprovo ou que me causa prazer.

Vê-se que essa definição do sr. Crousaz não é de modo algum tomada da natureza do *belo*, mas somente do efeito que se experimenta em sua presença; ela tem o mesmo defeito que a do sr. Wolff. É o que o sr. Crousaz de fato sentiu; por isso se dedica em seguida a fixar os caracteres do *belo*: ele conta cinco, *a variedade, a unidade, a regularidade, a ordem, a proporção*.

Daí se segue, ou que a definição de Santo Agostinho é incompleta, ou que a do sr. Crousaz é redundante. Se a ideia de *unidade* não encerra as ideias de *variedade*, de *regularidade*, de *ordem* e de *proporção*, e se tais qualidades são essenciais ao *belo*, Santo Agostinho não devia omiti-las; se a ideia de *unidade* as encerra, o sr. Crousaz não devia adicioná-las.

O sr. Crousaz não define absolutamente o que entende por *variedade*; ele parece entender por *unidade* a relação de todas as partes com um só objetivo; ele faz consistir a *regularidade* na posição semelhante das partes entre si; ele designa por *ordem* uma certa gradação de partes, que é preciso observar na passagem de umas para as outras; e ele define a *proporção*, a *unidade temperada de variedade*, de *regularidade* e de *ordem* em cada parte.

Eu não atacarei em absoluto essa definição do *belo* pelas coisas vagas que contém; contentar-me-ei somente em observar aqui que ela é particular e que é aplicável apenas à arquitetura ou, quando muito, a grandes conjuntos nos outros gêneros, a uma peça de eloquência, a um drama etc., mas não a *uma palavra*, a *um pensamento*, a *uma porção de objetos*.

O sr. Hutcheson, célebre professor de filosofia moral, na universidade de Glasgow, elaborou para si um sistema particular: ele se limita a pensar que não é preciso mais perguntar *o que é o belo*, mas perguntar *o que é o visível*. Entende-se por *visível* aquilo que é feito para ser percebido pelo olho; e o sr. Hutcheson entende por *belo* aquilo que é feito para ser apreendido pelo sentido interno do *belo*. Seu sentido interno do *belo* é uma faculdade pela qual nós distinguimos as belas coisas, como o sentido da vista é uma faculdade pela qual recebemos a noção das cores e das figuras. Esse autor e seu seus partidários põem tudo em ação para demonstrar a realidade e a necessidade desse *sexto sentido*; e eis como abordam a questão:

1. Nossa alma, dizem eles, é passiva no prazer e no desprazer. Os objetos não nos afetam precisamente como nós o desejaríamos: uns causam em nossa alma uma impressão necessária de prazer; outros nos desprazem necessariamente; todo o poder de nossa vontade se reduz a buscar a primeira espécie de objetos e a fugir da outra: é a própria constituição de nossa natureza, às vezes individual, que nos torna uns agradáveis e outros desagradáveis.

2. Não há talvez nenhum objeto que possa afetar nossa alma, sem ser para ela mais ou menos uma ocasião necessária de prazer ou desprazer. Uma figura, uma obra de arquitetura ou de pintura, uma composição de música, uma ação, um sentimento, um caráter, uma expressão, um discurso, todas essas coisas nos aprazem ou desprazem de alguma maneira. Nós sentimos que o prazer ou o desprazer se excita necessariamente pela contemplação da ideia que se apresenta então ao nosso espírito com todas as suas circunstâncias. Essa impressão se produz, conquanto não haja nada em algumas dessas ideias daquilo que chamamos comumente *percepções sensíveis*; e naquelas que vêm dos sentidos, o prazer ou desprazer que as acompanha nasce da ordem ou da desordem, do arranjo ou falta de simetria, da imitação ou da bizarria que se observam nos objetos, e não das ideias simples da cor, do som e da extensão, consideradas solitariamente.

3. Isso posto, denomino, diz o sr. Hutcheson, *sentidos internos* essas determinações da alma em agradar-se ou em desagradar-se

com certas formas ou certas ideias, quando ela as considera; e para distinguir os *sentidos internos* das faculdades corporais conhecidas sob este nome, denomino *sentido interno do belo* a faculdade que discerne o *belo* na regularidade, na ordem e na harmonia; e *sentido interno do bom* a que experimenta as afeções, as ações, os caracteres dos agentes racionais e virtuosos[17].

4. Como as determinações da alma em agradar-se ou em desagradar-se com certas formas ou com certas ideias, quando ela as considera, são observadas em todos os homens, a menos que sejam estúpidos; sem buscar ainda o que é o *belo*, é indubitável que há em todos os homens um *sentido natural* e próprio para esse objeto; que eles concordam em encontrar *beleza* nas figuras, tão geralmente quanto em sentir dor à aproximação de um fogo demasiado grande, ou prazer em comer quando são pressionados pelo apetite, embora haja entre eles uma diversidade de gostos infinita.

5. Tão logo nascemos, nossos *sentidos externos* começam a exercer-se e a transmitir-nos percepções dos objetos sensíveis; e é ai que está sem dúvida o que nos persuade de que eles são naturais. Mas os objetos daquilo que eu chamo os *sentidos internos*, ou os *sentidos do belo ou do bom*, não se apresentam tão cedo ao nosso espírito. Passa-se certo tempo até que as crianças reflitam, ou ao menos que deem indícios de reflexão sobre as proporções, semelhanças e simetrias, sobre as afeções e os caracteres; elas só reconhecem um pouco tarde as coisas que excitam o gosto ou a repugnância interior; e aí reside aquilo que faz imaginar que tais faculdades, que eu chamo os *sentidos internos do belo e do bom*, vêm unicamente da instrução e da educação. Mas qualquer que seja a noção que se tenha da *virtude* e da *beleza*, um objeto *virtuoso* e *bom* é uma ocasião de aprovação ou de prazer, tão naturalmente quanto as iguarias são objeto de nosso apetite. E que importa que os

17. *An Inquiry into the Origins of Our Ideas of Beauty and Virtue* (1725), de Francis Hutcheson (1694-1747), professor de filosofia de linha empirista.

primeiros objetos se tenham apresentado cedo ou tarde? Se os sentidos não se desenvolvessem em nós senão pouco a pouco e uns após outros, seriam eles menos sentidos e faculdades? E estaríamos nós de bom aviso ao pretender que não há verdadeiramente nos objetos visíveis nem cor nem figura, porque precisaríamos de tempo e de instrução para aí percebê-los e que não haveria entre nós todos duas pessoas que os percebessem aí da mesma maneira?

6. Chamam-se *sensações* as percepções que se excitam em nossa alma na presença de objetos exteriores, e pela impressão que causam em nossos órgãos. E quando duas percepções diferem inteiramente uma da outra, e quando não têm em comum senão o nome genérico de *sensação*, as faculdades pelas quais recebemos essas diferentes percepções chamam-se *sentidos diferentes*. A vista e o ouvido, por exemplo, designam faculdades diferentes das quais uma dá as ideias de cor e a outra as ideias de som; mas quaisquer que sejam as diferenças que os sons tenham entre si e as cores entre elas, referimos a um mesmo sentido todas as cores e, a um outro sentido, todos os sons; e parece que nossos sentidos possuem cada um o seu órgão. Ora, se aplicardes a observação precedente ao *bom* e *belo*, vereis que estão exatamente nesse caso.

7. Os defensores do *sentido interno* entendem, por *belo*, a ideia de que certos objetos provocam em nossa alma, e pelo *sentido interno do belo*, a faculdade que temos de receber tal ideia; e eles observam que os animais têm faculdades semelhantes aos nossos sentidos exteriores, e que eles os têm mesmo algumas vezes em grau superior ao nosso; mas que não há um que dê um signo disso que se entende aqui por *senso interno*. Um ser, continuam eles, pode portanto ter por inteiro a mesma sensação que nós experimentamos, sem observar entre os objetos as semelhanças e as relações; ele pode mesmo discernir essas semelhanças e essas relações sem sentir por isso muito prazer; aliás, as ideias sós da figura e das formas etc. são algo distinto do prazer. O prazer pode encontrar-se lá onde as proporções

não são nem consideradas nem conhecidas; pode faltar, apesar de toda a atenção que seja dada à ordem e às proporções. Como nomearemos portanto essa faculdade que age em nós sem que saibamos bem por quê? *Sentido interno*.

8. Essa denominação baseia-se na relação da faculdade que ela designa com as outras faculdades. Tal relação consiste principalmente em que o prazer que o *sentido interno* nos faz experimentar é diferente do conhecimento dos princípios. O conhecimento dos princípios pode aumentá-lo ou diminuí-lo; mas esse conhecimento não é ele nem sua causa. Esse sentido tem prazeres necessários; pois a *beleza* ou a *feiura* de um objeto é sempre a mesma para nós, seja qual for o desígnio que possamos conceber por julgá-lo de outro modo. Um objeto desagradável, por ser útil, não nos parece mais *belo*; um belo objeto, por ser prejudicial, não nos parece mais *feio*. Proponde-nos o mundo inteiro para nos contradizer pela recompensa de achar bela a feiura, e feia a beleza; ajuntai a esse preço as mais terríveis ameaças, vós não trareis nenhuma mudança às nossas percepções e ao julgamento do *sentido interno*: nossa boca louvará ou reprovará à vossa vontade; mas o *sentido interno* permanecerá incorruptível.

9. Parece daí, continuam os mesmos sistemáticos, que certos objetos são imediatamente e por eles mesmos as ocasiões do prazer que dá a *beleza*; que nós temos um sentido próprio a gozá-lo; que esse prazer é individual, e que ele nada tem de comum com o interesse. Com efeito, não ocorre em centenas de ocasiões que a gente abandona o útil pelo *belo*? Essa generosa preferência não é observada por vezes nas condições mais menosprezadas? Um honesto artesão entregar-se-á à satisfação de fazer uma obra-prima que o arruína, mais do que à vantagem de fazer uma obra de má qualidade que o enriqueceria[18].

18. F. Hutcheson, op. cit., passagem que, por sua ênfase nas relações entre o belo e o útil, salienta a influência de Shaftesbury nesse autor traduzido por Diderot em 1745.

10. Se não se juntasse à consideração do útil algum sentimento particular, algum efeito sutil de uma faculdade diferente do entendimento e da vontade, não se avaliaria uma casa senão por sua utilidade, um jardim senão por sua fertilidade, um vestuário senão por sua comodidade. Ora, essa avaliação estreita das coisas não existe nem sequer nas crianças e nos selvagens. Abandonai a natureza a ela mesma, e o sentido interno exercerá o seu império: talvez se enganará no seu objeto; mas a sensação de prazer não será menos real. Uma filosofia austera, inimiga do luxo, quebrará as estátuas, derrubará os obeliscos, transformará nossos palácios em cabanas e nossos jardins em florestas; mas nem por isso sentirá menos a *beleza* real desses objetos; o sentido interno se revoltará contra ela; e ela será obrigada a fazer de sua coragem um mérito.

É assim, digo eu, que Hutcheson e seus sectários se esforçam por estabelecer a necessidade do *sentido interno do belo*; mas não conseguem senão demonstrar que há alguma coisa de obscuro e de impenetrável no prazer que o *belo* nos causa; que esse prazer parece independente do conhecimento das relações e das percepções; que a consideração do útil não entra aí para nada, e que ele produz entusiastas que nem as recompensas nem as ameaças podem abalar.

De resto, tais filósofos distinguem nos seres corporais um *belo absoluto* e um *belo relativo*. Eles não compreendem de forma alguma por *belo absoluto* uma qualidade de tal modo inerente ao objeto que ela o torne *belo* por si próprio, sem nenhuma relação com a alma que o vê e que o julga. O termo *belo*, semelhante aos outros nomes das ideias sensíveis, designa propriamente, segundo eles, a percepção de um espírito; como o frio e o quente, o doce e o amargo, são sensações de nossa alma, embora sem dúvida nada haja nos objetos que se assemelhe a tais sensações nos objetos que as excitam, apesar da prevenção popular que julga isso de outra maneira. Não se vê, dizem eles, como os objetos poderiam ser chamados *belos* se não houvesse um espírito dotado do *sentido da beleza* para render-lhes homenagem. Assim, por *belo absoluto*, eles só entendem aquele que reconhecemos em alguns objetos, sem compará-los a nenhuma coisa exterior de que esses objetos sejam a imitação e a pintura. Tal é, dizem eles, a *beleza* que percebemos nas obras da natureza, em certas formas artificiais e nas figuras, sólidos e superfícies; e por *belo relativo* eles entendem aquele que percebemos nos objetos considerados comumente como imitações e imagens de alguns outros. Assim, sua divisão tem antes seu fundamento nas diferentes fontes do prazer que o *belo* nos causa, do que nos objetos; pois é indubitável que o *belo absoluto* tem, por assim dizer, um *belo relativo*, e o *belo relativo*, um *belo absoluto*.

Do Belo Absoluto,
Segundo Hutcheson e Seus Sectários

Nós fizemos sentir, dizem eles, a necessidade de um *sentido* próprio que nos adverte, pelo prazer, da presença do *belo*; vejamos agora quais devem ser as qualidades de um objeto para comover esse sentido. Não se deve esquecer, acrescentam eles, que se trata aqui dessas qualidades apenas em relação ao homem; pois há certamente muitos objetos que lhe causam a impressão de *beleza* e que desagradam a outros animais. Estes, tendo sentidos e órgãos constituídos de outro modo que os nossos, se fossem juízes do *belo*, ligá-lo-iam a ideias de formas totalmente diferentes. O urso pode achar a sua caverna cômoda; mas ele não a acha nem bela nem feia; talvez, se tivesse o *sentido interno do belo*, ele a consideraria um retiro delicioso. Notai de passagem que seria um ser bem infeliz aquele que tivesse o senso interno do *belo* e que não reconhecesse jamais o *belo,* salvo nos objetos que lhe fossem nocivos; a Providência cuidou disso em relação a nós; e uma coisa verdadeiramente *bela* é, assaz comumente, uma coisa boa.

Para descobrir a ocasião geral das ideias do *belo* entre os homens, os partidários de Hutcheson examinam os seres mais simples, por exemplo, as figuras; e verificam que, entre as figuras, aquelas que chamamos *belas* oferecem a nossos sentidos a uniformidade na variedade. Eles asseguram que um triângulo equilátero é menos *belo* do que um quadrado; um pentágono, menos *belo* do que um hexágono, e assim sucessivamente, porque os objetos igualmente uniformes são tanto mais *belos* quanto mais variados são; e são tão mais variados, quanto mais lados comparáveis possuem. É verdade, dizem eles, que aumentando muito o número de lados, perdemos de vista as relações que eles têm entre si e com o raio; segue-se daí que a *beleza* dessas figuras não aumenta sempre tanto quanto o número de lados. Eles fazem essa objeção; mas não se preocupam quase em responder a ela. Observam somente que a falta de paralelismo nos lados do heptágono e de outros polígonos ímpares diminui sua *beleza*; mas sustentam sempre que, não havendo aliás nenhuma diferença, uma figura regular com vinte lados sobrepassa em *beleza* aquela que possui apenas doze; que esta prevalece sobre a que tem somente oito, e esta sobre o quadrado. Eles fazem o mesmo raciocínio a respeito das superfícies e dos sólidos. De todos os sólidos regulares, aquele que conta o maior número de superfícies é para eles o mais *belo*, e eles pensam que a *beleza* destes corpos vai sempre em decréscimo até a pirâmide regular.

Mas se entre os objetos igualmente uniformes os mais variados são os mais *belos*, segundo eles, reciprocamente, entre os objetos igualmente variados, os mais *belos* serão os mais uniformes: assim, o triângulo equilátero ou mesmo isósceles é mais *belo* que o escaleno; o quadrado, mais *belo* que o rombo ou losango. O raciocínio é o mesmo para os corpos sólidos regulares e, em geral, para todos aqueles que têm alguma uniformidade, como os cilindros, os prismas, os obeliscos etc.; e é preciso convir com eles que esses corpos aprazem certamente mais à vista do que as figuras grosseiras nas quais não se percebe nem uniformidade nem simetria nem unidade.

Para ter razões compostas da relação da uniformidade e da variedade, comparam os círculos e as esferas com as elipses e os esferoides pouco excêntricos; e pretendem que a perfeita uniformidade de uns é compensada pela variedade dos outros, e que sua *beleza* é quase igual.

O *belo*, nas obras da natureza, tem o mesmo fundamento segundo eles. Quer considereis, dizem eles, as formas dos corpos celestes, suas revoluções, seus aspectos; quer desçais dos céus para a terra e considereis as plantas que a cobrem, as cores de que as flores são pintadas, a estrutura dos animais, suas espécies, seus movimentos, a proporção de suas partes, a relação de seu mecanismo com o bem-estar deles; quer vos lanceis nos ares e examineis os pássaros e os meteoros; ou mergulheis nas águas e compareis entre eles os peixes, encontrareis por toda a parte a uniformidade na variedade; por toda a parte vereis essas qualidades compensadas nos seres igualmente *belos* e a razão composta dos dois, desigual nos seres de *beleza* desigual; em uma palavra, se é permitido ainda falar a língua dos geômetras, vereis nas entranhas da terra, no fundo dos mares, no alto da atmosfera, na natureza inteira, e em cada uma de suas partes, a uniformidade na variedade e a *beleza* sempre em razão composta destas duas qualidades.

Eles tratam em seguida da *beleza* das artes, cujas produções não podem ser encaradas como uma verdadeira imitação, tais que a arquitetura, as artes mecânicas e a harmonia natural; eles envidam todos os seus esforços para submetê-los à sua lei da uniformidade na variedade; e se a prova deles peca, não é pelo defeito da enumeração; eles descem desde o palácio mais magnífico até o menor edifício, desde a obra mais preciosa até as bagatelas, mostrando o capricho por toda a parte onde falta a uniformidade, e a insipidez onde falta variedade.

Mas há uma classe de seres muito diferentes dos precedentes, com os quais os partidários de Hutcheson ficam muito embaraçados; pois a gente reconhece neles *beleza* e, no entanto, a regra da uniformidade na variedade não lhes é aplicável: são as demonstrações das verdades abstratas e universais. Se um teorema contém uma infinidade de verdades particulares que não são senão o desenvolvimento deste, tal teorema não é propriamente algo mais do que o corolário de um axioma de onde decorre uma infinidade de outros teoremas; no entanto, se diz eis um *belo teorema*, e não se diz eis um *belo axioma*.

Daremos mais abaixo a solução dessa dificuldade em outros princípios. Passemos ao exame do *belo relativo*, desse *belo* que se percebe em um objeto considerado como imitação de um original, conforme os (princípios) de Hutcheson e seus partidários.

Essa parte de seu sistema nada tem de particular. Segundo o autor, e segundo todo o mundo, esse *belo* só pode consistir na conformidade que se encontra entre o modelo e a cópia.

Daí se segue que, para o *belo relativo*, não é necessário que haja nenhuma *beleza* no original. As florestas, as montanhas, os precipícios, o caos, as rugas da velhice, a palidez da morte, os efeitos da moléstia, agradam na pintura: agradam também na poesia; isso que Aristóteles denomina um caráter moral, não é absolutamente o de um homem virtuoso[19]; e o que se entende por *fabula bene morata* não é outra coisa senão um poema épico ou dramático, em que as ações, os sentimentos e os discursos estão de acordo com os caracteres bons ou maus.

Entretanto, não se pode negar que a pintura de um objeto que tiver alguma *beleza absoluta* não apraz comumente mais do que a de um objeto que não tiver em absoluto esse *belo*. A única exceção que talvez haja para essa regra é o caso em que a conformidade da pintura com o estado do espectador, ganhando tudo o que se tirou da *beleza absoluta* do modelo, a sua pintura torna-se tanto mais interessante; esse interesse que nasce da imperfeição é a razão pela qual se quis que o herói de um poema épico ou heroico não fosse de modo algum sem defeito.

A maioria das outras *belezas* da poesia e da eloquência segue a lei do *belo relativo*. A conformidade com o verdadeiro torna as comparações, as metáforas e as alegorias *belas*,

19. *Poética*, 1448a.

mesmo quando não há nenhuma *beleza absoluta* nos objetos que elas representam.

Hutcheson insiste no pendor que temos para as comparações. Eis, segundo ele, qual é a sua origem. As paixões produzem quase sempre nos animais os mesmos movimentos que em nós; e os objetos inanimados da natureza têm amiúde posições que se assemelham às atitudes do corpo humano, em certos estados de alma; não foi preciso mais, acrescenta o autor que estamos analisando, para tornar o leão o símbolo do furor; o tigre, o da crueldade; um carvalho reto e cujo cimo orgulhoso se eleva até a nuvem, o emblema da audácia; os movimentos de um mar agitado, a pintura das agitações da cólera; e a flacidez do talo de uma papoula, cuja cabeça algumas gotas de chuva fizeram pender, a imagem de um moribundo.

Tal é o sistema de Hutcheson, que parece sem dúvida mais singular do que verdadeiro. Nós não podemos, entretanto, deixar de recomendar a leitura de sua obra, sobretudo no original; encontrar-se-á aí um grande número de observações delicadas sobre a maneira de atingir a perfeição na prática das belas-artes. Iremos agora expor as ideias do padre André[20], jesuíta. Seu *Ensaio sobre o Belo* é o sistema mais consequente, mais extenso e melhor amarrado que eu conheço. Ousaria assegurar que ele é, no seu gênero, aquilo que o *Tratado* das *Belas-Artes Reduzidas a um só Princípio*[21] é no seu. São duas boas obras às quais não falta senão um capítulo para serem excelentes; e cumpre estar tanto mais insatisfeito com esses dois autores por tê-lo omitido. O sr. abade Batteux lembra todos os princípios das belas-artes à imitação da bela natureza; mas ele não nos ensina de nenhum modo o que é a *bela natureza*. O padre André distribui com muita sagacidade e filosofia o *belo* em geral em suas diferentes espécies; ele as define todas com precisão; mas

20. Yves-Marie André (1675-1764), matemático e ensaísta de cultura, defensor do galicanismo e do jansenismo, amigo de Malebranche.

21. De autoria do abade Charles Batteux (1713-1780), professor de retórica e de filosofias grega e latina, membro da Academia Francesa.

não se encontra a definição do gênero, a do *belo* em geral, em nenhuma passagem de seu livro, a menos que ele o faça consistir na unidade, como Santo Agostinho. Ele fala sem cessar de ordem, de proporção, de harmonia etc., mas não diz uma palavra sobre a origem dessas ideias.

O padre André distingue as noções gerais do espírito puro que nos dão as regras eternas do *belo*; os julgamentos naturais da alma em que o sentimento se mescla às ideias propriamente espirituais, mas sem destruí-las; e os prejulgados da educação e do hábito, que parecem às vezes derrubar uns e outros. Ele distribui sua obra em quatro capítulos. O primeiro é do *belo visível*; o segundo, do *belo nos costumes*; o terceiro, do *belo nas obras do espírito*, e o quarto, do *belo musical*.

Ele agita três questões sobre cada um desses objetos: pretende que se descobre aí um *belo essencial*, absoluto, independente de toda instituição, mesmo divina; um *belo natural* dependente da instituição do criador, mas independente de nossas opiniões e de nossos gostos; um *belo artificial* e de um certo modo arbitrário, mas com alguma dependência das leis eternas.

Ele faz consistir o *belo essencial* na regularidade, na ordem, na proporção, na simetria em geral; o *belo natural*, na regularidade, na ordem, nas proporções, na simetria, observadas nos seres da natureza; o *belo artificial*, na ordem, na regularidade, na simetria, nas proporções observadas em nossas produções mecânicas, nossos adornos, nossos edifícios, nossos jardins. Ele observa que este último tipo de *belo* está misturado ao arbitrário e ao absoluto. Em arquitetura, por exemplo, percebe duas espécies de regras; umas que decorrem da noção, independente de nós, do *belo original* e *essencial*, e que exigem indispensavelmente a perpendicularidade das colunas, o paralelismo dos andares, a simetria dos membros, o desembaraço e a elegância do desenho, e a unidade do todo. As outras, que são fundadas em observações particulares, que os mestres fizeram em diversos tempos, e pelas quais determinaram as proporções das partes nas cinco ordens da arquitetura: é em consequência dessas regras que no toscano a altura da coluna contém sete vezes o diâmetro de sua base; no dórico, oito vezes; nove no jônico, dez no coríntio e, no compósito, o mesmo tanto; que as colunas apresentam uma êntase, desde a origem até um terço do fuste; que nos dois outros terços, elas diminuem pouco a pouco, em fugente, o capitel; que os entrecolúnios são ao máximo de oito módulos e, no mínimo, de três; que a altura dos pórticos, das arcadas, das portas e das janelas é o duplo de sua largura. Estando fundadas apenas em observações a olho nu e sobre exemplos equívocos, tais regras são sempre um pouco incertas e não são completamente indispensáveis. Por isso vemos algumas vezes que os grandes arquitetos[22] se colocam acima delas, fazem-lhes acréscimos, restringem-nas e imaginam outras novas, conforme as circunstâncias.

Eis portanto nas produções das artes um *belo essencial*, um *belo de criação humana* e um *belo de sistema*: *um belo essencial*, que consiste na ordem; um *belo de criação humana*, que consiste na aplicação livre e dependente do artista das leis da ordem, ou, para falar mais claramente, na escolha de tal ordem; e um *belo de sistema*, que nasce das observações e que produz variedades mesmo entre os artistas mais sapientes; mas jamais em prejuízo do *belo essencial*, que é uma barreira que não se deve jamais franquear. *Hic murus aheneus esto*[23]. Se acontece muitas vezes que os grandes mestres se deixam levar por seu gênio para além dessa barreira, é nas raras ocasiões em que eles previram que tal afastamento ajuntaria mais à *beleza* do que lhe tiraria algo; mas eles cometem não menos uma falta que se lhes pode censurar.

O *belo arbitrário* subdivide-se, segundo o mesmo autor, em um *belo de gênio*, um *belo de gosto* e um *belo de puro capricho*: um *belo de gênio*, baseado no conhecimento do *belo essencial*, que dá regras invioláveis; um *belo de gosto*, baseado

22. A referência do padre André é a Michelangelo, Palladio, Vignole, Delorme e Mansart.

23. "Porque aqui há um muro de bronze", Horácio, *Odes*, III, 3, verso 65.

no conhecimento das obras da natureza e das produções dos grandes mestres, que dirige na aplicação e no emprego do *belo essencial*; um *belo de capricho*, que não estando baseado em nada, não deve ser admitido em nenhuma parte.

O que é feito do sistema de Lucrécio e dos pirronianos no sistema do padre André? O que lhe resta de abandonado ao arbitrário? Quase nada; por isso, para toda resposta à objeção daqueles que pretendem que a *beleza* é de educação e de prejulgado, contenta-se em desenvolver a fonte de seu erro. Eis, diz ele, como eles raciocinaram: procuraram nas melhores obras exemplos do *belo de capricho* e não tiveram dificuldade em encontrá-los e em demonstrar que o *belo* que aí se reconhecia era de capricho; tomaram exemplos do *belo de gosto* e demonstraram muito bem que havia também o arbitrário nesse *belo*; e sem ir mais longe, nem se aperceber de que sua enumeração era incompleta, concluíram que tudo o que se denomina *belo* era arbitrário e de capricho; mas concebe-se facilmente que sua conclusão era justa só em relação ao terceiro ramo do *belo artificial* e que seu raciocínio não atacava nem os dois outros ramos desse *belo*, nem o *belo natural*, nem o *belo essencial*.

O padre André passa em seguida à aplicação de seus princípios aos costumes, às obras do espírito e à música; e demonstra que há, nesses três objetos do *belo*, um *belo essencial*, absoluto e independente de toda instituição, mesmo divina, que faz com que uma coisa seja una; um *belo natural* dependente da instituição do criador, mas independente de nós; um *belo arbitrário*, dependente de nós, mas sem prejuízo do *belo essencial*.

Um *belo essencial* nos costumes, nas obras do espírito e na música, fundado na ordenação, na regularidade, na proporção, na justeza, na decência, no acordo, que se observam numa *bela ação*, numa *boa peça*, num *belo concerto*, e que fazem com que as produções morais, intelectuais e harmônicas sejam UNAS.

Um *belo natural*, que não é outra coisa nos costumes que a observação do *belo essencial* em nossa conduta, relativo ao que nós somos entre os seres da natureza; nas obras do espírito, que a imitação e a pintura fiel das produções da natureza em todos os gêneros; na harmonia, que uma submissão às leis que a natureza introduziu nos corpos sonoros, sua ressonância e a conformação do ouvido.

Um *belo artificial*, que consiste, nos *mores* (costumes, hábitos), em se conformar aos usos de sua nação, ao gênio de seus concidadãos, a suas leis; nas obras do espírito, em respeitar as regras do discurso; em conhecer a língua e em seguir o gosto dominante; na música, em inserir a propósito a dissonância, em conformar suas produções aos movimentos e aos intervalos recebidos.

Daí se segue que, segundo o padre André, o *belo essencial* e a verdade não se mostram em parte alguma com tanta profusão quanto no universo: o *belo moral*, quanto no filósofo cristão; e o *belo intelectual*, quanto numa tragédia acompanhada de música e cenário.

O autor que nos deu o *Ensaio sobre o Mérito e a Virtude*[24] rejeita todas essas distinções do *belo* e pretende, com muitos outros, que não há senão um tipo de *belo*, cujo fundamento é o útil: assim, tudo aquilo que é ordenado de maneira a produzir o mais perfeitamente o efeito a que se propõe é supremamente *belo*. Se lhe perguntardes o que é um *belo homem*, ele vos responderá que é aquele cujos membros bem proporcionados conspiram da forma mais vantajosa para o cumprimento das funções animais do homem. O homem, a mulher, o cavalo e os outros animais, continuará ele, ocupam uma posição na natureza: ora, na natureza, essa posição determina os deveres a preencher; os deveres determinam a organização, e a organização é mais ou menos perfeita ou *bela*, segundo a maior ou a menor facilidade que o animal receba dela para dedicar-se às suas funções. Mas essa facilidade não é arbitrária nem, por consequência, as formas que a constituem nem a *beleza* que depende dessas formas. Depois, descendo daí aos objetos mais comuns, as cadeiras, as mesas, as

24. Shaftesbury.

portas etc., ele tentará vos provar que a forma de tais objetos nos apraz somente na proporção que convenha melhor ao uso a que se destinam; e se mudamos tão frequentemente de moda, quer dizer, se somos tão pouco constantes no gosto pelas formas que lhes damos, é, dirá ele, porque essa conformação, a mais perfeita relativamente ao uso, é muito difícil de encontrar; é que há uma espécie de *máximo* que escapa a todas as finuras da geometria natural e artificial, e em torno da qual giramos sem cessar: nós nos apercebemos muito bem quando nos aproximamos dela e quando passamos além dela, mas não estamos nunca seguros de tê-la atingido. Daí essa revolução perpétua nas formas: ou nós as abandonamos por outras, ou entramos em disputas sem fim sobre aquelas que conservamos. Aliás, esse ponto não está em toda a parte no mesmo lugar; esse *máximo* tem, em mil ocasiões, limites mais extensos ou mais estreitos: alguns exemplos bastarão para esclarecer seu pensamento. Todos os homens, acrescentará ele, não são capazes da mesma atenção e não possuem a mesma força de espírito; eles são todos mais ou menos pacientes, mais ou menos instruídos etc. O que produzirá essa diversidade? É que um espetáculo composto de acadêmicos achará a intriga de *Heráclio* admirável e que o povo a tratará como confusa; é que uns restringirão a extensão de uma comédia a três atos, e outros pretenderão que se pode estendê-la a sete; e assim para o restante. Qualquer que seja a verossimilhança com que esse sistema esteja exposto, não me é possível admiti-lo[25].

Concordo com o autor que em todos os nossos juízos se misture um golpe de vista delicado sobre aquilo que nós somos, um voltar-se imperceptível para nós mesmos, e que há mil ocasiões em que acreditamos estar encantados apenas pelas belas formas, e nas quais elas são, com efeito, a causa principal, mas não a única, de nossa admiração; concordo que essa admiração não é sempre tão pura quanto nós a imaginamos: mas como não

25. A noção de que o belo constituía reflexo da utilidade é anteriormente aceita por Diderot, e agora criticada por ele em função do belo como produto de relações percebidas.

é preciso mais do que um fato para derrubar um sistema, somos obrigados a abandonar o do autor que acabamos de citar, por mais apego que tenhamos tido outrora por suas ideias; e eis as nossas razões. Não há pessoa que não haja sentido que nossa atenção se dirige principalmente para as similitudes das partes, nas coisas mesmas onde essa similitude não contribui em absoluto para a utilidade: contanto que os pés de uma cadeira sejam iguais e sólidos, que importa que tenham a mesma figura? Eles podem diferir nesse ponto, sem ser por isso menos úteis. Um poderá ser reto e outro com pé recurvo; um curvo para fora e outro, para dentro. Se fizermos uma porta em forma de esquife, sua forma parecerá talvez melhor combinada com a figura do homem do que qualquer das formas que seguimos. De que utilidade são em arquitetura as imitações da natureza e de suas produções? Para que fim dispor uma coluna e festões lá onde seria preciso apenas um pilar de madeira ou um maciço de pedra? Para que servem estas cariátides? Uma coluna destina-se a cumprir a função de um homem, ou um homem jamais foi destinado a efetuar o mister de uma coluna no ângulo de um vestíbulo? Por que imitamos todos os entablamentos dos objetos naturais? Que importa que nessa imitação as proporções sejam bem ou mal observadas? Se a utilidade é o único fundamento da *beleza*, os baixos-relevos, as caneluras, os vasos e, em geral, todos os ornamentos, tornam-se ridículos e supérfluos.

Mas o gosto da imitação se faz sentir nas coisas cujo único fim é agradar, e, com frequência, nós admiramos formas, sem que a noção do útil nos leve a isso. Ainda que o proprietário de um cavalo jamais o julgasse *belo*, a não ser quando comparasse a forma desse animal ao serviço que pretende dele obter, não se dá o mesmo com o passante a quem ele não pertence. Enfim, discernimos todos os dias *beleza* nas flores, nas plantas e em mil obras da natureza cujo uso nos é desconhecido.

Eu sei que não há nenhuma das dificuldades que acabo de propor contra o sistema que combato, à qual não se possa responder: mas penso que tais respostas seriam mais sutis do que sólidas.

Segue-se do que precede que, tendo Platão se proposto menos a ensinar a verdade a seus discípulos do que a desiludir seus concidadãos a respeito dos sofistas, ele nos oferece em suas obras, a cada linha, exemplos do *belo* e nos mostra muito bem o que este não é absolutamente, mas não nos diz nada do que este é.

Que Santo Agostinho reduziu toda a *beleza* à unidade ou à relação exata das partes de um todo entre si, e à relação exata das partes de uma parte considerada como todo, e assim ao infinito; o que me parece constituir mais a essência do perfeito do que do *belo*.

Que o sr. Wolff confundiu o *belo* com o prazer que este ocasiona, e com a perfeição, conquanto existam seres que aprazem sem ser *belos* e outros que são *belos* sem agradar; que todo ser seja suscetível da extrema perfeição e que existam também os que não são suscetíveis da menor *beleza*: tais são todos os objetos do olfato e do gosto, considerados relativamente a esses sentidos.

Que o sr. Crousaz, ao carregar sua definição do *belo*, não haja percebido que quanto mais multiplicava os caracteres do *belo*, mais ele o particularizava; e que se tendo proposto a tratar do *belo* em geral, começou por dar uma noção dele que não é aplicável senão a algumas espécies de *belos* particulares.

Que Hutcheson se propôs dois objetos; o primeiro, explicar a origem do prazer que experimentamos na presença do *belo*; e o segundo, procurar as qualidades que deve possuir um ser para ocasionar em nós esse prazer individual, e, por consequência, nos parecer *belo*, por menos provada que seja *a realidade de seu sexto sentido*, o que faz sentir a dificuldade de expor sem esse recurso a fonte do prazer que nos dá o *belo*; e que seu princípio da *uniformidade na variedade* não é geral; que ele faz disso, às figuras da geometria, uma aplicação mais sutil do que verdadeira, e que esse princípio não se aplica em absoluto a uma outra espécie de *belo*, aquele das demonstrações das verdades abstratas e universais. Que o sistema proposto no

Ensaio sobre o Mérito e a Virtude, onde se toma o útil pelo só e único fundamento do *belo*, é mais defeituoso ainda do que qualquer dos precedentes.

Enfim, que o padre André, jesuíta, ou o autor do *Ensaio sobre o Belo*, é quem até o presente melhor aprofundou essa matéria, conheceu melhor sua extensão e dificuldade, colocando os seus princípios mais verdadeiros e mais sólidos, e merece mais do que ninguém ser lido.

A única coisa que se podia desejar talvez em sua obra era que desenvolvesse a origem das noções que se encontram em nós, de relação, de ordem, de simetria; pois, dado o tom sublime com que fala dessas noções, não se sabe se as julga adquiridas e factícias, ou se as julga inatas; mas cumpre adicionar em seu favor que a maneira de ser de sua obra, mais oratória ainda que filosófica, o afastava dessa discussão em que vamos entrar.

Nós nascemos com a faculdade de sentir e de pensar; o primeiro passo da faculdade de pensar é examinar suas percepções, uni-las, compará-las, combiná-las, aperceber entre elas relações de conveniência e de desconveniência etc. Nós nascemos com necessidades que nos obrigam a recorrer a diferentes expedientes, dentre os quais fomos muitas vezes convencidos pelo efeito que deles esperávamos, e por aquele que eles produziam, de que há bons, maus, prontos, curtos, completos, incompletos etc. A maioria desses expedientes era um instrumento, máquina ou alguma outra invenção do gênero; mas toda máquina supõe combinação, arranjo de partes tendentes a um mesmo objetivo etc. Eis, portanto, nossas necessidades e o exercício mais imediato de nossas faculdades que conspiram, tão logo nascemos, para nos dar ideias de ordem, de arranjo, de simetria, de mecanismo, de proporção, de unidade; todas essas ideias vêm dos sentidos e são factícias; e nós passamos da noção de uma multidão de seres artificiais e naturais, arranjados, proporcionados, combinados, simetrizados, à noção abstrata e negativa de desproporção, de desordem e de caos.

Essas noções são experimentais como todas as outras; elas também nos vieram pelos sentidos; não haveria de modo algum a de Deus, se não as tivéssemos tampouco; elas precederam de muito tempo em nós a da existência Deste; elas são tão positivas, tão distintas, tão nítidas, tão reais, quanto as de comprimento, largura, profundidade, quantidade, número; como elas tiveram sua origem em nossas necessidades e no exercício de nossas faculdades, houvesse na superfície da terra algum povo em cuja língua essas ideias não tivessem em absoluto nome, elas não existiriam menos nos espíritos de uma maneira mais ou menos extensa, mais ou menos desenvolvida, baseada em um número mais ou menos grande de experiências aplicadas a um número mais ou menos grande de seres; pois aí está toda a diferença que pode haver entre um povo e um outro povo, entre um homem e um outro homem, no seio do mesmo povo; e quaisquer que sejam as expressões sublimes de que nos servimos para designar as noções abstratas de ordem, de proporção, de relações, de harmonia, que as chamem, se se quiser, *eternas, originais, soberanas, regras essenciais do belo,* ainda assim elas passaram por nossos sentidos para chegar ao nosso entendimento, do mesmo modo que as noções mais vis, e não são mais que abstrações de nosso espírito.

Mas tão logo o exercício de nossas faculdades intelectuais, e a necessidade de prover nossas necessidades por meio de invenções, máquinas, etc. esboçaram, em nosso entendimento, as noções de ordem, de relações, de proporção, de ligação, de arranjo, de simetria, vimo-nos cercados de seres em que as mesmas noções eram, por assim dizer, repetidas ao infinito; não pudemos dar um passo no universo sem que alguma produção não as despertasse; elas entraram em nossa alma a todo instante e de todos os lados; tudo o que se passava em nós, tudo o que subsistia dos séculos escoados, tudo o que a indústria, a reflexão, as descobertas de nossos contemporâneos produziam sob os nossos olhos, continuava a nos inculcar as noções de ordem, de relações, de arranjo, de simetria, de conveniência, desconveniência etc., e não há uma noção, salvo talvez a de existência, que tenha podido tornar-se tão familiar aos homens quanto aquela de que aqui se trata.

Se nada entra, pois, na noção do *belo,* seja ele *absoluto*, seja *relativo*, seja *geral*, seja *particular*, senão as noções de ordem, de relações, de proporção, de arranjos, de simetria, de conveniência, de desconveniência; se essas noções não decorrem de outra fonte exceto as de existência, de número, de comprimento, largura, profundeza e de uma infinidade de outras sobre as quais não se discute, pode-se, me parece, empregar as primeiras em uma definição do *belo*, sem ser acusado de substituir um termo pelo outro e de girar em um círculo vicioso.

Belo é um termo que aplicamos a uma infinidade de seres; mas seja qual for a diferença que haja entre esses seres, é preciso ou que façamos uma falsa aplicação do termo *belo*, ou que haja em todos esses seres uma qualidade de que o termo *belo* seja o signo.

Essa qualidade não pode estar incluída no número daquelas que constituem sua diferença específica; pois ou não existiria senão um único ser *belo*, ou no máximo uma única bela espécie de seres.

Mas entre as qualidades comuns a todos os seres que chamamos *belos*, qual delas escolheremos como a coisa de que o termo *belo* é signo? Qual? É evidente, me parece, que só pode ser aquela cuja presença torna todos *belos*; cuja frequência ou raridade, se ela for suscetível de frequência ou de raridade, os torna mais ou menos *belos*; cuja ausência faz com que cessem de ser *belos*; que não pode mudar de natureza sem fazer com que o *belo* mude de espécie e cuja qualidade contrária tornaria os mais *belos* desagradáveis e feios; aquela, em uma palavra, pela qual a *beleza* começa, aumenta, varia ao infinito, declina e desaparece. Ora, não há outra noção salvo a de *relações* que seja capaz de tais efeitos.

Eu chamo portanto *belo*, fora de mim, tudo aquilo que contém em si algo com que despertar em meu entendimento a ideia de relações; e *belo* em relação a mim, tudo o que desperta essa ideia[26].

Quando eu digo *tudo*, excetuo, no entanto, as qualidades relativas ao gosto e ao olfato; embora tais qualidades possam despertar em nós a ideia de relações, não se denominam *belos* os objetos em que elas residem, quando não os consideramos de outro modo exceto relativamente a essas qualidades. Diz-se "um prato excelente, um odor delicioso", mas não "um belo prato, um belo odor". Quando, pois, se diz, "eis um belo rodovalho, eis uma bela rosa", consideram-se outras qualidades na rosa e no rodovalho que não as que são relativas ao sentido do gosto e do olfato.

Quando eu digo "tudo o que contém em si algo que pode despertar em meu entendimento a ideia de relações", ou "tudo o que desperta essa ideia", é que cumpre distinguir bem as formas que estão nos objetos e a noção que eu tenho disso. Meu entendimento não põe nada nas coisas e não tira nada delas. Quer eu pense, quer não pense em absoluto na fachada do Louvre, todas as partes que a compõem não têm por isso menos tal ou tal forma, e tal ou tal arranjo entre si: quer tenham existido homens, ou quer não tenham existido de modo algum, ela não seria menos *bela*, mas somente para seres possíveis constituídos de corpos e espírito como nós; pois, para outros, ela poderia não ser nem *bela* nem *feia*, ou mesmo ser *feia*. De onde se segue que, conquanto não haja de modo algum *belo absoluto*, existem duas espécies de *belo* em relação a nós, um *belo real* e um *belo apercebido*.

Quando eu digo, "tudo o que desperta em nós a ideia de relações", não quer dizer que, para chamar um ser de *belo*, cumpre avaliar qual é a espécie de relações que aí reina; não exijo que aquele que vê uma peça de arquitetura esteja em condição de assegurar aquilo que o próprio arquiteto pode ignorar, que esta parte está para aquela ali como tal número está para tal

26. Vide *Carta sobre os Surdos e Mudos*, em *Diderot: Obras* II – *Estética, Poética e Contos*, São Paulo: Perspectiva, 2000.

número, ou que aquele que ouve um concerto saiba mais às vezes do que o músico sabe, que determinado som está para outro determinado som na relação de dois para quatro, ou de quatro para cinco. Basta que ele perceba e sinta que os membros dessa arquitetura e que os sons dessa peça de música têm relações, seja entre si, seja com outros objetos. É a indeterminação dessas relações, a facilidade de apreendê-las e o prazer que acompanha a sua percepção que levaram a imaginar que o *belo* era mais uma questão de sentimento do que de razão. Eu ouso assegurar que todas as vezes que um princípio nos for conhecido desde a mais tenra infância, e que nós façamos dele por hábito uma aplicação fácil e súbita aos objetos situados fora de nós, acreditaremos julgá-lo por sentimento; mas seremos obrigados a confessar o nosso erro em todas as ocasiões em que a complicação das relações e a novidade do objeto suspenderem a aplicação do princípio: então o prazer esperará, para se fazer sentir, que o entendimento haja declarado que o objeto é *belo*. Aliás, o julgamento, em semelhante caso, é quase sempre do *belo relativo* e não do *belo real*.

Ou consideramos as relações nos costumes e temos o *belo moral*; ou as consideramos nas obras de literatura e temos o *belo literário*; ou as consideramos nas peças de música e temos o *belo musical*; ou as consideramos nas obras da natureza e temos o *belo natural*; ou as consideramos nas obras mecânicas dos homens e temos o *belo artificial*; ou as consideramos nas representações das obras de arte ou da natureza e temos o *belo de imitação*: em qualquer objeto, e em qualquer aspecto que considereis as relações em um mesmo objeto, o *belo* tomará diferentes nomes.

Mas um mesmo objeto, qualquer que seja, pode ser considerado solitariamente e em si mesmo, ou relativamente a outros. Quando declaro a respeito de uma flor que ela é *bela*, ou de um peixe, que ele é *belo*, o que entendo? Se eu considero esta flor ou este peixe solitariamente, eu não entendo outra coisa senão que percebo, entre as partes de que eles são compostos, a ordem, o arranjo, a simetria, as relações (pois todas essas palavras designam apenas diferentes maneiras de encarar as relações mesmas): nesse sentido, toda flor é *bela*, todo peixe é *belo*; mas de qual *belo* se trata? Daquele que denomino *belo real*.

Se eu considero a flor e o peixe relativamente a outras flores e a outros peixes, quando digo que eles são *belos*, isso significa que entre os seres de seu gênero, que entre as flores este, que entre os peixes aquele, despertam em mim o máximo de ideias de relações e o máximo de certas relações; pois não tardarei a fazer ver que não sendo todas as relações da mesma natureza, elas contribuem mais ou menos umas do que as outras à *beleza*. Mas eu posso assegurar que sob essa nova maneira de considerar os objetos, há *belo* e *feio*; mas qual *belo*, qual *feio*? Aquele que se chama *relativo*.

Se em lugar de tomar uma flor ou um peixe, generalizamos, e que se tome uma planta ou um animal; se particularizamos, que se tome uma rosa e um rodovalho, e tiraremos sempre daí a distinção do *belo relativo* e do *belo real*.

Daí se vê que há vários *belos relativos* e que uma tulipa pode ser *bela* ou *feia* entre as tulipas, *bela* ou *feia* entre as flores, *bela* ou *feia* entre as plantas, *bela* ou *feia* entre as produções da natureza.

Mas concebe-se que é preciso ter visto muitas rosas e muitos rodovalhos para declarar que são *belos* ou *feios* entre as rosas e os rodovalhos; muitas plantas e muitos peixes, para declarar que a rosa e o rodovalho são *belos* ou *feios* entre as plantas e os peixes, e que é preciso ter um grande conhecimento da natureza, para declarar que eles são *belos* ou *feios* entre as produções da natureza.

O que é, pois, que se entende quando se diz a um artista: "Imitai a bela natureza!" Ou não se sabe o que se lhe ordena, ou se lhe diz: se tiverdes de pintar uma flor, e que vos seja além disso indiferente qual pintar, tomai a mais *bela* dentre as flores; se tiverdes de pintar uma planta, e que vosso assunto não exija que seja um carvalho ou um olmo seco, quebrado, cortado, abalado, tomai a mais *bela* entre as plantas; se tiverdes de pintar um objeto da natureza, e que vos seja indiferente qual escolher, tomai o mais *belo*.

Daí se segue: 1. Que o princípio de imitação da bela natureza exige o estudo mais profundo e o mais extenso de suas produções em todo gênero; 2. Que quando se tivesse o conhecimento mais perfeito da natureza e dos limites que ela se prescreveu na produção de cada ser, não seria menos verdade que o número de ocasiões onde o mais *belo* poderia ser empregado nas artes de imitação seria aquele em que é preciso preferir o menos *belo*, como a unidade está para o infinito; 3. Que embora haja aí de fato um *máximo* de *bondade* em cada obra da natureza, considerada em si mesma; ou, para me servir de um exemplo que, embora a mais bela rosa que ela produza não tenha jamais nem a altura nem a extensão de um carvalho, entretanto não há nem *belo* nem *feio* em suas produções, consideradas relativamente ao emprego que se pode fazer delas nas artes de imitação.

Conforme a natureza de um ser, conforme excite em nós a percepção de um maior número de relações e conforme a natureza das relações que excita, ele é *bonito, belo, mais belo, belíssimo* ou *feio; baixo, pequeno, grande, elevado, sublime, exagerado, burlesco* ou *divertido*; e seria fazer uma obra muito grande, e não um artigo de dicionário, entrar em todos esses pormenores: basta-nos haver mostrado os princípios; abandonamos ao leitor o cuidado com as consequências e as aplicações. Mas podemos assegurar-lhe que, tome ele os seus exemplos da natureza ou os empreste da pintura, da moral, da arquitetura, da música, verificará sempre que ele dá o nome de *belo real* a tudo aquilo que contém em si algo com que despertar a ideia de relação; e o nome de *belo relativo* a tudo aquilo que desperta relações convenientes com as coisas com as quais cumpre proceder a sua comparação.

Eu me contentarei em trazer um exemplo, tomado da literatura. Todo o mundo conhece a palavra sublime da tragédia dos

Horácios: QUE ELE MORRESSE[27]. Pergunto a qualquer pessoa que não conheça em absoluto a peça de Corneille, e que não tenha nenhuma ideia da resposta do velho Horácio, o que pensa deste dito: "Que ele morresse". É evidente que aquele que o interroga, não sabendo o que é este "que ele morresse", não podendo adivinhar se é uma frase completa ou um fragmento, e mal percebendo entre os três termos alguma relação gramatical, responder-me-á que isso não lhe parece nem *belo* nem *feio*. Mas se eu lhe digo que é a resposta de um homem consultado sobre o que um outro deve fazer num combate, ele começa a perceber no respondente uma espécie de coragem que não lhe permite crer que seja sempre melhor viver do que morrer; e o "que ele morresse" começa a interessá-lo. Se acrescento que se trata, nesse combate, da honra da pátria; que o combatente é filho daquele a quem se interroga; que é o único que lhe resta; que o jovem tinha de lidar com três inimigos, que já haviam tirado a vida a dois de seus irmãos; que o velho está falando com sua filha; que é um romano: então a resposta "que ele morresse", que não era nem *bela*, nem *feia*, se embeleza à medida que eu desenvolvo suas relações com as circunstâncias, e acaba por ser sublime.

Mudai as circunstâncias e as relações, e fazei passar o "que ele morresse" do teatro francês para a cena italiana, e da boca do velho Horácio para a de Scapin, o "que ele morresse" se tornará *burlesco*.

Mudai ainda mais uma vez as circunstâncias, e suponde que Scapin esteja a serviço de um amo, duro, avaro e rabugento, e que eles sejam atacados numa estrada principal por três ou quatro salteadores. Scapin foge; seu amo se defende; mas premido pelo número, é obrigado a fugir também; e pessoas vêm informar a Scapin que seu amo escapou ao perigo. "Como", dirá Scapin enganado em sua expectativa, "ele conseguiu fugir? Ah, o covarde!" "Mas ele", responder-lhe-ão, "estava sozinho contra três, o que querias tu que ele fizesse?" "Que ele morresse", responderá; e

27. Corneille, *Horácio*, ato III, cena 6, verso 1021.

este "que ele morresse" se tornará *divertido*. É portanto constante que a *beleza* comece, cresça, varie, decline e desapareça com as relações, assim como o dissemos mais acima.

Mas o que entendeis por uma *relação*?, perguntar-me-ão; não é mudar a acepção dos termos, dar o nome de *belo* àquilo que jamais foi visto como tal? Parece que em nossa língua a ideia do *belo* está sempre junta à de grandeza, e que não é definir o *belo* colocar sua diferença específica em uma qualidade que convém a uma infinidade de seres, que não têm nem grandeza nem sublimidade. O sr. Crousaz pecou, sem dúvida, quando carregou sua definição do *belo* de tão grande número de caracteres, que ela se viu restringida a um pequeníssimo número de seres; mas não é cair no defeito contrário torná-la tão geral, que ela parece abraçá-los todos, sem excetuar um montão de pedras informes, jogadas ao acaso na borda de uma pedreira? Todos os objetos, adicionar-se-á, são suscetíveis de relações entre si, entre suas partes e com outros seres; não há em absoluto os que não possam ser arranjados, ordenados, simetrizados. A perfeição é uma qualidade que pode convir a todos; mas não acontece o mesmo com a *beleza*; ela é de um pequeno número de objetos.

Eis, me parece, a única, ao menos a mais forte objeção que me podem fazer, e vou tentar responder a ela.

A relação em geral é uma operação do entendimento, que considera seja um ser, seja uma qualidade, na medida em que esse ser ou essa qualidade supõe a existência de um outro ser ou de uma outra qualidade. Exemplo: Quando digo que Pierre é um *bom pai*, considero nele uma qualidade que supõe a existência de uma outra, a do filho; e o mesmo se pode dizer de outras relações, tais como elas possam ser. Daí se segue que, embora a relação esteja apenas em nosso entendimento, quanto à percepção, ela tem não menos seu fundamento nas coisas; e eu diria que uma coisa contém em si relações reais todas as vezes em que estiver revestida de qualidades que um ser constituído de corpo e espírito como eu não poderia considerar sem supor a existência ou de outros seres, ou de outras qualidades, seja na coisa mesma, seja fora dela; e eu distribuirei as relações em *reais* e em *percebidas*. Mas há uma terceira espécie de relações; são as relações *intelectuais* ou *fictícias*; aquelas que o entendimento humano parece colocar nas coisas. Um estatuário lança o olhar sobre um bloco de mármore; sua imaginação mais rápida do que seu cinzel tira-lhe todas as partes supérfluas e discerne aí uma figura: mas essa figura é propriamente imaginária e fictícia; ele poderia fazer, sobre uma porção de espaço limitado por linhas intelectuais, aquilo que acaba de executar num bloco informe de mármore. Um filósofo lança o olhar sobre um montão de pedras jogadas ao acaso; ele aniquila pelo pensamento todas as partes desse amontoado que produzem a irregularidade e consegue fazer sair dele um globo, um cubo, uma figura regular. O que significa isso? Que, embora a mão do artista só possa traçar um desenho sobre superfícies resistentes, pode transportar a imagem pelo pensamento por sobre todo corpo; o que digo, por sobre todo corpo!, no espaço e no vácuo. A imagem, ou transportada pelo pensamento nos ares, ou extraída por imaginação dos corpos mais informes, pode ser *bela* ou *feia*, mas não a tela ideal à qual a ligaram, ou o corpo informe de onde a fizeram sair.

Quando digo portanto que um ser é *belo* pelas relações que nele se notam, não estou falando em absoluto das relações intelectuais ou fictícias que nossa imaginação para aí transporta, mas das relações reais que aí estão e que nosso entendimento aí observa com a ajuda de nossos sentidos[28].

Em compensação, eu pretendo que, quaisquer que sejam as relações, são elas que constituirão a *beleza*, não nesse sentido estreito em que o *bonito* é o oposto do *belo*, mas em um sentido, ouso dizê-lo, mais filosófico e mais conforme à noção do *belo* em geral e à natureza das línguas e das coisas.

28. Ideia já formulada por Diderot em *Mémoires sur les Principes Généraux d'Acoustique* (Memória sobre os Princípios Gerais da Acústica).

Se alguém tiver a paciência de reunir todos os seres aos quais damos o nome de *belo*, perceberá bem cedo que nessa multidão há uma infinidade em que não se presta nenhuma atenção à pequenez ou à grandeza; a pequenez e a grandeza significam pouco todas as vezes em que o ser é solitário ou que, sendo indivíduo de uma espécie numerosa, consideram-no solitariamente. Quando se declarou do primeiro relógio de parede ou de bolso que ele era *belo*, dava-se atenção a outra coisa do que a seu uso e a seu mecanismo? Se portanto a definição geral do *belo* deve convir a todos os seres aos quais se atribui tal epíteto, a ideia de grandeza está dela excluída. Eu me empenhei em afastar da noção de *belo* a noção de grandeza, porque me pareceu que era ela que se lhe vinculava mais comumente. Em matemática, entende-se por um *belo problema* um problema difícil de resolver; por uma *bela solução*, a solução simples e fácil de um problema difícil e complicado. A noção de *grande*, de *sublime*, de *elevado*, não tem nenhuma vez nessas ocasiões em que não se deixa de empregar o nome de *belo*. Que se percorram dessa maneira todos os seres que são chamados *belos*: um excluirá a grandeza, o outro excluirá a utilidade; um terceiro a simetria; alguns mesmo a aparência marcada de ordem e de simetria: tal seria a pintura de uma laranja, de uma tempestade, de um caos; e seremos forçados a concordar que a única qualidade comum, conveniente a todos esses seres, é a noção de relações.

Mas quando se pede que a noção geral de *belo* convenha a todos os seres que são chamados como tais, fala-se apenas da própria língua ou está se falando de todas as línguas? É preciso que essa definição convenha somente aos seres que chamamos *belos* em francês ou a todos os seres que seriam chamados *belos* em hebraico, em siríaco, em árabe, em caldeu, em grego, em latim, em inglês, em italiano e em todas as línguas que existiram, que existem ou que existirão? E para provar que a noção de relação é a única que restaria após o emprego de uma regra de exclusão tão extensa, o filósofo será forçado a aprender todas? Não lhe basta ter examinado que a acepção do termo *belo* varia em todas as línguas; que o encontramos aplicado lá a uma espécie de seres, à qual não é aplicado aqui de modo algum, mas que em qualquer idioma que se faça uso dele, supõe percepção de relações? Os ingleses dizem *a fine flavour, a fine woman*, um belo odor, uma bela mulher. Onde estaria um filósofo inglês se, tendo de tratar do *belo*, quisesse considerar esse capricho de sua língua? Foi o povo que fez as línguas; cabe ao filósofo descobrir a origem das coisas; e seria assaz surpreendente que os princípios de um não se encontrassem com frequência em contradição com os usos do outro. Mas o princípio da percepção das relações, aplicado à natureza do *belo*, não tem mesmo aqui essa desvantagem; e ele é tão geral, que é difícil que alguma coisa lhe escape.

Entre todos os povos, em todos os lugares da terra e em todos os tempos, houve um nome para a *cor* em geral e outros nomes para as *cores* em particular, e para as suas nuanças. O que teria feito um filósofo a quem propusessem explicar o que é uma *bela cor*, senão indicar a origem da aplicação do termo *belo* a uma cor em geral, qualquer que ela seja, e em seguida indicar as causas que puderam levar a preferir tal matiz a tal outro? Do mesmo modo, é a percepção das relações que deu lugar à invenção do termo *belo*; e conforme as relações e o espírito dos homens variaram, foram feitos os nomes *bonito*, *belo*, *encantador*, *grande*, *sublime*, *divino* e uma infinidade de outros, tanto relativos ao físico quanto ao moral. Eis os matizes do *belo*; mas eu estendo esse pensamento e digo: quando se exige que a noção geral do *belo* convenha a todos os seres *belos*, fala-se somente daqueles que portam esse epíteto aqui e hoje, ou daqueles que receberam o nome de *belos* ao nascimento do mundo, que se chamavam *belos* há cinco mil anos, a três mil léguas e que se chamarão assim nos séculos por vir; daqueles que olhamos como tais na infância, na idade madura e na velhice; daqueles que constituem a admiração de todos os povos civilizados e daqueles que encantam os selvagens? Será a verdade dessa definição local, particular e momentânea?

Ou se estenderá a todos os seres, a todos os tempos, a todos os homens e a todos os lugares? Se tomarmos este último partido, aproximar-nos-emos muito de meu princípio e não acharemos quase outro meio de conciliar entre eles os julgamentos da criança e do homem feito: da criança, a quem é mister apenas um vestígio de simetria e de imitação para admirar e para ser recreada; do homem feito, a quem são mister palácios e obras de uma extensão imensa para ficar impressionado; do selvagem e do homem civilizado: do selvagem, que fica encantado à vista de um penduricalho de vidro, de um anel de latão ou de um bracelete de quinquilharia; e do homem civilizado, que só cede sua atenção às obras mais perfeitas; dos primeiros homens, que prodigalizavam os nomes de *belos*, de *magníficos* etc. a cabanas, choças, granjas; e dos homens de hoje, que restringem essas denominações aos últimos esforços da capacidade do homem.

Colocai a *beleza* na percepção das relações e tereis a história de seus progressos desde o nascimento do mundo até hoje; escolhei por caráter diferencial do *belo* em geral outra qualidade determinada que vos aprouver e vossa noção se encontrará de repente concentrada em um ponto do espaço e do tempo.

A percepção das relações é, portanto, o fundamento do *belo*; é, portanto, a percepção das relações que foi designada nas línguas sob uma infinidade de nomes diferentes e que nos indicam todos apenas diferentes espécies de *belo*.

Mas na nossa [língua francesa], e em quase todas as outras, o termo *belo* [beau] é tomado muitas vezes por oposição a *bonito* [jolie]; e sob esse novo aspecto, parece que a questão do *belo* não é mais do que um caso de gramática e que não se trata mais do que de especificar exatamente as ideias que são ligadas a esse termo.

Depois de haver tentado expor no que consiste a origem do *belo*, não nos resta mais do que pesquisar aquela das opiniões diferentes que os homens têm da *beleza*: esta pesquisa acabará por dar certeza a nossos princípios; pois demonstraremos que todas essas diferenças resultam da diversidade das relações apercebidas ou induzidas, tanto nas produções da natureza quanto nas das artes.

O *belo* que resulta da percepção de uma só relação é menor comumente que aquele que resulta da percepção de várias relações. A vista de um *belo* rosto ou de um *belo* quadro afeta mais do que a de uma só cor; um céu estrelado, do que uma cortina de azul; uma paisagem, do que um campo aberto; um edifício, que um terreno unido; uma peça de música, que um som. Entretanto não se deve multiplicar o número de relações ao infinito; e a *beleza* não segue essa progressão: nós não admitimos relações nas *belas* coisas salvo as que um bom espírito pode apreender nítida e facilmente. Mas o que é um bom espírito? Onde está esse ponto nas obras aquém do qual, na falta de relações, elas ficam demasiado unidas, e além do qual elas ficam carregadas por excesso? Primeira fonte de diversidade nos julgamentos. Aqui começam as contestações. Todos concordam que há um *belo*, que ele é o resultado das relações percebidas: mas conforme se tenha mais ou menos conhecimento, experiência, hábito de julgar, de meditar, de ver, mais extensão natural no espírito, diz-se que um objeto é pobre ou rico, confuso ou pleno, mesquinho ou carregado.

Mas quantas não são as composições em que o artista é obrigado a empregar mais relações que o grande número pode apreender, e onde não há quase outros exceto os de sua arte, isso é, os homens menos dispostos a render-lhe justiça, que conhecem todo o mérito de suas produções? O que é feito então do *belo*? Ou ele é apresentado a um bando de ignorantes que não se acham em condições de senti-lo, ou é sentido por alguns invejosos que se calam; é nisso que fica amiúde todo o efeito de uma grande peça de música. O sr. D'Alembert disse no *Discurso Preliminar* do *Dicionário Enciclopédico*, discurso que bem merece ser citado neste artigo, que depois de se ter feito uma arte de aprender a música, dever-se-ia fazer uma de escutá-la; e eu acrescento que depois de se ter feito uma arte da poesia e da pintura, é em vão que se fez uma de ler e de ver; e que reinará sempre nos julgamentos de certas obras uma uniformidade aparente, menos injuriosa à verdade para o artista que a divisão dos sentimentos, mas sempre muito aflitiva.

Entre as relações pode-se distinguir uma infinidade de espécies: há as que se fortificam, se enfraquecem e se temperam mutuamente. Que diferenças há no que se pensará da *beleza* de um objeto, se as apreendemos todas, ou se apreendemos apenas uma parte! Segunda fonte de diversidade nos julgamentos. Há as indeterminadas e as determinadas: contentamo-nos com as primeiras para conceder o nome de *belo* todas as vezes que não é do objeto imediato e único da ciência ou da arte determiná-las. Mas se essa determinação é o objeto imediato e único de uma ciência ou de uma arte, exigimos não somente as relações, mas ainda seu valor: eis a razão pela qual dizemos um *belo* teorema e pela qual não dizemos um *belo* axioma; embora não se possa negar que um axioma a exprimir uma relação também tenha sua *beleza real*. Quando eu digo, em matemática, que o todo é maior do que sua parte, enuncio seguramente uma infinidade de proposições particulares sobre a quantidade dividida: mas nada determino sobre o excesso justo do todo sobre suas porções; é quase como se dissesse: "O cilindro é maior do que a esfera inscrita e a esfera maior do que o cone inscrito". Mas o objeto próprio e imediato da matemática é determinar de quanto um desses corpos é maior ou menor do que o outro; e aquele que demonstrar que eles estão sempre entre si como os números 3, 2, 1, terá feito um teorema admirável. A *beleza* que consiste sempre nas relações será, nessa ocasião, em razão disso, composta do número das relações e da dificuldade que havia em percebê-las; e o teorema que enunciar que toda linha que baixa do ápice de um triângulo isósceles sobre o meio de sua base divide o ângulo em dois ângulos iguais, não será maravilhoso: mas aquele que disser que as assíntotas de uma curva se aproximam incessantemente sem jamais encontrá-la e que os espaços formados por uma porção do eixo, uma porção da curva, a assíntota e o prolongamento da ordenada, estão entre si como tal número para tal número, será *belo*. Uma circunstância que não é indiferente à *beleza*, nessa ocasião e em muitas outras, é a ação combinada da surpresa e das relações que se verifica todas as vezes que o teorema cuja verdade se demonstrou passa antes por uma proposição falsa.

Existem relações que julgamos mais ou menos essenciais; é o caso da grandeza relativamente ao homem, à mulher e à criança; dizemos de uma criança que ela é *bela*, embora seja pequena; cumpre absolutamente que um *belo* homem seja grande; exigimos menos tal qualidade numa mulher; e é mais permitido a uma mulher pequena ser *bela* do que a um homem pequeno ser *belo*. Parece-me que consideramos então os seres, não somente em si mesmos, mas ainda relativamente aos lugares que ocupam na natureza, no grande todo; e conforme esse grande todo seja mais ou menos conhecido, a escala que se faz da grandeza dos seres é mais ou menos exata: mas nós jamais sabemos bem quando ela é justa. Terceira fonte de diversidade dos gostos e de julgamentos nas artes de imitação. Os grandes mestres preferiram que sua escala fosse um pouco grande demais do que pequena demais: mas nenhum deles tem a mesma escala, nem talvez a da natureza.

O interesse, as paixões, a ignorância, os preconceitos, os usos, os mores, os climas, os costumes, os governos, os cultos, os acontecimentos impedem os seres que nos cercam, ou os tornam capazes de despertar ou de não despertar absolutamente em nós várias ideias, aniquilando neles relações deveras naturais e estabelecendo outras caprichosas e acidentais. Quarta fonte de diversidade nos julgamentos.

Reportamos tudo à sua arte e a seus conhecimentos: nós fazemos todos mais ou menos o papel do crítico de Apeles, e embora conheçamos apenas o sapato[29], julgamos também a perna; ou, embora conheçamos apenas a perna, descemos também para o

29. Trata-se do célebre conselho do pintor Apeles ao sapateiro, no sentido de que este reservasse as suas críticas àquilo de que entendia, isto é, aos sapatos.

sapato: mas nós não levamos somente essa temeridade ou essa ostentação de detalhe ao julgamento das produções de arte; as da natureza tampouco estão isentas. Entre as tulipas de um jardim, a mais *bela* para um curioso será aquela em que ele notará uma extensão, cores, uma folha, variedades pouco comuns: mas o pintor preocupado com efeitos de luz, com tintas, com claro-escuro, com formas relativas à sua arte, negligenciará todos os caracteres que o florista admira e tomará por modelo a própria flor desprezada pelo curioso. Diversidade de talentos e de conhecimentos, quinta fonte de diversidade nos julgamentos.

A alma tem o poder de unir em conjunto as ideias que recebeu separadamente, de comparar os objetos por meio das ideias que tem deles, de observar as relações que elas têm entre si, de estender ou de estreitar suas ideias à sua vontade, de considerar separadamente cada uma das ideias simples que podem encontrar-se reunidas na sensação que recebeu delas. Essa operação da alma denomina-se *abstração*. As ideias das substâncias corporais são compostas de diversas ideias simples que efetuaram juntas suas impressões quando as substâncias corporais se apresentaram aos nossos sentidos: não é senão especificando em pormenor essas ideias sensíveis que se podem definir as substâncias. Essas espécies de definições podem provocar uma ideia bastante clara de uma substância em um homem que jamais a percebeu imediatamente, contanto que ele tenha outrora recebido separadamente, por meio dos sentidos, todas as ideias simples que entram na composição da ideia complexa da substância definida; mas se lhe falta a noção de qualquer das ideias simples de que tal substância é composta, e se está privado do senso necessário para percebê-las, ou se esse senso estiver depravado para sempre, não haverá nenhuma definição que possa provocar nele a ideia da qual não tivesse tido precedentemente uma percepção sensível. Sexta fonte de diversidade nos julgamentos que os homens farão da *beleza* de uma descrição; pois quantas, entre eles, as noções falsas, quantas as meias-noções do mesmo objeto!

Mas eles não devem concordar muito mais sobre os seres intelectuais: eles são todos representados por signos; e não há quase nenhum desses signos que seja assaz exatamente definido, para que a sua acepção não seja mais estendida e mais estreitada em um homem do que em um outro. A lógica e a metafísica seriam de fato vizinhas da perfeição se o dicionário da língua fosse bem feito, mas se trata ainda de uma obra a desejar; e como as palavras são as cores de que a poesia e a eloquência se servem, que conformidade se pode esperar nos juízos do quadro, enquanto não se souber somente a que se ater no tocante às cores e aos matizes? Sétima fonte de diversidade nos julgamentos.

Qualquer que seja o ser que estejamos julgando, os gostos e as aversões excitados pela instrução, pela educação, pelo preconceito ou por uma certa ordem factícia em nossas ideias são todos baseados na opinião que temos de que tais objetos possuem alguma perfeição ou algum defeito em qualidades, para cuja percepção dispomos de sentidos ou de faculdades convenientes. Oitava fonte de diversidade.

Pode-se assegurar que as ideias simples que um mesmo objeto excita em diferentes pessoas são tão diferentes quanto os gostos e as aversões que se observam nelas. É mesmo uma verdade de sentimento; e não é mais difícil que várias pessoas difiram entre elas num mesmo instante, relativamente às ideias simples, que o mesmo homem não difira de si mesmo em instantes diferentes. Nossos sentidos encontram-se em estado de vicissitude contínua: num dia não se têm olhos em absoluto, num outro dia ouve-se mal; e, de um dia para o outro, vê-se, sente-se, ouve-se diversamente. Nona fonte de diversidade, nos julgamentos dos homens de uma mesma idade e de um mesmo homem em diferentes idades.

Juntam-se por acidente ao objeto mais *belo* ideias desagradáveis: se a gente gosta do vinho de Espanha, basta tomá-lo com emético para detestá-lo; não se é livre para sentir ou não náuseas ante o seu aspecto: o vinho de Espanha é sempre bom, mas a nossa condição não é a mesma em relação a ele. Do mesmo modo, esse vestíbulo é sempre magnífico, mas o meu amigo perdeu aí a vida. Esse teatro não cessou de ser belo, depois que me vaiaram nele; mas eu não posso vê-lo, sem que minhas orelhas não sejam feridas pelo rumor dos apupos. Eu não vejo sob esse vestíbulo outra coisa senão meu amigo expirando; eu não sinto a sua *beleza*. Décima fonte de uma diversidade nos julgamentos, ocasionada por esse cortejo de ideias acidentais, que não se é livre de apartar da ideia principal. *Post equitem sedet atra cura*[30].

Quando se trata de objetos compostos e que apresentam ao mesmo tempo formas naturais e formas artificiais, como na arquitetura, nos jardins, nos trajes etc., nosso gosto se baseia em outra associação de ideias, metade racionais, metade caprichosas: alguma fraca analogia com o passo, o grito, a forma, a cor de um objeto malfazejo, a opinião de nosso país, as convenções de nossos compatriotas etc., tudo influi em nossos julgamentos. Essas causas tendem a nos fazer olhar as cores brilhantes e vivas como uma marca de vaidade ou de qualquer outra má disposição de coração ou de espírito: certas formas estão em uso entre os camponeses ou pessoas cuja profissão, cujos papéis, cujo caráter nos são odiosos ou desprezíveis; essas ideias acessórias voltarão, a despeito de nós mesmos, com as da cor e da forma, e nos pronunciaremos contra essa cor e essas formas, embora elas nada tenham em si mesmas de desagradável. Décima primeira fonte de diversidade.

Qual será, pois, o objeto na natureza sobre cuja *beleza* os homens estarão perfeitamente de acordo? A estrutura dos vegetais? O mecanismo dos animais? O mundo? Mas aqueles que são mais marcados pelas relações, pela ordem, pelas simetrias, pelas ligações que reinam entre as partes desse grande todo, ignorando o alvo que o Criador se propôs ao formá-lo, não são levados a declarar que ele é perfeitamente *belo*, pelas ideias

30. Horácio, *Lyricor*, liv. III, ode I, v. 40. "Atrás do cavaleiro cavalga a negra preocupação".

que têm da Divindade? E não a consideram uma obra-prima, principalmente porque não faltou ao autor nem o poder nem a vontade para formá-la como tal? Mas quantas não são as ocasiões em que não temos o mesmo direito de inferir a perfeição da obra nos apoiando somente no nome do obreiro, e em que nós não deixamos de admirá-la? Esse quadro é de Rafael, isso basta. Décima segunda fonte, se não de diversidade, ao menos de erro nos julgamentos.

Os seres puramente imaginários, tais como a esfinge, a sereia, o fauno, o minotauro, o homem ideal etc., são aqueles a respeito de cuja *beleza* a gente está menos dividida, e isso não é surpreendente: esses seres imaginários são, na verdade, formados segundo as relações que vemos observadas nos seres reais; mas o modelo ao qual devem assemelhar-se, esparso entre todas as produções da natureza, está propriamente em toda a parte e em nenhuma.

Seja como for, no tocante a todas essas causas de diversidade em nossos julgamentos, não é isso em absoluto uma razão para pensar que o *belo* real, aquele que consiste na percepção das relações, seja uma quimera; a aplicação desse princípio pode variar ao infinito e suas modificações acidentais ocasionar dissertações e guerras literárias: mas nem por isso o princípio é menos constante. Não há talvez dois homens sobre a terra que apercebam exatamente as mesmas relações em um mesmo objeto e que o julguem *belo* no mesmo grau: mas se houvesse um só que não fosse afetado pelas relações em nenhum gênero, seria um estúpido perfeito; e se ele fosse insensível somente em alguns gêneros, esse fenômeno revelaria nele um defeito de economia animal; e estaríamos sempre distantes do ceticismo, pela condição geral do resto da espécie.

O *belo* não é sempre a obra de uma causa inteligente: o movimento estabelece amiúde, seja em um ser considerado solitariamente, seja entre vários seres comparados entre si, uma multidão prodigiosa de relações surpreendentes. Os gabinetes de história natural oferecem um grande número de exemplos disso. As relações são então resultados de combinações fortuitas, ao menos em relação a nós. Brincando, a natureza imita, em cem ocasiões, as produções da arte: e se poderia perguntar se esse filósofo[31], que foi jogado por uma tempestade sobre as praias de uma ilha desconhecida, tinha razão de bradar, à vista de algumas figuras de geometria: "Coragem, meus amigos, eis ali passos de homens"; mas o quanto seria necessário observar em termos de relações em um ser para ter-se uma certeza completa que se trata de uma obra de artista; ocasião na qual um só defeito de simetria provaria mais que toda soma dada de relações; como estão entre si o tempo da ação da causa fortuita e as relações observadas nos efeitos produzidos; e se, à exceção das obras do Todo-Poderoso, há casos onde o número das relações jamais possa ser compensado pelo dos lances.

CELIBATO. (História e Moral) É o estado de uma pessoa que vive sem se comprometer com o casamento. Esse estado pode ser considerado em si mesmo sob três aspectos: 1. com relação à espécie humana; 2. à sociedade; 3. à sociedade cristã. Mas antes de considerarmos o celibato em si, exporemos em poucas palavras sua fortuna e suas revoluções entre os homens. O senhor Morin, da Academia de Belas-Letras, sintetiza a história[32] nas seguintes proposições: o celibato é tão antigo quanto o mundo; está espalhado por todo o mundo; durará tanto e infinitamente quanto o mundo.

História Abreviada do Celibato

O celibato é tão antigo quanto o mundo se for verdade, como pretendem alguns autores da antiga e da nova lei, que nossos

31. Aristipo de Cirene (c.435-c.350), filósofo grego, discípulo de Sócrates e fundador da escola cirenaica, que punha no prazer o objetivo da vida humana.

32. *História Crítica do Celibato*, publicada nas *Memórias da Academia*, tomo IV.

primeiros pais perderam a inocência ao deixar de guardar o celibato; e que jamais seriam expulsos se não houvessem comido o fruto proibido, ação que, no estilo modesto e figurado da Escritura, não designa outra coisa, segundo eles, do que a infração do celibato. Eles retiram as provas dessa interpretação gramatical do sentimento de nudez que, imediatamente, seguiu-se ao pecado de Eva e Adão; da ideia de irregularidade vinculada, em quase toda a Terra, ao ato carnal; da vergonha que o acompanha; do remorso que causa; do pecado original que se comunica por essa via; enfim, do estado ao qual retornaremos ao sair dessa vida, na qual não se falará de maridos e de mulheres, mas de *celibato* eterno.

Não me cabe, diz o senhor Morin, dar a essa opinião as qualificações que lhe convêm: ela é singular; parece oposta à letra da Escritura; tem suficiência própria para ser rejeitada. A Escritura nos ensina que Adão e Eva viveram no paraíso como irmão e irmã, assim como os anjos vivem no céu, e como um dia ali viveremos. Isso é o suficiente, e aí está o primeiro e o perfeito celibato. Saber o quanto durou é uma questão de pura curiosidade. Alguns dizem que foram algumas horas; outros, alguns dias. Há os que, baseados em razões místicas, em não sei que tradições da igreja grega sobre a época do nascimento de Caim, levam esse intervalo até trinta anos.

A esse primeiro celibato, os doutores judeus fazem suceder um outro que durou bem mais, pois pretendem que Adão e Eva, desconcertados por seu crime, fizeram penitência durante cem anos, sem nenhum comércio conjunto; conjectura que eles fundamentam no nascimento de Set, seu terceiro filho. A bem dizer, só a Abel se pode atribuir a honra de haver guardado o celibato durante toda a sua vida. Saber se seu exemplo foi imitado nas gerações seguintes, se os filhos de Deus que se deixaram corromper pelas filhas dos homens[33] não foram uma espécie de religiosos decaídos na desordem,

33. *Gênesis*, 6, 1-2.

é o que não se saberia dizer; a coisa não é impossível. Se for verdade que houve então mulheres que afetavam esterilidade, como aparece num fragmento do pretenso livro de Henoc, bem poderia haver homens que a professassem; mas as aparências não são favoráveis. Tratava-se então de povoar o mundo, e as leis de Deus e da natureza impunham a todas as pessoas uma espécie de necessidade de trabalhar pelo aumento do gênero humano. E é de se presumir que aqueles que viviam naquele tempo faziam de sua ocupação principal obedecer àquele preceito. Tudo o que a história nos ensina sobre os patriarcas daquele tempo, diz o senhor Morin, é que eles pegavam e doavam mulheres; é que eles punham filhos e filhas e depois morriam, como se não houvesse nada de mais importante a fazer.

Foi mais ou menos a mesma coisa nos primeiros séculos após o dilúvio. Havia muito para se amanhar e poucos trabalhadores; mais conseguia quem mais engendrasse. Então, a honra, a nobreza, o poder dos homens consistia no número de crianças; estava-se seguro de com isso atrair uma grande consideração, de se fazer respeitar pelos vizinhos e ter um lugar na história. A dos judeus não esqueceu o de Jair, que tinha trinta filhos a seu serviço, nem a dos gregos, nos nomes de Dânaos e Aigito, tendo o primeiro cinquenta filhos, e o segundo cinquenta filhas. A esterilidade passava então por uma espécie de infâmia em ambos os sexos e por marca inequívoca da maldição de Deus; ao contrário, olhava-se como testemunho autêntico de sua bênção o ter um grande número de crianças ao redor da mesa. O celibato era uma espécie de pecado contra a natureza; hoje, não é a mesma coisa.

Moisés não deixou aos homens a liberdade de se casar ou não. Licurgo apontou os celibatários como infames. Havia mesmo uma cerimônia particular na Lacedemônia, na qual as mulheres os expunham inteiramente nus, aos pés dos altares, e os submetiam a uma pena infamante, acompanhada de uma correção bastante severa. Esses republicanos levaram as precauções ainda mais longe, publicando regulamentos contra os que se casavam muito tarde, οφιγαμια (ofigamia), e contra os maridos que não os utilizassem bem com suas mulheres, χαχογαμια (cacogamia).

Na sequência dos tempos, sendo os homens menos raros, mitigaram-se essas leis penais. Na *República*, Platão tolera o celibato até os trinta e cinco anos; mas, passada essa idade, apenas impede que tenham empregos e lhes determina os últimos lugares nas cerimônias públicas. As leis romanas que sucederam as gregas também foram menos rigorosas contra o celibato; no entanto, os censores estavam encarregados de impedir esse gênero de vida solitária, prejudicial ao Estado – *caelibes esse prohibento* (é proibido permanecer celibatário). Para torná-los odiosos, não recebiam os celibatários fosse para testemunhar, fosse para prestar homenagens. E eis aqui a primeira pergunta que se fazia àqueles que se apresentavam para prerstar juramento: *ex animi tui sententia, tu equum habes, tu uxorem habes*? (de acordo com sua alma e opinião, tens cavalo, tens mulher?). Mas os romanos não se contentavam em afligi-los nesse mundo. Seus teólogos os ameaçavam com penas extraordinárias nos infernos: *extrema omnium calamitas máximas et impietas accidit illi qui absque filiis a vita discedit, et daemonibus máximas dat poenas post obitum* (é a maior das impiedades e o último dos males sair do mundo sem aí deixar filhos; os demônios fazem sofrer as máximas penas após a morte).

Apesar de todas essas precauções temporais e espirituais, o celibato não deixou de prosseguir seu caminho; as próprias leis são dele uma prova. Não se experimenta agir contra desordens que só subsistem idealmente; saber por onde e como isso começa, a história nada diz. Presume-se que simples razões morais e gostos particulares levaram a tantas leis penais, pecuniárias e infamantes, e sobre as inquietações da consciência. No início, foram preciso, sem dúvida, motivos constrangentes e boas razões de ordem física; tais eram aqueles desses temperamentos felizes e sábios que a natureza dispensa para reduzir, na prática, a grande regra da multiplicação: sempre os houve em todos os tempos. Nossos autores lhes dão títulos aviltados; os orientais, ao contrário, os chamam "eunucos do sol, eunucos do céu, feitos pelas mãos de Deus", qualidades honoráveis que devem não somente consolá-los da infelicidade de seu estado, mas ainda autorizá-los, perante Deus e os homens, a se glorificar de uma graça especial, que os desencarrega de uma boa parte das solicitações da vida e os transporta imediatamente para o caminho da virtude.

Mas sem examinar seriamente se é uma vantagem ou desvantagem, é bastante evidente que esses beatos foram os primeiros a tomar o partido do celibato: esse gênero de vida deve-lhe, sem dúvida, sua origem e, talvez, sua denominação, pois os gregos chamavam os inválidos de que tratamos χολοβοι (*coloboi*), que não está muito distante de *caelibes*. Com efeito, o celibato foi a única resolução que os *coloboi* tiveram que tomar para obedecer às ordens da natureza, para seu repouso, para sua honra e boa fé. Se não se determinassem por si mesmos, as leis lhes imporiam a necessidade: a de Moisés era expressa. As leis das outras nações não lhes eram mais favoráveis; se permitiam ter mulheres, era também permitido às mulheres abandoná-los.

Nos primórdios, os homens desse estado equívoco e raro, desprezados por ambos os sexos, encontravam-se expostos a muitas mortificações que os reduziam a uma vida obscura e retirada; mas a necessidade logo lhes sugeriu diferentes meios de sair-se dela e se tornarem recomendáveis: liberados dos movimentos inquietos do amor externo e do amor próprio, sujeitaram-se às vontades dos outros com um devotamento singular; e foram tidos por pessoas tão cômodas que todo o mundo queria ter um. Aqueles que não o possuíam, conseguiram-no por uma operação ousada e das mais desumanas: os pais, os mestres, os soberanos, arrogaram-se o direito de reduzir seus filhos, seus escravos, seus súditos a esse estado ambíguo. E o mundo inteiro, que só conhecia no início dois sexos, admirou-se por se encontrar repartido em três porções mais ou menos iguais.

A esse celibato involuntário sucedeu-se o livre, que aumentou consideravelmente o número do primeiro: os literatos e os filósofos por gosto; os atletas, os gladiadores e os músicos por razão de Estado; uma infinidade de outros por libertinagem; alguns por virtude. Tomaram uma resolução que Diógenes achava tão doce que se surpreendia não se tornar moda esse recurso. Para algumas profissões era obrigatório, tal como aquela de tingir tecido, *baphiarii*. A ambição e a política aumentaram ainda o corpo dos celibatários. Esses homens bizarros foram até mesmo cuidadosamente tratados pelos grandes, ávidos por ter lugar em seus testamentos. E pela razão contrária, os pais de família, de quem nada se esperava, foram esquecidos, negligenciados, menosprezados.

Vimos até agora o celibato interdito, em seguida tolerado, depois aprovado e, enfim, preconizado. Não tardou a se tornar uma condição essencial na maior parte dos casos entre aqueles que se vincularam ao serviço dos altares. Melquisedec foi um homem sem família e sem genealogia. Aqueles que se destinavam ao serviço do templo e ao culto da lei foram dispensados do casamento. Os filhos tiveram a mesma liberdade. Assegura-se que Moisés despediu sua mulher quando teve de receber a Lei das mãos de Deus. Ordenou aos sacrificantes, cuja ocasião de oficiar no altar se aproximava, sequestrarem-se de suas mulheres durante alguns dias. Depois dele, os profetas Elias, Eliseu e Daniel e seus três companheiros viveram na continência. Os nazarenos e a parte mais sã dos essênios nos são representados como nação maravilhosa, que havia encontrado o segredo que Metellus Numidicus[34] ambicionava, o de se perpetuar sem casamento, sem parto e sem qualquer comércio com as mulheres.

Entre os egípcios, os sacerdotes de Ísis e a maior parte daqueles que se ligavam ao serviço de suas divindades faziam

34. Quintus Caecilius Metellus Numidicus (160-91 a.C.), senador e líder partidário de tradicional família romana.

a profissão de castidade; e para maior segurança, eram preparados desde a infância por cirurgiões. Os gimnosofistas[35], os brâmanes e os hierofantes[36] de Atenas, uma boa parte dos discípulos de Pitágoras, de Diógenes, os cínicos verdadeiros e, em geral, todos aqueles dedicados às deusas da mesma maneira a praticavam. Havia na Trácia uma sociedade considerável de religiosos celibatários, chamados χτισται, ou criadores, com a faculdade de se reproduzir sem o auxílio das mulheres. A obrigação do celibato era imposta entre os persas às moças destinadas ao serviço do Sol. Os atenienses tiveram uma casa de virgens. E todo o mundo conhece as vestais romanas. Entre os nossos antigos gauleses, nove virgens que passavam por ter recebido do céu luzes e graças extraordinárias guardavam um oráculo famoso numa pequena ilha do Sena, nas costas da Armórica. Existem autores que pretendem que toda a ilha era habitada apenas por moças, algumas das quais faziam uma viagem, de tempos em tempos, às costas vizinhas, de onde traziam pequenos embriões para conservar a espécie. Nem todas saíam. Presume-se, diz o senhor Morin, que a sorte decidia e que aquelas que tivessem a infelicidade de tirar o bilhete negro eram forçadas a entrar na barca fatal que as expunha ao continente. Essas jovens consagradas eram grandemente veneradas; sua congregação tinha privilégios singulares, entre os quais pode-se contar aquele de não serem castigadas por um crime sem ter, antes de tudo, perdido a qualidade de moça.

O celibato teve seus mártires entre os pagãos, e suas histórias e fábulas estão cheias de jovens que preferiram a morte à perda da honra. A aventura de Hipólita é conhecida, assim como sua ressurreição feita por Diana, *patronnesse* dos celibatários. Todos esses fatos e uma infinidade de outros eram sustentados pelos princípios da crença. Os gregos viam a castidade como graça sobrenatural; os sacrifícios não eram

35. Ascetas hindus.

36. Sacerdotes que presidiam aos mistérios de Elêusis, na Grécia.

considerados completos sem a intervenção de uma virgem: podiam muito bem ser começados, *libare*, mas não consumidos sem elas, *litare*. A respeito da virgindade, tinham propósitos magníficos, ideias sublimes, especulações de grande beleza. Mas, aprofundando a conduta secreta de todos esses celibatários e virtuosos do paganismo, descobrem-se apenas, diz o senhor Morin, desordens, charlatanismo e hipocrisia. A começar por suas deusas, Vesta, a mais antiga, era representada com uma criança; onde ela a pegou? Minerva teve a posse de Erichtonius, uma aventura com Vulcano e templos na qualidade de mãe. Diana tinha seu cavaleiro Virbius e seu Endymion: o prazer que possuía ao contemplar aquele que dormia diz bastante e, mais ainda, para uma virgem. Myrtilus acusa as musas de grande complacência por um certo Megalion, e todas lhe dão filhas que ele nomeia uma a uma. Talvez por essa razão o abade Cartaud as chame "as filha da ópera de Júpiter"[37]. Os deuses virgens não valiam mais do que as deusas, provam Apolo e Mercúrio.

Os sacerdotes, sem excetuar os de Cibele, não eram vistos no mundo como pessoas de conduta regular, e não se enterravam vivas todas as vestais que pecavam. Para a honra de seus filósofos, o senhor Morin se cala e assim termina a história do celibato tal como em seu berço, na infância, nos braços da natureza; estado bem diferente do alto grau de perfeição em que o vemos atualmente. Mudança que não é surpreendente, sendo este último a obra da graça e do Espírito Santo e aquele primeiro só o aborto imperfeito de uma natureza desregrada, depravada, debochada, triste rebotalho do casamento e da virgindade[38]. Tudo o que precede não é senão, e de maneira absoluta, a análise desse comentário; cortamos-lhes algumas passagens longas,

37. "Quase todos os sábios pretendem que as nove musas eram cantoras da ópera de Júpiter, segundo rei de Creta". Citação extraída de *Ensaios Históricos e Filosóficos sobre o Gosto*, 1736, do abade François Cartaud.

38. Ver as *Memórias da Academia das Inscrições*, tomo IV, p. 308, História Crítica do Celibato.

mas só com grande esforço nos demos a liberdade de mudar uma só expressão das que empregamos. O mesmo se dará na sequência deste artigo. Nada assumimos por nós, contentando-nos em relatar fielmente não apenas as opiniões, mas os próprios discursos dos autores, e citar somente as fontes aprovadas por pessoas honestas. Após ter mostrado o que a história nos ensina sobre o celibato, vamos agora examinar essa condição com os olhos da filosofia e expor o que diferentes escritores pensaram sobre o assunto.

Do Celibato Considerado em Si Mesmo.
Com Relação à Espécie Humana

Se um historiador ou algum viajante nos fizer a descrição de um ser pensante, perfeitamente isolado, sem superior, sem igual, sem inferior, ao abrigo de tudo o que pudesse mover as paixões, em uma palavra, o único de sua espécie, diríamos, sem hesitar, que *este ser singular deve estar mergulhado na melancolia: pois que consolação poderia ele encontrar em um mundo que seria para ele apenas uma vasta solidão*? Se acrescentarmos que, apesar das aparências, goza a vida, sente a felicidade de existir e encontra em si mesmo alguma felicidade, então poderíamos convir *que não é inteiramente um monstro e que, relativamente a si mesmo, sua constituição não é inteiramente absurda: mas jamais iríamos até o ponto de dizer que ele é bom*. No entanto, se insistíssemos e objetássemos que é perfeito em seu gênero e, consequentemente, que lhe refutamos sem razão o epíteto de *bom*, pois o que importa que tenha alguma coisa ou nada tenha para separar-se dos outros? Seria preciso ir além da palavra e reconhecer que *este ser é bom, se for possível que seja perfeito em si mesmo, sem ter qualquer relação ou qualquer ligação com o universo no qual se encontra.*

Mas se viéssemos a descobrir com o tempo algum sistema natural cuja espécie de autômato em questão pudesse ser considerado como parte integrante; se entrevíssemos em sua estrutura elos que o ligassem a seres semelhantes a si; se sua conformação indicasse uma corrente de criaturas que só pudessem crescer e se eternizar com o emprego de faculdades recebidas da natureza, ele perderia, incontinenti, o título de *bom* com o qual o decoramos. Pois como esse título conviria a um indivíduo que por sua inação e isolamento tenderia à ruína de sua espécie? A conservação da espécie não é um dos deveres essenciais do indivíduo? E todo indivíduo racional e bem conformado não se torna culpado faltando com esse dever, a menos que tenha sido dele dispensado por uma autoridade superior à da natureza? Vede o *Ensaio sobre o Mérito e a Virtude*[39].

Acrescento "a menos que tenha sido dele dispensado por uma autoridade superior à da natureza" para que fique bem claro *não se tratar aqui do celibato consagrado pela religião*, mas daquele que a imprudência, a misantropia, a leviandade, a libertinagem formam diariamente; daquele em que os dois sexos, corrompendo-se pelos próprios sentimentos naturais, ou abafando-os sem qualquer necessidade, fogem de uma união que os tornaria melhores, para viver ou um afastamento estéril, ou uniões que lhes façam piores. Não ignoramos que aquele que deu ao homem todos os seus membros pode dispensá-lo do uso de alguns deles, ou mesmo proibir esse uso, e testemunhar que tal sacrifício lhe é agradável. Não negamos haver uma certa pureza corporal da qual a natureza, por si só, jamais estaria advertida, mas que Deus julgou necessária para aproximar-se dos lugares santos que habita e ocupar-se de modo mais espiritualizado com o ministério de seus altares. Se não encontramos em nós o germe dessa pureza é que ela é, por assim dizer, uma virtude revelada e de fé.

Do Celibato Considerado, em Segundo Lugar, com Relação à Sociedade

O celibato que a religião não santificou não pode ser contrário à propagação da espécie humana, assim como acabamos

39. Ensaio de Shaftesbury, objeto de tradução de Diderot.

de demonstrar, sem ser lesivo à sociedade. Ele prejudica a sociedade ao empobrecer e corrompê-la. *Empobrecendo-a*, como não se pode mais duvidar, já que a maior riqueza de um Estado consiste no número de súditos; que é preciso contar com uma grande quantidade de mãos para o comércio; e que novos cidadãos, não podendo todos se tornarem soldados, dado o equilíbrio de paz na Europa, e não podendo, para a boa organização, estagnar e corromper-se na ociosidade, trabalhariam nas terras e povoariam as manufaturas ou se converteriam em navegantes. *Corrompendo-a*, porque é uma regra tirada da natureza, assim como bem notou o ilustre autor do *Espírito das Leis*, e que quanto mais se diminua a quantidade de casamentos que se poderia fazer, mais se prejudica aquela que é realizada. E quanto menos pessoas casadas houver, menos fidelidade haverá no casamento, assim como haverá mais roubo se mais ladrões existirem. Os antigos conheciam tão bem esses benefícios, e punham um valor tão alto na faculdade natural de se casar e ter filhos, que suas leis tinham providenciado que ela não fosse subtraída. Viam nessa privação um meio certo de diminuir os recursos de um povo e aumentar a licenciosidade. Assim, quando se recebia uma herança com a condição de manter o celibato, quando um senhor fazia seu liberto jurar que não se casaria e não teria filho, a lei papiniana[40] anulava, para os romanos, a condição imposta e o juramento. Conceberam que, lá onde o celibato tinha preeminência, não poderia haver honra para a condição do matrimônio; consequentemente, entre suas leis, nenhuma se encontra que contenha uma ab-rogação expressa dos privilégios e das honras que haviam concedido aos casados e ao número de crianças.

40. Refere-se à *Lex Papia Poppaea*, assim chamada em função dos cônsules Papius Mutilus e Poppaea Secundus. Embora tenha sido votada em 18 antes de nossa era, só passou a vigorar, efetivamente, no ano 9, por emendas dos cônsules.

Do Celibato Considerado, em Terceiro Lugar, com Relação à Sociedade Cristã

O culto dos deuses, ao pedir uma atenção contínua e uma pureza de corpo e de alma singular, levou a maioria dos povos a fazer do clero um corpo separado. Assim, entre os egípcios, os judeus e os persas, houve famílias consagradas ao serviço da divindade e dos templos. Mas não se pensava somente em afastar os eclesiásticos dos negócios e do comércio dos mundanos; houve religiões nas quais se lhes preferiu retirarem as dificuldades de uma família. Pretende-se que esse foi, particularmente, o espírito do cristianismo, mesmo em sua origem. Vamos fazer uma exposição abreviada de sua disciplina, a fim de que o leitor possa julgar por si mesmo.

É preciso confessar que o celibato para os bispos, os padres e os diáconos é tão velho quanto a Igreja. No entanto, não há lei divina escrita que proíba ordenar padres pessoas casadas, nem os padres se casarem. Jesus Cristo não fez disso nenhum preceito; o que São Paulo diz em suas epístolas a Timóteo e a Tito sobre a continência dos bispos e dos diáconos tende apenas a proibir o bispo de ter muitas mulheres ao mesmo tempo ou sucessivamente; *oportet episcopum esse unius uxoris virum* (é preciso que o bispo se case apenas uma vez)[41]. As próprias práticas dos primeiros séculos da Igreja são formais a esse respeito: não se punha qualquer dificuldade no ordenar homens casados como padres e bispos; era vedado apenas casar-se após a promoção das ordens, ou passar por novas núpcias após a morte da primeira mulher. Havia uma particular exceção para as viúvas. Não se pode negar que o espírito e o voto da Igreja não era outro senão que seus principais ministros vivessem em grande continência e que sempre trabalhou para estabelecer a lei. Porém, o uso de ordenar padres pessoas casadas subsistiu e ainda subsiste na Igreja grega, e jamais foi positivamente desaprovada pela Igreja latina.

41. A *Bíblia de Jerusalém*, em Tito I, diz: "para que constituas presbíteros em cada cidade, cada qual devendo ser, como te prescrevi, homem irrepreensível, esposo de uma única mulher, cujos filhos tenham fé".

Alguns acreditam que o terceiro cânon do primeiro Concílio de Niceia impõe aos clérigos superiores, quer dizer, aos bispos, padres e diáconos, a obrigação do celibato. Mas o padre Alexandre prova em uma dissertação particular que o concílio não pretendeu impedir aos clérigos o comércio com as mulheres com quem haviam se casado antes da ordenação; que apenas se trata, no cânon em questão, de mulheres chamadas *subintroducte et agapetae* (subreptícias, ou furtivas, e concubinas), e não de mulheres legítimas; e que não é apenas aos clérigos superiores, mas a todos os clérigos que o concílio impede a coabitação com prostitutas. Donde esse sábio teólogo conclui ser o concubinato aquilo que lhes é proibido, e não o casamento legitimamente contraído antes da ordenação. Ele até mesmo tira vantagem da tão conhecida história de Paphenuce, e que outros autores só parecem ter rejeitado como fábula porque ela não é favorável ao celibato clerical.

O Concílio de Niceia não falou, segundo todas as aparências, senão dos casamentos contraídos após a ordenação e do concubinato. Mas o nono cânon do Concílio de Ancira permite expressamente àqueles que se ordenariam diáconos, e que não fossem casados, contrair matrimônio na sequência, desde que houvessem protestado, na época da ordenação, contra a obrigação do celibato. É certo que essa indulgência não foi estendida aos bispos e padres, e que o Concílio de Neocesareia, ocorrido pouco tempo depois do de Ancira, pronuncia formalmente: *presbyterum, si uxorem acceperit, ab ordine deponendum* (um presbítero, se toma mulher, deve ser da ordem deposto), embora o casamento não fosse nulo, conforme observação do padre Thomassin. O Concílio *in Trullo*, ocorrido no ano 692, confirmou em seu XIIº cânon esse uso da Igreja grega, e a Igreja latina não exigiu no Concílio de Florença que ela a ele renunciasse. Porém, não é necessário esconder que vários padres gregos são monges e conservam o celibato, e que ordinariamente se obrigam os patriarcas e os bispos a fazer profissão de vida monástica antes de serem ordenados. Deve-se, a propósito, dizer que no

Ocidente o celibato foi prescrito aos clérigos por decretos dos papas Sirício e Inocêncio; que o do primeiro é do ano 385; que São Leão estendeu essa lei aos subdiáconos; que São Gregório o havia imposto aos diáconos da Sicília e que foi confirmada pelos concílios de Elvira no fim do século III, cânon XXXIII; de Toledo, no ano 400; de Cartago, no ano 419, cânones III e IV; de Orange, em 441, cânones XXII e XXIII; de Arles, em 452; de Tours, em 461; de Agde, em 506; de Orléans, em 538; pelos capitulares de nossos reis e por diversos concílios do Ocidente, mas, principalmente, pelo Concílio de Trento. Ainda que com representações do imperador, do duque da Baviera, dos alemães e mesmo do rei da França, não se deixou de propor o casamento dos padres e de solicitá-lo ao papa após a ocorrência do concílio. Esse celibato teve adversários, há muito tempo antes: Vigilance e Jovien ergueram-se contra ele ao tempo de São Jerônimo; Wyclif, os hussitas, os boêmios, Lutero, Calvino e os anglicanos sacudiram o jugo. E no tempo de nossas guerras de religião, o cardeal de Châtillon, Spifame, bispo de Nevers, e alguns eclesiásticos de segunda ordem ousaram casar-se publicamente; mas esses exemplos não tiveram continuidade.

Quando a obrigação do celibato tornou-se geral na Igreja católica, aqueles que, dentre os eclesiásticos, a violaram foram inicialmente proibidos de funções em suas ordens e postos na condição de leigos. Justiniano (lei 45 do código dos bispos e clérigos) quis em seguida que seus filhos fossem ilegítimos e incapazes de sucessão e recebimento de legados; enfim, ordenou-se que esses casamentos seriam cassados e as partes postas em penitência. De onde se vê como a infração torna-se mais grave na medida que a lei é inveterada. No início, se acontecesse de um padre se casar, era deposto e o matrimônio subsistia; com o tempo, as ordenações foram consideradas como um impedimento que dirimia o casamento. Hoje, um simples clérigo tonsurado que se case não goza mais dos privilégios eclesiásticos para a jurisdição e isenção dos encargos públicos. Pressupõe-se ter renunciado pelo casamento à clericatura e a seus direitos (Fleury, *Instituição do Direito Eclesiástico,* tomo I; Pe. Thomassin, *Antiga e Nova Disciplina da Igreja*).

Desse histórico segue-se, diz o recentemente falecido abade de Saint-Pierre[42], falando não como contraventor, mas como simples político cristão e simples cidadão de uma sociedade cristã, que o celibato dos padres é apenas uma questão de disciplina; que não é essencial à religião cristã; que jamais foi visto como um dos fundamentos do cisma que temos com os gregos e os protestantes; que ele esteve liberado na Igreja latina; que a Igreja, tendo o poder de mudar todos os pontos de disciplina de uma instituição humana, se os Estados da Igreja católica conseguissem grandes benefícios de retornar a essa antiga liberdade, sem nela incorrer em danos efetivos, seria desejável que assim fosse; e que a questão desses benefícios é menos teológico do que político, e diz respeito mais aos soberanos do que à Igreja, que só teria de se pronunciar.

Mas há vantagens em se restituir aos eclesiásticos a antiga liberdade do matrimônio? É um fato com o qual o czar se admirou completamente quando percorreu a França, *incognito*, pois não concebia que num Estado onde encontrava tão boas leis e instituições sensatas, se deixou subsistir, durante tantos séculos, uma prática que, de um lado, em nada importava à religião, e, de outro, prejudicava grandemente a sociedade cristã. Não decidiremos se o espanto do czar estava bem fundamentado, mas não é inútil analisar-se a memória do senhor abade de Saint-Pierre e é o que vamos fazer.

Benefícios do Casamento dos Padres

1. Se na França quarenta mil curas tivessem oitenta mil filhos, essas crianças, sendo, sem dúvida, melhor educadas, o Estado ganharia súditos e pessoas honestas, e a Igreja, fiéis. 2. Os eclesiásticos, sendo por sua condição melhores maridos do

42. Diderot refere-se à obra *Benefícios do Casamento dos Padres*, Roterdã, 1733, tomo II, páginas de 150 a 184. Charles-Irénée Castel de Saint-Pierre (1658-1745), também moralista e membro da Academia Francesa.

que os demais homens, haveria igualmente quarenta mil mulheres mais felizes e virtuosas. 3. Não há homens para quem o celibato não seja difícil de ser observado; disso pode acontecer que a Igreja sofra um grande escândalo por um padre que falte à continência, ao mesmo tempo em que não há qualquer utilidade para os demais cristãos por aquele que vive na continência. 4. Um padre não teria mais méritos perante Deus por suportar os defeitos de sua mulher e de seus filhos do que resistindo às tentações da carne. 5. As dificuldades do casamento são úteis para aquele que as suporta; e as dificuldades do celibato a ninguém o são. 6. O cura, pai de família virtuoso, seria útil a mais gente do que aquele que pratica o celibato. 7. Alguns eclesiásticos, para quem a observação do celibato é muito penosa, não acreditariam a tudo satisfazer, quando nada têm do que se repreender nesse assunto. 8. Cem mil padres casados formariam cem mil famílias, fato que acrescentaria mais de dez mil habitantes por ano; caso se contassem apenas cinco mil, esse cálculo produziria ainda um milhão de franceses em duzentos anos. Donde se segue que, sem o celibato dos padres, ter-se-iam atualmente quatro milhões de católicos a mais, apenas se computando após Francisco Iº, o que formaria uma soma considerável de dinheiro, se for verdade, tal como avaliou um inglês[43], que um homem vale para o Estado mais de nove libras esterlinas. 9. As casas nobres encontrariam nas famílias dos eclesiásticos filhos que prolongariam sua duração (ver *Obras Políticas do abade de Saint-Pierre*, tomo II).

Meios de Restituir aos Eclesiásticos a Liberdade de Matrimônio

Seria preciso: 1. formar uma companhia que meditasse sobre os obstáculos e que trabalhasse para removê-los. 2. Negociar com os príncipes da comunidade romana e com eles formar

43. Esse cálculo é de William Plety e se encontra em sua obra *Political Arithmetic*, editada em Londres em 1690.

uma confederação. 3. Negociar com a corte de Roma, pois o abade de Saint-Pierre entende que vale mais a pena usar a intervenção papal do que a de um concílio nacional, embora o concílio nacional sem dúvida abreviasse os procedimentos e, segundo alguns teólogos, esse tribunal seja suficiente para um assunto dessa natureza. Eis aqui agora as objeções que o abade se propõe a si mesmo contra seu projeto, e as respostas que dá.

Primeira Objeção. Os bispos da Itália poderiam então ser casados, como Santo Ambrósio; e os cardeais e o papa, como São Pedro.

Resposta. Seguramente. O abade de Saint-Pierre não vê nem mal em seguir esses exemplos nem inconveniente em que o papa e os cardeais tenham mulheres honestas, filhos virtuosos e uma família bem constituída.

Segunda Objeção. O povo tem uma veneração habitual por aqueles que guardam o celibato, o que é aconselhável que se conserve.

Resposta. Os pastores holandeses e ingleses, que são virtuosos, não são menos respeitados pelo povo por serem casados.

Terceira Objeção. Os padres têm no celibato mais tempo para doar às funções de sua condição do que teriam com o casamento.

Resposta. Os ministros protestantes encontram bastante tempo para ter filhos, educá-los, governar sua família e velar por sua paróquia. Seria ofender nossos eclesiásticos presumir que não fizessem como aqueles.

Quarta Objeção. Curas jovens de trinta anos terão de cinco a seis filhos; um dia terão poucos benefícios, fortuna rala e, por conseguinte, muitas dificuldades.

Resposta. Aquele que se apresenta para as ordens é, reconhecidamente, um homem sábio e habilidoso; é obrigado a ter um patrimônio; terá seus ingressos do benefício; o dote de sua mulher pode ser honesto. Tem-se por experiência que aqueles curas que recebem de parentes pobres nem por isso estão mais a cargo da Igreja ou de sua paróquia. Além disso, que necessidade há de uma parte dos eclesiásticos viver na opulência, enquanto a outra fenece na miséria? Não seria possível imaginar uma melhor distribuição das rendas eclesiásticas?

Quinta Objeção. O Concílio de Trento vê no celibato um estado mais perfeito do que o casamento.

Resposta. Há equívocos a serem evitados com as palavras *estado*, *perfeito* e *obrigação*. Por que querer que um padre seja mais perfeito do que São Pedro? A objeção prova demais e, por consequência, não prova nada. Minha tese, diz o abade Saint-Pierre, é puramente política e consiste de três proposições: 1. o celibato diz respeito à pura disciplina eclesiástica, o que a Igreja pode mudar; 2. seria vantajoso para os Estados católicos romanos que essa disciplina fosse mudada; 3. esperando-se um concílio nacional ou geral, é conveniente que a corte de Roma receba, para a expedição de uma dispensa do celibato, uma soma estipulada por aqueles que a requeiram.

Tal é o sistema do abade de Saint-Pierre que aqui expomos, pois o plano de nossa obra o exige, e deixamos ao julgamento daqueles a quem pertence julgar tais assuntos importantes. Mas não podemos nos dispensar de perceber, ainda que brevemente, que esse cidadão filósofo só em uma edição holandesa, feita sobre uma cópia ruim, propôs uma objeção que se apresenta muito naturalmente e que não é uma das menos importantes: é o inconveniente dos patrimônios convertidos em hereditários; inconveniente que já se faz sentir bastante e que se tornará bem mais generalizado. Com que, então, seria preciso aniquilar toda renúncia voluntária e os eclesiásticos adjutórios, e enviar aos superiores a colação de todos os benefícios?[44] Isso talvez não seja mal, e um bispo que conheça sua diocese e os bons súditos também terá tantas condições de nomear para um lugar vago quanto um clérigo moribundo, obsedado por uma

44. No original, *collation de tous les bénéfices*, ou seja, o ato e a autoridade de atribuir os benefícios eclesiásticos: bispado, conezia, abadia, capelania etc.

multidão de parentes e de amigos interessados: quantas simonias e processos escandalosos prevenidos!

Restaria, para completar este artigo, falar do celibato monástico. Mas nos contentaremos em observar com o célebre senhor Melon[45]: 1. que haveria uma infinita vantagem para a sociedade e para os particulares se o príncipe usasse estritamente o poder que tem de fazer observar a lei que defenderia o estado monástico antes da idade de vinte e cinco anos; ou, para me servir da ideia e da expressão do senhor Melon, que não permitiria alienar sua liberdade antes da idade em que se pudesse alienar os bens. 2. Acrescentaremos com um autor moderno, que não podemos nem ler nem louvar demais[46], que o celibato poderia devir prejudicial à proporção que o corpo dos celibatários fosse estendido e que, por conseguinte, o dos leigos não o fosse o bastante. 3. Que as leis humanas feitas para o espírito devem dar preceitos, e não conselhos; e que a religião, feita para falar ao coração, deve dar muitos conselhos e poucos preceitos. Que quando dê regras, que não sejam para o bem, mas para o melhor; não para o que é bom, mas para o perfeito. É conveniente que sejam conselhos e não leis, pois a perfeição não diz respeito à universalidade dos homens nem das coisas; além do mais, se são leis, serão necessárias uma infinidade de outras para fazer observar as primeiras: que a experiência confirmou esses príncipes; que quando o celibato, que é apenas um conselho no cristianismo, torna-se expresso para um certo número de cidadãos, foram necessárias novas a cada dia para reduzir os homens ao cumprimento destas aqui; e, consequentemente, que o legislador cansou-se e cansou a sociedade, para fazer com que os homens executassem, por preceito, aquilo que os que amam a perfeição realizariam voluntariamente por si. 4. Que pela natureza do entendimento humano, amamos, nos

45. Jean-François Melon, economista e advogado de Bordeaux, muito próximo a Montesquieu. Autor de um *Ensaio Político sobre o Comércio*, publicado em 1743.

46. Montesquieu, em *Cartas Persas*, CXVII, e *Do Espírito das Leis*, XXIII.

fatos da religião, tudo o que supõe um esforço, assim como, em matéria de moral, amamos, especulativamente, tudo o que carrega a marca da severidade. E que assim o celibato teve de ser mais agradável, como ocorreu, para os povos a quem menos parecia convir e para quem podia haver as consequências mais desagradáveis – estar contido nas regiões meridionais da Europa, onde, pela natureza do clima, é mais difícil de ser observado; e ser proscrito nos países do norte, onde as paixões são menos vivas; ser admitido onde há poucos habitantes, e ser rejeitado nos lugares onde há muitos.

Tais observações são tão belas e verdadeiras que não podem se repetir em muitos lugares. Eu as recolhi da excelente obra do presidente das Memórias da Academia, sendo ou do senhor Fleury, ou do padre Alexandre ou do padre Thomassin. Acrescei a isso o que as *Memórias da Academia* e as obras políticas do senhor abade de Saint-Pierre e do senhor Melon me forneceram, e só me restará neste artigo algumas frases, ainda retiradas de uma obra da qual se pode ver o elogio no *Journal de Trévoux*, de fevereiro de 1746[47]. Apesar dessas autoridades, não ficaria surpreso que se encontrassem críticas e contraditores. Mas também poderia acontecer que, da mesma forma que no Concílio de Trento, tenham sido os jovens eclesiásticos os que rejeitaram mais opiniaticamente o casamento dos padres e que sejam eles, entre os celibatários, os que mais têm necessidade de mulheres, os que menos leram os autores citados e os que mais irão censurar seus princípios.

CIDADE. (Política)[48] É a primeira das grandes sociedades de muitas famílias na qual se abdicam os atos da vontade e o uso

47. Na edição mencionada foi publicado um resumo do *Ensaio sobre o Mérito e a Virtude*, de Shaftesbury.

48. Convém observar que, na *Enciclopédia*, o termo "cité" tem clara conotação política, enquanto o de "ville" faz menção, sobretudo, a seus aspectos

das forças em favor de uma pessoa física ou de um ser moral, tendo em vista a segurança, as tranquilidades interior e exterior e todas as demais vantagens da vida. À pessoa física ou ao ser moral depositário das vontades e das forças, cabe comandar; às pessoas que renunciaram a suas vontades e forças, cabe obedecer. A ideia de cidade supõe, portanto, a relação de uma pessoa física ou de um ser moral público, que deseja só, com seres físicos privados, que não têm mais vontade. Toda cidade possui duas origens: uma filosófica, outra histórica. Quanto à primeira dessas origens, há os que pretendem que o homem é conduzido, por sua natureza, a formar cidades ou sociedades civis; que as famílias tendem a se reunir, quer dizer, a abdicar de suas forças e vontades em prol de uma pessoa física ou de um ser moral: o que pode ser verdadeiro, mas não fácil de provar. Outras a deduzem da necessidade de uma sociedade civil pela formação e a subsistência de sociedades menores, a conjugal, a paternal, a herdada. O que se mostra falso pelo exemplo dos patriarcas, que viviam em famílias livres e separadas. Há os que recorrem à indigência da natureza humana ou ao seu receio do mal, a um apetite grande pelas comodidades da vida, ou mesmo à depravação, o que seria suficiente para reunir as famílias em sociedade civil. A primeira cidade foi construída por Caim. Nemrod, que era malvado, e um dos primeiros a ambicionar a soberania, também foi fundador de cidades. Nós vemos nascer e crescer a corrupção e os vícios com o nascimento e o crescimento das cidades. A história e a filosofia estão, portanto, de acordo sobre suas origens. Quaisquer que sejam as leis da cidade para onde formos, é preciso conhecê-las, submeter-se e defendê-las. Quando representamos em espírito famílias se reunindo para formar uma cidade, só concebemos a igualdade

arquitetônicos e urbanísticos. O autor de "ville", o Chevalier de Jaucourt, aponta, entre outras qualidades urbanísticas e construtivas, a facilidade da circulação, a escolha criteriosa dos espaços para edifícios de uso comum, o espaçamento necessário e a beleza dos prédios, a possibilidade efetiva de defesa e a sanidade dos locais de suas fundações.

entre elas. Quando as imaginamos reunidas, tendo ocorrido a renúncia das vontades e das forças, concebe-se a subordinação não apenas entre as famílias, mas também entre os indivíduos. É preciso fazer o mesmo raciocínio com relação às próprias cidades; quando as representamos reunidas, concebem-se a formação dos impérios e a subordinação das cidades, seja entre elas, seja a uma pessoa física ou a um ser moral. O mesmo não se pode dizer dos impérios! Justamente pelo fato de não terem surgido da combinação dos impérios, é que os soberanos absolutos permanecem iguais e vivem sós, independentes, no estado de natureza. O consentimento, que assegura seja a subordinação das famílias a uma cidade, seja aquela das cidades dentro de um império a uma pessoa física ou a um ser moral, é demonstrado pelos fatos; e aquele que perturba a ordem das famílias na cidade é mau cidadão; e aquele que perturba a ordem das cidades no império é mau sujeito; e quem perturba a ordem dos impérios no mundo é mau soberano. Em um Estado bem ordenado, uma cidade pode ser vista como uma só pessoa, e a reunião das cidades também como uma só pessoa, estando esta como que submetida a uma autoridade que reside em um indivíduo físico ou em um ser moral soberano, a quem compete velar pelo bem das cidades em geral e em particular.

Antigamente, a palavra cidade designava um Estado, um povo com todas as suas correlações, uma república particular. Esse nome não convém mais atualmente senão a algumas cidades alemãs ou a cantões suíços.

Embora os gauleses fossem uma só nação, estavam, entretanto, divididos em vários povos, formando a mesma quantidade de estados separados, aos quais César chama de cidades, *civitates*[49]. Além de cada cidade possuir suas próprias assembleias, enviava ainda deputados a outras assembleias gerais, em que se discutiam os interesses de vários cantões. Mas a

49. Palavra que significa não apenas Estado, cidade, mas ainda a condição de cidadania.

cidade, a metrópole ou a capital onde se dava a assembleia chamava-se, de preferência, *civitas*. Os latinos diziam *civitas Aeduorum*, *civitas Lingonun*, *civitas Senonum* e sob tais nomes é que Autun, Langres e Sens são designadas no itinerário de Antonino[50].

Na sequência, chamaram-se de cidades as urbes episcopais, e essa distinção subsiste apenas na Inglaterra, onde o nome de cidade não foi conhecido senão depois da conquista; antes dessa época, todas as cidades chamavam-se burgos. Chassane, baseado nos costumes da Borgonha, diz que a França possui 104 cidades e dá como motivo o fato de ter 104 bispos e arcebispos. Quando uma vila cresceu com o tempo, dá-se o nome de cidade ao espaço que ocupava primitivamente. Assim, há em Paris a *cité* e a universidade; em Londres, a *city* e os subúrbios[51]. E em Praga e na Cracóvia, onde as vilas são divididas, a mais antiga chama-se cidade. O nome de cidade não é mais usado entre nós a não ser nesse último sentido; em todas as outras ocasiões, [emprega-se] vila, subúrbio, burgo ou aldeia.

Na Jurisprudência, o direito de cidade constitui a qualidade de cidadão ou de burguês de uma cidade, e o direito de participar dos privilégios que são comuns a todos os cidadãos. Entre os romanos, o direito de cidade, quer dizer, a qualidade de cidadão romano, foi considerado como um título honroso, tornando-se um objeto de emulação para os povos vizinhos que se esforçavam por adquiri-lo.

De início, apenas aqueles que eram realmente habitantes de Roma gozaram do título e dos privilégios de cidadãos romanos. Rômulo transmitiu o direito de cidade aos povos que venceu e trouxe para Roma. Seus sucessores fizeram a mesma coisa até que, estando a cidade já bastante povoada, permitiram aos povos vencidos permanecer em suas vilas. No entanto, para ligá-los mais fortemente aos romanos, deu-se-lhes o direito de

50. Parece indicar a Marco Aurélio Antonino Augusto, o imperador-filósofo.
51. No original, *fauxbourgs*, composto de *fors* e *borc* (fora do burgo).

cidade ou de burguesia romana, de sorte que houve então duas espécies de cidadãos: uns, habitantes de Roma, chamados *cives ingenui*, e outros, que permaneciam em outros burgos, e que se chamavam *munícipes*. Os cônsules e, em seguida os imperadores, outorgaram os direitos de cidade a diferentes burgos e povos submetidos à sua dominação.

A lei 7 do código dos *incolis* (habitantes), diz que o domicílio de alguém em algum lugar não lhe atribui senão a qualidade de residente, mas que a de cidadão adquire-se pelo nascimento, pela emancipação, pela adoção e pela elevação a algum posto honroso. Os direitos de cidade consistiam entre os romanos: 1. gozar da liberdade; um escravo não podia ser cidadão romano e o cidadão romano tornado escravo perdia seus direitos de cidade; 2. os cidadãos romanos não estavam submetidos ao poder dos magistrados em matéria criminal; eles interrompiam suas perseguições dizendo: *civis romanus sum*; isso tinha sua origem na Lei das Doze Tábuas, que havia ordenado que somente se poderia decidir sobre a vida e o estado de um cidadão romano nos comícios das centúrias; 3. tinham direito de sufrágio nos assuntos da república; 4. eram os únicos que possuíam poder sobre seus filhos; 5. eram os únicos que podiam exercer o sacerdócio e a magistratura, tendo vários outros privilégios.

O direito de cidade se perdia: 1. fazendo-se cidadão de outra cidade; 2. ao cometer uma ação indigna de um cidadão romano, pela qual incorria-se na grande degradação chamada *maxima capitis diminutio*, que retirava, ao mesmo tempo, os direitos de cidade e os de liberdade; 3. a média degradação, chamada *media capitis diminutio*, que retirava o direito de cidade; tal era a penalidade daqueles que se faziam inscrever no registro de outra cidade; os que se encontravam exilados ou relegados a uma ilha sofriam também dessa média degradação e, consequentemente, perdiam o direito de cidade (ver a história da jurisprudência romana de Terrasson).

Entre nós, o nascimento se dá com cartas do príncipe, que atribuem os direitos de cidade. Algumas vezes se confunde o direito de cidade com o de burguesia; no entanto, o direito de cidade é mais extenso do que aquele de burguesia; ele compreende também algumas vezes o direito de residência (*incolat*) e todos os efeitos civis. Com efeito, aquele que é banido de um lugar não perde apenas o direito de burguesia; perde em absoluto os direitos de cidade, quer dizer, todos os direitos acordados aos seus habitantes. E se o banimento for para fora do reino, ele perde todos os efeitos civis. Pode-se perder os direitos de cidade sem perder a liberdade, como acontece com aquele que é banido; mas a perda da liberdade importa sempre na perda dos direitos de cidade.

ENCICLOPÉDIA. (Filosofia) Esta palavra significa *encadeamento de conhecimentos*. Está composta pela preposição grega εν e pelos substantivos κυκλοσ, círculo, e παιδεια, conhecimento.

Com efeito, as finalidades de uma Enciclopédia são as de reunir os conhecimentos esparsos sobre a superfície da Terra, expor um sistema geral aos contemporâneos e transmiti-lo aos que virão depois, a fim de que os esforços dos séculos precedentes não tenham sido trabalhos inúteis para os séculos posteriores; que os nossos descendentes, tornando-se mais instruídos, venham a ser também mais virtuosos e felizes e não morramos sem termos sido merecedores do gênero humano.

Foi difícil propor-se um objeto mais extenso do que aquele que trata de tudo o que se relaciona com a curiosidade do homem, com seus deveres, suas necessidades e prazeres. Também algumas pessoas, habituadas a julgar a possibilidade de uma empresa com os poucos recursos que percebem em si mesmas, afirmaram que jamais terminaríamos a nossa. Elas não ouvirão como resposta senão essa passagem do chanceler Bacon, que lhes parece particularmente endereçada: *de impossibilitate ita statuo; ea omnia possibilia, et praestabilia censenda, quae ab aliquibus perfici possint, licet non a quibusvis; Et quae à multis conjunctim, licet non ab uno; Et quae in successione saeculorum, licet non eodem aevo; Et denique quae multorum cura et sumptu, licet non opibus et industria singulorum*[52].

Quando se considera a matéria imensa de uma Enciclopédia, a única coisa que se percebe de maneira distinta é que ela não pode ser a obra de um homem só. Como um homem apenas, no curto espaço de sua vida, conseguiria conhecer e desenvolver o sistema universal da natureza e da arte, quando a sociedade de sábios e numerosos acadêmicos da *Crusca*[53] empregaram quarenta anos para formar seu vocabulário, e nossos acadêmicos franceses trabalharam sessenta anos em seu dicionário, antes de publicar a primeira edição? No entanto, o que é um dicionário de língua? O que é um dicionário quando realizado tão perfeitamente quanto possa? Uma coleção bastante exata dos títulos a serem preenchidos por um dicionário enciclopédico e raciocinado.

Um só homem, dir-se-á, é senhor de tudo o que existe; disporá, a seu grado, de todas as riquezas que os demais homens acumularam. Não posso concordar com esse princípio; não creio que seja dado a um só homem conhecer tudo o que pode ser conhecido; de fazer uso de tudo o que há; de ver tudo o que possa ser visto; de compreender tudo o que é inteligível. Quando um dicionário raciocinado das ciências e das artes for apenas uma combinação metódica de seus elementos, perguntarei ainda a quem pertence produzir bons elementos; se a exposição elementar dos princípios fundamentais de uma ciência

52. Quanto à impossibilidade, eis o que penso: todas essas empresas devem ser consideradas possíveis e eminentes, podendo ser realizadas por alguns, mas não por qualquer um; por muitos homens associados, mas não por um só; na sucessão dos séculos, mas não em um só; enfim, pelos cuidados e as contribuições da coletividade, sem ficar a cargo dos recursos e dos zelos de pessoas singulares. F. Bacon, *Liber II*, *De augmentis scientiarum*, cap.1, p. 103.

53. Academia italiana criada no período renascentista (1582-1583) e que publicou seu primeiro vocabulário da língua em 1612, baseado nas obras de Dante, de Boccaccio e de Petrarca.

ou de uma arte é a tentativa de um aluno ou a obra-prima de um mestre.

Mas para demonstrar como última evidência o quanto é difícil a um só homem, em qualquer tempo, realizar um dicionário raciocinado da ciência geral, basta insistir sobre as dificuldades de um simples vocabulário.

Um vocabulário universal é obra na qual nos propomos fixar a significação dos termos de uma língua, definindo aqueles que podem ser definidos por uma enumeração curta, exata, clara e precisa, ou qualidades e ideias que a eles se unem. São boas definições somente aquelas que reúnem os atributos essenciais da coisa designada pelo nome. Mas foi concedido a todo o mundo conhecer e expor tais atributos? A arte de bem definir é uma arte tão comum? Não estamos todos nós mais ou menos no mesmo caso das crianças, que aplicam com uma extrema precisão uma infinidade de termos no lugar dos quais seria absolutamente impossível substituir a verdadeira coleção de qualidades ou de ideias que elas representam? Quantas dificuldades imprevistas resultam disso quando se trata de fixar o sentido das expressões mais comuns? Experimenta-se, a todo o momento, que aquelas que mais se ouvem são também as de que mais nos servimos. Qual a razão desse estranho fenômeno? É que temos, incessantemente, a oportunidade de dizer que uma coisa é *tal*; quase nunca a necessidade de determinar o que é *ser tal*. Nossos julgamentos mais frequentes recaem sobre objetos particulares, e o grande uso da língua e o do mundo bastam para nos guiar. Só fazemos repetir o que escutamos toda a nossa vida. Não é assim quando se trata de formar as noções gerais que englobam, sem exceção, um certo número de indivíduos. Existem apenas a meditação mais profunda e a extensão a mais surpreendente dos conhecimentos que nos podem seguramente conduzir. Esclareço esses princípios com um exemplo: dizemos de uma infinidade de objetos, sem que a ninguém ocorra enganar-se, que são *de luxo*; mas *o que é este luxo* que nós atribuímos tão infalivelmente a tantos objetos?

Eis a pergunta que não se satisfaz com uma certa exatidão a não ser após uma discussão em que as pessoas que mostram mais justeza na aplicação da palavra *luxo* não a fizeram e, talvez, não estejam em condições de fazê-lo.

Deve-se definir todos os termos, excetos os radicais, quer dizer, os que designam sensações simples ou as ideias abstratas mais gerais. Omitimos alguns? O vocabulário está incompleto. Não se quer excetuar nenhum? Quem definirá exatamente a palavra *conjugado*[54], senão um geômetra? A palavra *conjugação*, senão um gramático? O termo *azimute*, senão um astrônomo? O termo *epopeia*, senão um literato? A palavra *troca*, senão um comerciante? O vocábulo *vício*, se não for um moralista? O vocábulo *hipóstase*, a não ser um teólogo? A palavra *metafísica*, salvo um filósofo? O termo *goiva*, se não for um homem versado nas artes? De onde concluo que, se a Academia Francesa não reunisse em suas assembleias toda a variedade dos conhecimentos e dos talentos, seria impossível não negligenciar muitas expressões que se procuram em seu dicionário, ou que não lhe escapassem definições falsas, incompletas, absurdas ou mesmo ridículas.

Não ignoro que esse sentimento não é aquele dos homens que nos entretêm com tudo e nada sabem; que não são de nossas academias e que delas não serão porque não são dignos de sê-lo; que se ocupam em mostrar-se para os lugares vagos; que, ousando fixar os limites dos assuntos da Academia Francesa, quase se indignaram de ver entrar naquela instituição os Mairains, os Maupertuis e os D'Alemberts, e que ignoram que a primeira vez que um deles ali falou foi para retificar a definição do termo *midi*[55]. Ao ouvi-los, dir-se-ia que pretendiam limitar o conhecimento da língua e o dicionário da Academia

54. Diz-se de grandezas matemáticas que mantêm mútua correspondência, como, por exemplo, do ângulo que deve ser somado a outro para obter-se 360°.

55. Indicando, provavelmente, a região sul, meridional, seja a de um país, seja a do continente europeu.

a um pequeno número de termos que lhe são familiares. Se olhassem ainda de mais perto, encontrariam vários, entre esses termos, tais como árvore, animal, planta, flor, vício, virtude, verdade, força, lei, para cuja definição rigorosa seriam obrigados a recorrer à ajuda do filósofo, do jurisconsulto, do historiador, do naturalista; em uma palavra, aquele que conhece as qualidades reais ou abstratas que constituem um ser tal, e que o especificam ou o individualizam conforme este ser tenha semelhantes ou seja solitário.

Concluamos, pois, que jamais realizaremos um bom vocabulário sem o concurso de um grande número de talentos, pois que as definições dos nomes não diferem das definições das coisas, e que as coisas não podem ser bem definidas ou descritas senão por aqueles que sobre elas procederam a um longo estudo. Mas se assim é, o que não será necessário para a execução de uma obra que, longe de se limitar à definição da palavra, propõe-se a expor em detalhes tudo o que a ela pertence?

Um dicionário universal e raciocinado das ciências e das artes não pode, portanto, ser a obra de um só homem. Digo mais: não creio que possa ser a obra de qualquer das sociedades literárias ou de sábios que existem, tomadas separadamente ou em conjunto. A Academia Francesa não forneceria a uma Enciclopédia a não ser aquilo que pertence à língua e seus usos; a Academia das Inscrições e das Belas-Artes, apenas conhecimentos relativos à história profana, antiga e moderna, à cronologia, geografia e literatura; a Sorbonne, à teologia, à história sagrada e à história das superstições; a Academia das Ciências, às matemáticas, à história natural, à física, à química, à medicina, à anatomia; a Academia de Cirurgia, à arte deste nome; a da Pintura, à pintura, gravura, escultura, desenho e arquitetura; a Universidade, àquilo que se entende por humanidades, a filosofia da escola, a jurisprudência.

Percorrei as outras sociedades que posso ter omitido e vós percebereis que, ocupadas cada qual com um objeto particular, que sem dúvida é da alçada de um dicionário universal, elas negligenciam uma infinidade de outras que ali devem entrar. E vós não encontrareis nenhuma que vos forneça a generalidade dos conhecimentos dos quais tendes necessidade. Fazei melhor: imponde a todas um contributo e vereis quantas coisas ainda vos faltarão, e sereis forçados à ajuda de um grande número de homens espalhados por diversas classes; homens preciosos, mas a quem as portas das academias não estão menos fechadas por sua posição social. Um só objeto da ciência humana é demais para todos os membros dessas sábias instituições; não é o bastante [em face] de todas essas sociedades, para a ciência do homem em geral.

Sem dúvida, o que se poderia obter de cada sociedade de sábios em particular seria muito útil, e aquilo que todas forneceriam faria avançar rapidamente o dicionário universal para a sua perfeição. Há até mesmo uma tarefa que conduziria seus trabalhos à finalidade desta obra e que lhes deveria ser imposta. Distingo dois meios de cultivar as ciências: um, aumentar a massa dos conhecimentos pelas descobertas, e assim que se merece o nome de *inventor*; outro, de aproximar as descobertas e ordená-las entre si, a fim de que mais homens sejam esclarecidos e que cada um participe, segundo sua capacidade, da luz de seu século; e chamam-se *autores clássicos* aqueles que obtêm sucesso nesse gênero, não isento de dificuldades. Confesso que, quando as sociedades de sábios espalhadas pela Europa se ocuparem de recolher os conhecimentos antigos e modernos, de encadeá-los e publicá-los em tratados completos e metódicos, as coisas só poderão ser melhores; ao menos, julguemos pelos efeitos. Comparemos os oitenta volumes *in-quarto* da Academia das Ciências, compilados segundo o espírito dominante de nossas mais célebres academias, com oito ou dez volumes realizados como os concebo, e vejamos se haveria o que escolher. Estes últimos abrangeriam uma infinidade de materiais excelentes, mas dispersos em um grande número de obras, nas quais permanecem sem produzir qualquer sensação útil, como carvões que, espalhados, nunca formam um braseiro; e destes dez volumes, só com dificuldade a mais numerosa coleção acadêmica forneceria alguns materiais. Que se deite um olhar sobre as Memórias da Academia das Inscrições, e que se calcule o quanto se extrairiam de folhas para um tratado científico. O que diria das composições filosóficas e das comunicações dos curiosos da natureza? Também todas essas coletâneas enormes começam a vacilar; não há nenhuma dúvida de que o primeiro abreviador que tenha gosto e habilidade as faça tombar. Devia ser o seu último destino.

Após ter seriamente refletido a esse respeito, acho que o objetivo particular de um acadêmico poderia ser o de aperfeiçoar o ramo ao qual se acha atado, e imortalizar-se com obras que não seriam da academia, que não formariam suas antologias, que ele publicaria em seu nome; mas que a academia deveria ter por finalidade recolher tudo o que se publicou sobre cada matéria, digeri-la, esclarecê-la, aproximá-la, ordená-la e publicar tratados em que cada coisa não ocupasse senão o espaço merecido e só tivesse a importância que dela não se pudesse retirar. Quantas memórias, que engrossam nossas coletâneas, não forneceriam sequer uma linha a semelhantes tratados!

É a execução desse extenso projeto, não somente relativo aos diferentes objetos de nossas academias, mas a todos os ramos do conhecimento humano, que uma Enciclopédia deve prover. Obra que apenas será realizada por uma sociedade de gentes de letras e de artistas, esparsos, cada qual ocupada de sua parte, e ligada somente ao interesse geral do gênero humano e por um sentimento de benevolência recíproca.

Disse uma *sociedade de gentes de letras e de artistas* a fim de reunir todos os talentos. Quero-os esparsos porque não há nenhuma sociedade subsistente da qual se possam tirar todos os conhecimentos de que se tem precisão e porque, caso se queira que a obra sempre se faça e jamais termine, só se terá de formar uma sociedade parecida. Toda sociedade possui suas assembleias, e essas assembleias deixam entre si intervalos; não duram senão algumas horas, uma parte deste tempo se perde em discussões, e os objetos mais simples consomem meses inteiros. Sucederá, como dizia um dos *Quarenta*, que haverá mais espírito na conversa do que aquilo que muitos autores introduzem em seus escritos, que doze volumes da *Enciclopédia* terão aparecido e estaremos ainda na primeira letra de nosso vocabulário. Ao invés disso, acrescenta, se os que trabalham nessa obra tivessem seções enciclopédicas, como temos sessões acadêmicas, veríamos o término de nossa empresa enquanto eles estariam na primeira letra da sua; e ele tinha razão.

Acrescento *homens ligados ao interesse geral do gênero humano e por um sentimento de benevolência recíproca* porque tais motivos, sendo os mais honestos dos que possam animar as almas bem nascidas, são também os mais duráveis. Aplaude-se interiormente o que se faz; empreende-se pelo colega ou pelo amigo o que não se tentaria por nenhuma outra consideração; e ouso assegurar, pela experiência, que o sucesso das tentativas é mais certo. A *Enciclopédia* recolheu seus materiais em muito pouco tempo. Não foi um vil interesse o que reuniu e apressou os autores; eles viram seus esforços secundados pela maioria das gentes de letras das quais podiam esperar alguns auxílios; e só foram incomodados em seus trabalhos por aqueles que não tinham talento necessário para contribuir com mais de uma boa página.

Se o governo se mete em uma obra semelhante, ela não se fará. Toda sua influência deve restringir-se a favorecer a execução. Um monarca pode, com uma só palavra, fazer sair um palácio em meio às ervas; mas disso não é capaz uma sociedade de gentes de letras, tanto quanto um grupo de trabalhadores braçais. Uma Enciclopédia não se exige. É um trabalho que requer antes ser acompanhado com obstinação, que começa com calor. Os empreendimentos dessa natureza propõem-se em seus próprios cursos, acidentalmente e em forma de discussão; mas eles nunca interessam o bastante para não serem esquecidos em meio ao tumulto e à confusão de uma infinidade de outros assuntos mais ou menos importantes. Os projetos literários concebidos pelos grandes são como folhas que nascem na primavera, secam no outono e caem sem cessar umas sobre as outras no fundo das florestas, onde o alimento que forneceram a plantas estéreis é todo o efeito que delas se observa. Dentre uma infinidade de exemplos de todo gênero que me são conhecidos, citarei apenas este. Haviam-se projetado experiências sobre a duração dos troncos de madeira. Tratava-se de descascá-los e deixá-los morrer no pé. Os troncos foram descascados e morreram no pé, aparentemente foram cortados; quer dizer que tudo se fez, exceto as experiências sobre a duração das madeiras. E como era possível que elas se fizessem? Deveria haver seis anos entre as primeiras ordens dadas e as últimas operações. Se a pessoa a quem o soberano houvesse confiado viesse a morrer, ou perdesse o seu favor, os trabalhos permaneceriam suspensos e não seriam retomados, não adotando um ministro comumente os propósitos de um predecessor, o que mereceria no entanto uma glória senão maior, ao menos mais rara do que aquela de havê-los tido; o governo nada tem desse zelo econômico. Não sei por que sentimento muito repreensível se trata menos honestamente com o príncipe do que com seus súditos. Assumem-se os compromissos mais levianos e exigem-se as recompensas mais fortes. A incerteza de que o trabalho seja de alguma utilidade lança entre os trabalhadores uma indolência inconcebível; e para juntar aos inconvenientes toda a força possível, as obras ordenadas pelos soberanos não são concebidas nunca pela razão da Utilidade, mas sempre pela dignidade da Pessoa, quer dizer, que se abrace a maior extensão, que as dificuldades se multipliquem, que se precise de homens, de talentos, de tempo proporcional para sobrepujá-las e que sobrevenha, quase necessariamente, uma revolução que reconheça o tema do professor. Se a vida média de um homem não é mais do que de vinte anos, aquela de um ministro não é mais do que de dez[56]. Mas nunca é suficiente que

56. Entenda-se: na época, a vida média produtiva ou ativa de um profissional.

as interrupções sejam comuns; elas são mais funestas ainda aos projetos literários quando o governo está à frente deles do que quando são conduzidos por particulares. Um particular recolhe ao menos os restos de sua empresa; ele guarda cuidadosamente materiais que lhe podem servir em um tempo mais feliz; ele corre atrás de seus avanços. O espírito monárquico desdenha essa prudência. Os homens morrem e os frutos de suas vigílias desaparecem, sem que se possa descobrir em que se converteram.

Mas o que deve dar mais peso às considerações precedentes é que uma Enciclopédia, assim como um vocabulário, deve ser iniciado, continuado e finalizado em um certo intervalo de tempo, ao passo que um interesse sórdido sempre se ocupa em prolongar as obras ordenadas pelos reis. Caso se empregasse para um dicionário universal e raciocinado os longos anos que a extensão de seu objeto parece exigir, aconteceria pelas revoluções, que não são menos rápidas nas ciências, e sobretudo nas artes, do que na língua, que tal dicionário seria o de um século passado, da mesma maneira que um vocabulário que se realizaria lentamente não poderia ser senão de um reino que não mais existe. As opiniões envelhecem e desaparecem, como as palavras; o interesse que se dava a certas invenções se debilita dia a dia e se apaga; se o trabalho se alonga, ter-se-á se estendido sobre questões momentâneas, sem mais importância; e nada se terá dito sobre outras, cujo lugar passou. Inconveniente que nós mesmos experimentamos, embora não se tenha escoado um tempo bastante considerável entre a data desta obra e o momento em que escrevo. Notar-se-á a irregularidade mais desagradável em uma obra destinada a representar, segundo sua justa proporção, o estado das coisas em todo o período anterior; objetos importantes sufocados, pequenos objetos inflados. Em uma palavra, a obra será desfigurada continuamente nas mãos dos trabalhadores e se deteriorará mais pelo simples lapso de tempo do que pelo aperfeiçoamento de seus cuidados. E se tornará mais defeituosa e mais pobre por aquilo que ali deveria ter sido reduzido ou suprimido, retificado ou substituído, do que rica pelo que adquirirá sucessivamente.

Que diversidade não se introduz todos os dias na língua das artes, nas máquinas e nas operações manuais? Que um homem consuma uma parte de sua vida na descrição das artes; que, desgostoso desse trabalho cansativo, se deixe levar por ocupações mais divertidas e menos úteis e que essa primeira obra permaneça guardada em sua pasta; não se passarão vinte anos e ele só encontrará noções incorretas, procedimentos desusados, máquinas ou imperfeitas ou abandonadas em lugar de coisas novas e curiosas, estimulantes por sua singularidade, interessantes pelo uso, pelo gosto dominante, por uma importância momentânea. Nos numerosos volumes que tenha composto não haverá uma só página que não seja preciso retocar; e na multidão das pranchas que tenha feito gravar, quase nenhuma figura que não seja preciso redesenhar. São retratos cujos originais não mais subsistem. O luxo, este pai das artes, é como o Saturno da fábula, que se divertia em destruir seus filhos.

A revolução pode ser menos forte e menos sensível nas ciências e nas artes liberais do que nas artes mecânicas; mas nelas se faz. Que se abram os dicionários do século passado e neles se encontrará para *aberração* só o que nossos astrônomos entendem por esse termo; com dificuldade se encontrarão para *eletricidade*, este fenômeno tão fecundo, algumas linhas que ainda serão apenas noções falsas e velhos preconceitos. Quantos [não são os] termos de mineralogia e de história natural, dos quais se pode dizer a mesma coisa. Se nosso dicionário tivesse sido um pouco mais antecipado, teríamos nos exposto a repetir para o nigelo, para as doenças dos grãos e para o comércio os erros dos séculos passados, pois as descobertas do senhor Tillet e o sistema do senhor Herbert são recentes.

Quando se trata dos seres da natureza, que mais se pode fazer senão reunir com escrúpulo todas as suas propriedades conhecidas no momento em que se escreve? Mas a observação e a física experimental multiplicam sem cessar os fenômenos e os fatos, e a filosofia racional, comparando-os e combinando--os, estendem ou contraem continuamente os limites de nossos conhecimentos, fazendo variar, por consequência, as acepções das palavras instituídas; tornam as definições dadas inexatas, falsas, incompletas e determinam até mesmo a instituição de novas.

Mas o que dará à obra um ar antiquado e a jogará ao menosprezo será, sobretudo, a revolução que se fará no espírito dos homens e no caráter nacional. Hoje, quando a filosofia avança a grandes passos, submetendo a seu império todos os objetos de sua competência, que seu tom é o dominante e que se começará a sacudir o jugo da autoridade e do exemplo para se ater às leis da razão, quase não há uma obra elementar e dogmática com a qual se esteja completamente satisfeito. Encontram-se essas produções calcadas sobre aquelas dos homens e não sobre a verdade da natureza. Ousamos propor nossas dúvidas de Aristóteles e de Platão, e o tempo é chegado em que as obras que ainda gozam da mais alta reputação, perderão uma parte dela, ou cairão mesmo no esquecimento. Certos gêneros de literatura que, faltos de uma vida real e de costumes subsistentes que lhe sirvam de modelos, e não podendo conter uma poética invariável e judiciosa, serão negligenciados. E outros que restarão, e cujo valor intrínseco sustentarão, tomarão uma nova forma. Tal é o efeito do progresso da razão, progresso que destruirá tantas estátuas e reerguerá algumas outras caídas. São aquelas dos homens raros, que ultrapassaram seu século. Nós tivemos, se assim se permite expressar, contemporâneos no século de Luís XIV.

O tempo, que enfraqueceu nosso gosto sobre as questões de crítica e controvérsia, tornou insípida uma parte do dicionário de Bayle[57]. Não há autor que tenha perdido tanto em certos lugares e que mais tenha ganho em outros. Mas se tal foi a

57. Pierre Bayle (1647-1706) autor do *Grande Dicionário Histórico*, cuja primeira edição foi publicada em Amsterdã, em 1697, tendo sido reeditado com frequência até o século XIX, inclusive em inglês e alemão.

fortuna de Bayle, que se julgue o que teria acontecido à *Enciclopédia* de seu tempo. Se se excetua esse Perrault e alguns outros, de quem o versificador Boileau não estava em condições de apreciar o mérito, La Mothe, Terrasson, Boindin, Fontenelle, sob os quais a razão e o espírito filosófico ou de dúvida fizeram tantos progressos, não haveria talvez um homem que tivesse escrito uma página a qual fosse hoje digna de ser lida. Pois, não nos enganemos, há uma boa diferença entre gerar, pela força do gênio, uma obra que eleve as opiniões de uma nação que tem seu tempo, seu gosto, suas ideias e seus preconceitos, e traçar a poética do gênero conforme o conhecimento real e refletido do coração dos homens, da natureza das coisas e da reta razão, que são os mesmos em todos os tempos. O gênio não conhece regras; no entanto, ele jamais se afasta delas em seus sucessos. A filosofia só conhece regras fundamentadas na natureza dos seres, que é imutável e eterna. Ao século passado coube fornecer exemplos; ao nosso, prescrever as regras.

Os conhecimentos menos comuns do século passado, tornam-se habituais dia a dia. Não há mulher, a quem se tenha dado alguma educação, que não empregue com discernimento todas as expressões consagradas à pintura, à escultura, à arquitetura e às belas-artes. Quantas crianças dominam o desenho, sabem geometria, são músicos, para quem a língua doméstica não é mais familiar do que a das artes e que dizem: um acorde, uma bela forma, um contorno agradável, uma paralela, uma hipotenusa, um (intervalo) de quinta, um tritão, um arpejo, um microscópio, um telescópio, um *foyer*[58], como diriam um binóculo de ópera, uma espada, uma bengala, uma carroça, um penacho? Os espíritos são ainda levados por um outro movimento geral em direção à história natural, à anatomia, à química e à física experimental. As expressões próprias a essas ciências já são muito comuns e mais o serão. O que acontecerá

58. A palavra *foyer* possui significados distintos. Parece-nos que Diderot quer se referir aqui ao ambiente teatral.

daí? É que a língua, mesmo a popular, mudará de feição; estender-se-á à medida que nossos ouvidos se acostumarem às palavras, pelas aplicações felizes que delas se farão. Pois se refletirmos a esse respeito, a maioria das palavras técnicas que empregamos hoje em dia foi, originariamente, *neologismo*. O uso e o tempo lhes retiraram esse verniz equívoco. Elas eram claras, enérgicas, necessárias. O sentido metafórico não estava afastado do sentido próprio. Elas deslindavam. As relações sobre as quais os novos empregos se apoiavam não eram muito revisadas; eram reais. A acepção figurada não tinha o ar de sutileza e o termo era harmonioso e imediato. A ideia principal estava ligada a outras das quais nunca nos lembramos sem instrução ou prazer. Eis os fundamentos da fortuna que tiveram essas expressões; e as causas contrárias são as do descrédito, onde cairão ou caíram tantas outras expressões.

Nossa língua já é bastante extensa. Ela deveu sua formação, como todas as demais, à necessidade, e suas riquezas à atividade da imaginação, aos entraves da poesia e à quantidade e harmonia da prosa oratória. Ela dará passos imensos sob o império da filosofia; e se nada suspender a marcha do espírito antes de se completar um século, um dicionário oratório e poético do século de Luís XIV, ou mesmo do nosso, mal conterá dois terços das palavras de que farão uso nossos descendentes.

Em um vocabulário, num dicionário universal e raciocinado, em toda obra destinada à instrução geral dos homens, é preciso, pois, começar pela consideração de seu objeto sob os mais diversos aspectos: conhecer o espírito de sua nação, pressentir suas inclinações, obter o resultado pela velocidade, de modo que ele não abandone seu trabalho para trás, mas, ao contrário, que o alcance antes. Resolver-se a trabalhar somente para as gerações seguintes, já que o momento em que existimos passa e dificilmente, terminada uma grande empresa, a geração presente ainda exista. Mas para ser por mais tempo novo e útil, ultrapassando de longe o espírito nacional que caminha continuamente, é preciso abreviar a duração do trabalho, multiplicando o número de colaboradores; meio que, todavia, não existe sem inconveniente, como se verá na sequência.

No entanto, os conhecimentos não se tornam e não podem se tornar comuns a não ser até certo ponto. Na verdade, ignora-se qual é esse limite. Não se sabe até onde um homem pode ir. Sabe-se menos ainda até onde irá a espécie humana, do que será capaz, se não parou em seus progressos. Mas as revoluções são necessárias; sempre as houve e haverá sempre, ainda que ocorra um maior intervalo entre uma revolução e outra: essa é a única causa que limita a extensão de nossos trabalhos. Há nas ciências um ponto além do qual quase não é permitido passar. Quando esse ponto é alcançado, os monumentos do progresso são para sempre o assombro de toda a espécie. E se a espécie se encontra limitada em seus esforços, o quanto não está o indivíduo nos seus? O indivíduo só possui uma certa energia em suas faculdades, tanto nas que são animais quanto nas intelectuais; não dura senão um tempo e vê-se forçado às alternativas de trabalho e de repouso. Tem necessidades e paixões para satisfazer, e se expõe a uma infinidade de distrações. Em todas as vezes, o que há de negativo naquelas quantidades formará a menor soma possível, ou o que houver de positivo formará a maior soma possível; um homem, solitariamente dedicado a qualquer ramo da ciência humana, a levará tão longe quanto ela possa ser levada pelos esforços de um indivíduo. Acrescentai ao trabalho desse indivíduo extraordinário aquele de outro, e assim por diante, até que tenhais preenchido o intervalo de uma revolução à revolução mais afastada. Formareis alguma noção do que a espécie inteira pode produzir de mais perfeito, sobretudo se vós supordes, a favor de seu trabalho, um certo número de circunstâncias fortuitas que lhe teriam diminuído o sucesso, se tivessem sido contrárias. Mas a massa geral da espécie não foi feita para acompanhar ou conhecer essa marcha do espírito humano. O ponto mais elevado de instrução que ela possa conhecer tem seus limites; de onde se segue que haverá obras que sempre permanecerão acima do alcance comum dos homens; outras que descerão pouco a pouco, abaixo, e ainda outras que terão uma sorte dupla.

A qualquer ponto de perfeição que seja conduzida uma Enciclopédia, é evidente, pela natureza dessa obra, que ela se encontrará, necessariamente, no número daquelas últimas. Há objetos que estão nas mãos do povo, e dos quais ele tira sua subsistência, e de cujo conhecimento prático ele se ocupa sem descanso. Em qualquer tratado que se escreva, haverá um momento em que este saberá mais do que está no livro. Haverá outros assuntos sobre os quais permanecerá quase inteiramente ignorante, pois que os acréscimos de seu conhecimento são muito frágeis e lentos para formar uma luz considerável, devendo supô-los contínuos. Assim, o homem do povo e o sábio terão sempre e igualmente porque desejar instruir-se com uma Enciclopédia. O momento mais glorioso para uma obra dessa natureza seria aquele que ocorreria imediatamente após qualquer grande revolução; que teria suspendido os progressos da ciência, interrompido os trabalhos das artes e reposto nas trevas uma porção de nosso hemisfério. Que reconhecimento a geração, vinda após esses tempos de agitações, não teria pelos homens que de longe lhes teriam apreendido e que deles teriam previsto o estrago, pondo ao abrigo os conhecimentos dos séculos passados? Seria então (ouso dizê-lo sem ostentação, pois que nossa *Enciclopédia* talvez jamais alcance a perfeição que lhe seria digna de tantas honras), seria então que se nomearia, com essa grande obra, o reino do monarca sob o qual ela foi iniciada; o ministro ao qual foi dedicada; os grandes que lhe favoreceram na execução; os autores que a ela se consagraram; todos os homens de letras que para ela concorreram. As mesmas vozes que recordariam tais ajudas não esqueceriam de falar também das dificuldades que os autores tiveram que sofrer e das desgraças a suportar. E o monumento que a eles se ergueria teria diversas faces, nas quais se veriam, alternadamente, as honras dadas à sua memória e as marcas de indignação unidas à memória de seus inimigos.

Mas o conhecimento da língua é o fundamento de todas essas grandes esperanças; elas permanecerão incertas se a língua não for fixada e transmitida à posteridade em toda a sua perfeição; e esse assunto é o primeiro entre aqueles que convêm aos enciclopedistas ocupar-se com profundidade. Nós nos demos conta disso muito tarde e essa inadvertência borrifou certas imperfeições por toda a nossa obra. O lado da língua permaneceu fraco (falo da *língua*, não da *gramática*) e, por essa razão, deve ser o sujeito principal de um artigo onde se examine imparcialmente seu trabalho e onde se procurem os meios de corrigir os defeitos. Vou tratar pois da língua, especialmente e como o devo. Ousarei mesmo convidar nossos sucessores a dar alguma atenção a esse trecho; e esperarei dos outros homens, para uso de quem ele é menos destinado, que aprovem sua importância e desculpem seu alcance.

A instituição dos signos vocais, que representam as ideias, e dos caracteres traçados, que representam as vozes[59], foi o primeiro germe dos progressos do espírito humano. Uma ciência, uma arte, só nascem pela aplicação de nossas reflexões a reflexões já feitas e pela reunião de nossos pensamentos, observações e experiências aos pensamentos, observações e experiências de nossos semelhantes. Sem a dupla convenção que liga as ideias às vozes e as vozes aos caracteres, tudo permaneceria no interior do homem e ali se apagaria. Sem os gramáticos e os dicionários, que são os intérpretes universais dos povos entre si, tudo restaria concentrado em uma nação e com ela desapareceria. É por tais livros que as faculdades dos homens se aproximaram e se combinaram; ficariam isoladas sem esse elo intermediário: uma invenção, por admirável que tenha sido, não teria representado senão a força de um gênio solitário ou a de uma sociedade particular, e jamais a energia da espécie. Um idioma comum seria o único meio de estabelecer uma correspondência que se estendesse a todas as demais partes do gênero humano, e que as

59. A fala e a escrita.

aliasse contra a natureza, à qual temos de contrapor sem cessar a violência, seja no físico, seja na moral. Suposto esse idioma admitido e fixado, logo as noções se tornam permanentes, a distância dos tempos desaparece; os lugares se tocam; formam-se uniões entre todos os pontos habitados do espaço e da duração, e todos os seres vivos e pensantes se conversam.

A língua de um povo dá seu vocabulário, e o vocabulário é uma tábua bastante fiel de todos os conhecimentos deste povo. Sobre a simples comparação do vocabulário de uma nação em tempos diferentes se formaria uma ideia de seus progressos. Cada ciência tem seu nome, cada noção da ciência, o seu; tudo o que é conhecido na natureza está designado, assim como tudo o que se inventou nas artes, e os fenômenos, os mecanismos e os instrumentos. Há expressões para os seres que nos são exteriores e para os que estão em nós. Nomeamos os abstratos e os concretos, as coisas particulares e as gerais, as formas e os estados, as existências e as sucessões e as permanências. Diz-se *o universo* e *um átomo*: o universo é o todo, e o átomo a menor das partes. Da coleção geral de todas as causas até o ser mais solitário, tudo tem um signo; assim como o que excede todo limite, seja na natureza, seja em nossa imaginação; e o que é possível e o que não o é; e o que não está na natureza nem em nosso entendimento, o infinito em pequenez e o infinito em grandeza, em extensão, em duração, em perfeição. A comparação dos fenômenos chama-se Filosofia. A Filosofia é prática ou especulativa; toda noção é de sensação ou de indução; todo ser está no entendimento ou na natureza; a natureza se usa ou com um órgão simples ou com um órgão auxiliado por instrumento. A língua é um símbolo dessa variedade de coisas heterogêneas: ela indica ao homem perspicaz até onde se foi com uma ciência, mesmo em tempos mais recuados. Percebe-se ao primeiro golpe de vista que os gregos abundam em termos abstratos que os romanos não possuem e que, na falta destes termos, era impossível a estes últimos restituir o que aqueles outros escreveram de lógica, de moral, de gramática, de metafísica ou de história natural; e fizemos tantos progressos em todas as ciências que seria difícil escrever sobre elas, seja em grego ou latim, no estado em que as conduzimos, sem inventar uma infinidade de signos. Só essa observação já demonstra a superioridade dos gregos sobre os romanos, e nossa superioridade sobre uns e outros.

Sobrevém a todos os povos em geral, relativamente ao progresso da língua e do gosto, uma infinidade de ligeiras revoluções, de eventos pouco notáveis, que não se transmitem: não se pode perceber que ocorreram a não ser pelo tom dos autores contemporâneos. Tom modificado ou oferecido por circunstâncias passageiras. Qual é, por exemplo, o leitor atento que, encontrando em um autor o que aqui se segue, *cantus autem et organa pluribus distantiis utuntur, non tantum diapente, sed sumpto initio a diapason, concinnunt per diapente et diatessaron; et unitonum, et semitonium, ita ut et quidem putent inesse et diesin quae sensu percipiatur*[60], não diga imediatamente a si mesmo: eis os caminhos de nosso canto; eis a incerteza em que estamos a respeito da possibilidade ou impossibilidade da entonação do quarto de tom. Ignorar-se-ia então se os antigos teriam tido ou não uma gama enarmônica? Não sobraria, pois, mais nenhum autor de música pelo qual se pudesse resolver essa dificuldade? Discutia-se então, ao tempo de Dioniso de Halicarnasso, quase as mesmas questões que discutimos sobre a melodia? E se se vier a encontrar mais adiante que os autores estavam muito divididos sobre a enumeração exata dos sons da língua grega, que essa matéria havia excitado as mais vivas disputas, *sed talium rerum considerationem grammatices et poetices esse; vel etiam, ut quibunsdam placet, philosophiae*[61],

60. O canto e os instrumentos utilizam um grande número de intervalos, e não apenas a quinta, mas, começando pela oitava, há acordes de quinta e de quarta, e de tom e de semitom, a ponto de alguns pensarem existir um quarto de tom perceptível pelo ouvido.

61. [...] mas a consideração dessas coisas pertence à gramática e à poética, ou mesmo, como para alguns, à filosofia.

não se concluirá que assim teria sido entre os romanos assim como entre nós? Quer dizer que após se ter tratado a ciência dos signos e dos sons com muita ligeireza, houve um tempo em que bons espíritos reconheceram que ela possuía com a ciência mais vínculos do que haviam suspeitado, e que se podia olhar essa especulação como não sendo absolutamente indigna da Filosofia. Eis precisamente onde nos encontramos; e é recolhendo assim palavras por acaso evadidas e estranhas à matéria tratada, especialmente em um autor no qual elas não se caracterizam senão por suas luzes, sua exatidão ou sua indecisão, que se chegará a esclarecer a história dos progressos do espírito humano nos séculos passados.

Os próprios autores não percebem algumas vezes a impressão das coisas que se passam à sua volta; mas esta imprecisão não é menos real. Os músicos, os pintores, os arquitetos, os filósofos etc. não podem ser contestados sem que o homem de letras não seja instruído; reciprocamente, não se discutirá nenhuma questão na literatura em que não apareçam vestígios do que se escreverá sobre a música, a pintura, a arquitetura ou a filosofia. São como reflexos de uma luz geral que cai sobre os artistas e os letrados, e da qual conservam uma centelha. Sei que o abuso que fazem algumas vezes de expressões cuja força lhes é desconhecida, revela que não estavam cientes da filosofia de seu tempo. Mas o bom espírito que recolhe essas expressões, que apreende aqui uma metáfora, ali um novo termo, adiante um termo relativo a um fenômeno, a uma observação, a uma experiência ou sistema, entrevê o estado das opiniões dominantes, o movimento geral que os espíritos começavam a receber e a tonalidade que traziam para a língua comum. E é isso, para dizer brevemente, que torna os antigos autores tão difíceis de julgar em matéria de gosto. A convicção geral de um sentimento, de um sistema, o uso recebido, a instituição de uma lei, o hábito de um exercício etc. lhes forneciam maneiras de dizer, de pensar, de se fazer ouvir, comparações, expressões e figuras cuja beleza completa só pôde durar enquanto a própria coisa lhe servia de base. A coisa passou e o brilho do discurso com ela. De onde se segue que um escritor que queira assegurar às suas obras um charme eterno, não poderá tomar emprestado em demasia, e para suas próprias reservas e modo de dizer, das ideias cotidianas, das opiniões correntes, dos sistemas reinantes, das artes em voga; todos esses modelos são vicissitudes. Ele se ligará, preferivelmente, aos seres permanentes, aos fenômenos das águas, da terra e do ar, ao espetáculo do universo e às paixões dos homens, que são sempre as mesmas. E será tal a verdade, a força, a imutabilidade de seu colorido que suas obras causarão a surpresa dos séculos, apesar da desordem dos conteúdos, do absurdo das noções e de todos os defeitos com os quais se poderia recriminá-lo. Suas ideias particulares, suas comparações, suas metáforas, expressões e imagens, dirigindo-se continuamente à natureza que jamais deixamos de admirar, serão igualmente verdades parciais com que se conservará. Não o leremos para aprender a pensar; mas dia e noite o teremos em mãos para aprender a bem dizer. Esse será seu destino, enquanto que muitas obras, apoiadas apenas num frio bom senso e pesada razão, talvez sejam bastante estimadas, mas pouco lidas, caindo enfim no esquecimento quando um homem, dotado de um belo gênio e grande eloquência, as tenha despojado e reproduzido as verdades, de uma austeridade antes seca e rebarbativa, sob vestes mais nobres, elegantes, ricas e sedutoras.

Essas revoluções rápidas que se fazem nas coisas da instituição humana e que terão tanta influência sobre a maneira pela qual a posteridade julgará as produções que lhe serão transmitidas são um motivo poderoso para se prender a uma obra tal como a nossa, na qual é frequente citarem-se exemplos convenientes em trechos cuja qualidade seja fundada sobre os modelos permanentes; sem essa precaução, os modelos passarão; a verdade da imitação não será mais sentida e os exemplos citados deixarão de parecer belos.

A arte de transmitir as ideias pela pintura dos objetos deve ter sido, naturalmente, a primeira a surgir; aquela de transmiti-las fixando as vozes pelos caracteres, é mais sutil; deve ter intimidado o homem de gênio que a imaginou. Foi apenas após longas tentativas que ele entreviu que as vozes, sensivelmente diferentes, não eram em grande quantidade quanto pareciam, e ousou prometer-se convertê-las todas em um pequeno número de signos. Embora a primeira arte tenha apresentado alguma vantagem, a segunda não ficou sem algum defeito. A pintura não alcança as operações do espírito; não se distinguiriam entre os objetos sensíveis distribuídos em uma tela, tal como enunciados em um discurso, as ligações que formam o juízo e o silogismo, o que constitui um desses seres no sujeito de uma proposição; ou o que constitui uma qualidade desses seres, o atributo; o que encadeia a proposição a uma outra para fazer-se delas um raciocínio, e este raciocínio a outro para compor um discurso. Em uma palavra, há uma infinidade de coisas desta natureza que a pintura não pode figurar; mas ela mostra, ao menos, todas aquelas que representa. Ao contrário, o discurso escrito as designa todas, mas não mostra nenhuma. As pinturas dos seres são sempre bastante incompletas, mas nada possuem de equívoco, pois são os próprios retratos dos objetos que temos sob os olhos. Os caracteres da escritura estendem-se a tudo, mas são convencionais[62]; nada significam por si mesmos. A chave da pintura está na natureza e se oferece a todos; aquela dos caracteres alfabéticos e de suas combinações é um pacto cujo mistério deve ser revelado; e ele jamais pode sê-lo completamente, pois há nas expressões nuanças delicadas que permanecem, necessariamente, indeterminadas. Por outro lado, sendo a pintura permanente, sua condição é a de revelar o instantâneo. Se se propõe a exprimir o mais simples movimento, torna-se obscura. Se num troféu se vê a Fama de asas abertas, tendo em uma das mãos um trompete, e na outra uma coroa sobre a cabeça de um herói, não se sabe se ela a dá ou a retira: cabe à história desfazer o equívoco. Ao contrário, qualquer que seja a

62. No original, *d'instituition*, ou seja, instituídos por convenção.

variedade de uma ação, há sempre uma certa coleção de termos que a representa, o que não se pode dizer de qualquer série ou grupo de figuras. Multiplicai quantas vezes vos agradar essas figuras e haverá interrupção: a ação é contínua, mas as figuras só darão instantes separados, deixando à sagacidade do espectador o preenchimento dos vazios. Existe a mesma incomensurabilidade entre todos os movimentos físicos e entre todas as representações reais que aquelas entre certas linhas e sequências de números. Embora se aumentem os termos entre um termo dado e outro, eles permanecem sempre isolados, sem se tocarem, deixando entre cada um deles um intervalo, e que nunca podem corresponder a certas quantidades contínuas. Como medir toda quantidade contínua por outra discreta? De modo semelhante, como representar uma ação durável por imagens de instantes separados? Mas esses termos que permanecem necessariamente inexplicados em uma língua, os radicais, não corresponderiam exatamente àqueles instantes intermediários que a pintura não pode representar? Não é, mais ou menos, o mesmo defeito de um lado e de outro? Eis-nos, pois, detidos em nosso projeto de transmitir os conhecimentos, dada a impossibilidade de tornar toda a língua inteligível. Como coligir as raízes gramaticais? Se coligidas, como explicá-las? Vale a pena escrever, para os séculos vindouros, se não estamos em condição de nos fazer entender? Resolvamos essas dificuldades.

Eis primeiramente o que penso sobre a maneira de discernir os radicais. Talvez haja algum método, algum sistema filosófico, com a ajuda do qual se encontraria um grande número deles; mas esse sistema me parece difícil de ser inventado, e qualquer que seja sua aplicação, parece-me sujeita ao erro, pelo bem fundamentado costume que possuo de suspeitar de toda lei geral em matéria de língua. Preferiria seguir um procedimento técnico, tanto mais que esse procedimento é uma consequência necessária da formação de um dicionário *enciclopédico*.

Primeiramente, é necessário que aqueles que cooperam para esta obra se imponham a lei de tudo definir, tudo, sem qualquer exceção. Isto feito, não restará ao editor senão o cuidado de separar os termos ali onde uma mesma palavra será tomada como gênero em uma definição, e por diferença em outra: é evidente que é a necessidade desse duplo emprego que constitui o círculo vicioso e que é o limite das definições. Quando todas as palavras tiverem sido reunidas, encontrar-se-á, examinando-as, que, dos dois termos que são definidos um pelo outro, é às vezes o mais geral, e às vezes o menos geral, que é gênero ou diferença; e é evidente que o mais geral é aquele que será preciso olhar como uma das raízes gramaticais. De onde se segue que a quantidade das raízes gramaticais será precisamente a metade dos termos reunidos, pois de duas definições de palavra, é preciso admitir uma como boa e legítima para demonstrar que a outra é um círculo vicioso.

Passemos agora à maneira de fixar a noção desses radicais. Não há, parece-me, a não ser um meio, ainda que não seja tão perfeito quanto o desejássemos. Não que ele deixe equívocos nos casos em que é aplicado, mas porque podem ocorrer casos em que ele não é possível de ser aplicado, qualquer que seja a habilidade com que se o manipule. Este meio é o de relacionar a língua viva a uma língua morta: só uma língua morta pode ser uma medida exata, invariável e comum a todos os homens que são e serão, entre as línguas que falam e que falarão. Como esse idioma existe somente nos autores, ele não muda; e o efeito desse caráter é que a aplicação é sempre a mesma, sempre e igualmente conhecida.

Se me perguntassem qual deveria preferir entre a línguas grega e latina, responderia que nem uma nem outra. Meu sentimento seria a de empregá-las ambas; o grego, em todos os lugares em que o latim nada me desse, não fornecesse um equivalente ou me desse um menos rigoroso. Queria que o grego nunca fosse senão um suplemento à carência do latim, e isso apenas porque o conhecimento do latim é mais difundido, pois confesso que, se fosse necessário escolher pela riqueza e pela abundância, não haveria dúvida. A língua grega é infinitamente mais extensa e expressiva do que o latim, com uma profusão de termos que possui a marca evidente da onomatopeia; uma infinidade de noções que possuem signos nessa língua, não os têm em latim, pois não parece que os latinos se tivessem educado em algum gênero de especulação. Os gregos mergulharam em todas as profundezas da metafísica, das ciências, das belas-artes, da lógica e da gramática. Em seu idioma se diz tudo o que se quer; eles possuem todos os termos abstratos relativos às operações do entendimento. Consultai a esse respeito Aristóteles, Platão, Sexto Empírico, Apolônio e todos aqueles que escreveram sobre a gramática e a retórica. Frequentemente nos atrapalhamos em latim com a deficiência de expressão: seriam necessários séculos ainda para os romanos possuírem a língua da abstração, ao menos a se julgar pelo progresso que fizeram sob a disciplina dos gregos; pois, de resto, um só homem de gênio pode fermentar todo um povo, abreviar os séculos de ignorância e levar os conhecimentos a um ponto de perfeição e com uma rapidez que igualmente surpreenderiam. Mas essa observação não destrói a verdade que adianto: pois se contarmos os homens de gênio e os espalharmos por toda a duração dos séculos passados, é evidente que serão em pequeno número em todas as nações e séculos, e que não se encontrará quase nenhum que não tenha aperfeiçoado a língua. Os homens criadores carregam esse caráter particular. Como não é apenas folheando as produções de seus contemporâneos que eles encontram as ideias utilizadas em seus escritos, mas sobretudo por às vezes se recolherem profundamente em si mesmos, às vezes se lançarem ao exterior, trazendo olhares mais atentos e penetrantes sobre as naturezas que os envolvem, eles são obrigados, principalmente nas origens das línguas, a inventar signos para dar com exatidão e força o que eles descobriram por primeiro. É o calor da imaginação e a meditação profunda que enriquecem uma língua com expressões novas; é a justeza de espírito e a severidade da dialética que aperfeiçoam a sintaxe; é a comodidade dos órgãos da fala que a faz suave; é a sensibilidade do ouvido que a torna harmoniosa.

Se nos determinamos a fazer uso das duas línguas, escreveremos primeiro o radical francês e, ao lado, o radical grego ou latino, com a citação do autor antigo de onde tenha sido tirado, e onde foi empregado, conforme a acepção mais aproximada para o sentido, a energia e outras ideias acessórias que é preciso determinar.

Digo o *radical antigo*, embora não seja impossível que um termo primeiro, radical e indefinível em uma língua não tenha qualquer desses caracteres em outra; daí, parece-me demonstrado que o espírito humano fez mais progressos em um povo do que em outro. Parece-me que ainda não se sabe o quanto uma língua é uma imagem rigorosa e fiel do exercício da razão. Que prodigiosa superioridade uma nação adquire sobre outra, sobretudo nas ciências abstratas e nas belas-artes somente por essa diferença. E a que distância os ingleses ainda estão de nós pela simples consideração de que nossa língua está feita, e que eles ainda não pensam em formar a sua. É do aperfeiçoamento e da exatidão do idioma que dependem as ciências rigorosas e o gosto nas belas-artes; e, por consequência, a imortalidade das obras nesse gênero.

Exigi citação do local em que o sinônimo grego ou latino está empregado porque uma palavra tem, frequentemente, várias acepções; havendo a necessidade, e não a filosofia, presidido à formação das línguas, todas elas têm e terão esse vício em comum. Mas uma palavra possui apenas um sentido numa passagem citada e esse sentido é, com certeza, o mesmo para todos os povos para quem o autor é conhecido. Μηνιν αειδε Θεα etc.[63], *Arma virumque cano*[64] só têm uma tradução em Paris ou Pequim; também nada é tão mal pensado para um francês que sabe o latim do que aprender o inglês em um dicionário

63. Canto, deusa, a cólera (de Aquiles) – Homero, *Ilíada*.
64. Canto as armas e os varões – Virgílio, *Eneida*.

anglo-francês, em lugar de recorrer a um dicionário anglo-latino. Enquanto o dicionário anglo-francês não tiver sido feito ou corrigido com uma medida invariável e comum, ou mesmo após uma grande e habitual utilização de ambas as línguas, nele não se aprenderá; seríamos obrigados, em cada palavra, a recorrer à boa-fé e às luzes de seu guia ou intérprete. Ao passo que, fazendo-se uso de um dicionário grego ou latino, é-se esclarecido, satisfeito, seguro de sua aplicação; compomos nós mesmos nosso vocabulário por um caminho único, se houver um, que possa suprir o comércio imediato com a nação estrangeira da qual se estuda o idioma. De resto, falo de minha própria experiência: encontrei para mim esse método. Vejo-o como um meio seguro de adquirir, em pouco tempo, noções muito próximas da propriedade e da energia (dos termos). Em uma palavra, um dicionário anglo-francês e um dicionário anglo-latino seriam como dois homens dos quais um, vos conservando as dimensões ou o peso de um corpo, vos asseguraria que este corpo tem tal peso ou altura, e o outro, em lugar de nada vos assegurar, pegaria uma medida ou balança e o mediria ou pesaria sob vossos olhos.

Mas qual será o recurso do nomenclator no caso em que a determinação comum o abandone? Respondo que um radical, sendo por sua natureza o signo de uma sensação simples e particular, ou de uma ideia abstrata e geral, os casos que permanecem sem medida comum só podem ser raros. Mas nesses casos raros, é preciso, sem reservas, recorrer-se à sagacidade do espírito humano: é preciso contar que, à força de se ver uma expressão não definida empregada, conforme a mesma acepção, em um grande número de definições em que esse signo seja o único desconhecido, não se tardará a discernir o sentido. Há nas ideias, e por consequência nos signos (pois um está para o outro como o objeto está para o espelho que o repete), uma ligação tão estreita, uma tal correspondência, de ambos parte uma luz que refletem tão vivamente que, quando se possui a sintaxe e a interpretação fiel de todos os demais signos está dada, ou ainda a intelecção de todas as ideias que compõem um período, à exceção de apenas um, é impossível que não se chegue a determinar a ideia excetuada ou o signo desconhecido.

Os signos conhecidos são igualmente condições dadas para a solução do problema; e por pouco que o discurso seja extenso e contenha termos, não se concebe que o problema persista no número daqueles que possuem várias soluções. Que se julgue pela pequena quantidade de trechos que não compreendemos nos autores antigos; que se examinem esses trechos e se estará convencido de que a obscuridade nasce do próprio escritor, que não possuía ideias claras, da corrupção dos manuscritos, da ignorância dos usos, das leis, dos costumes, ou de qualquer outra causa parecida; nunca da indeterminação do signo, quando este signo tiver sido utilizado conforme a mesma acepção em diversos trechos diferentes, como acontecerá, necessariamente, a uma expressão radical.

O ponto mais importante no estudo de uma língua é, sem dúvida, o conhecimento da acepção dos termos. No entanto, há ainda a ortografia, e a parte desta que se chama *pontuação*, e a pronúncia, sem a qual é impossível sentir todo o mérito da prosa harmoniosa e da poesia, o que, por conseguinte, não se deve inteiramente negligenciar. Acontece, pelas alterações que se sucedem rapidamente na maneira de pronunciar e pelas correções que lentamente se introduzem na maneira de escrever, que a pronúncia e a escrita não andam juntas, e que, embora haja entre os povos mais civilizados da Europa sociedades de homens de letras encarregadas de ponderá-las, de submetê-las a acordos e aproximá-las, elas se encontram por fim a uma distância considerável uma da outra. De sorte que, das duas coisas, das quais uma só foi concebida, em sua origem, para representar fielmente a outra, esta aqui não difere menos daquela do que o retrato de uma mesma pessoa pintado em idades muito afastadas. Enfim, o inconveniente cresceu a tais excessos que não se ousa mais remediá-lo. Pronuncia-se uma língua e escreve-se outra. E acostuma-se tão inteiramente durante o resto da vida a essa bizarrice, que fez verter tantas lágrimas na infância, que se se renunciasse à má ortografia por outra mais próxima da pronúncia, não mais se reconheceria a língua falada sob essa nova combinação de caracteres.

Mas não devemos nos deter por essas considerações tão poderosas sobre a variedade. É preciso fazer-se um alfabeto raciocinado, no qual um mesmo signo não represente sons diversos, nem signos diferentes um mesmo som, nem vários signos uma vogal ou um som simples. É preciso em seguida determinar o valor desses signos pela descrição a mais rigorosa dos diferentes movimentos dos órgãos da fala na produção dos sons ligados a cada signo; distinguir com a máxima exatidão os movimentos sucessivos e os movimentos simultâneos; em uma palavra, não recear cair em detalhes minuciosos. Autores célebres que escreveram em línguas antigas não desdenharam fazê-lo para seu idioma; por que não faríamos o mesmo para o nosso, que tem seus autores originais em todo gênero, que se amplia dia a dia e que quase se tornou a língua universal da Europa? Quando Molière gracejava com os gramáticos, abandonava seu caráter de filósofo e não sabia, como o teria dito Montaigne, que, pelas faces do Burguês Fidalgo, dava bofetadas nos autores que mais respeitava.

Só temos um meio para fixar as coisas fugidias e de pura convenção: é o de relacioná-las às coisas constantes. E aqui não há base constante senão os órgãos, que não mudam, e que, semelhantes a instrumentos de música, fornecerão, *aproximadamente* em todos os tempos, os mesmos sons, se soubermos dispor habilidosamente sua tensão ou duração e dirigir o ar de modo conveniente; a traqueia e a boca compõem uma espécie de flauta, para a qual é preciso dar a mais escrupulosa tablatura. Digo *aproximadamente* porque, entre os órgãos da fala, não há um que não tenha mil vezes mais liberdade e variedade do que é necessário para propagar diferenças surpreendentes e sensíveis na produção de um som. Para falar com exatidão, talvez não haja em toda a França dois homens que tenham absolutamente a mesma pronúncia. Temos, cada um, a nossa. Elas são todas, no entanto, bastante parecidas para que não reparemos qualquer diversidade chocante. De onde se segue que, se não conseguirmos transmitir nossa pronúnica à posteridade, faremos passar uma aproximada, e que o hábito de falar corrigirá continuamente. Pois a primeira vez que se produz artificialmente uma palavra estrangeira, conforme uma pronúnica na qual os movimentos foram prescritos, o homem mais inteligente, de ouvido mais delicado, e cujos órgãos da fala são mais flexíveis, encontra-se no caso do aluno do senhor Pereire[65]. Forçando todos os movimentos e separando cada som por pausas, ele se parece com um autômato; mas quanto de velocidade e de originalidade, que aos poucos irá adquirir, não reduzirão esse defeito? Logo se acreditará que nasceu no país, embora no começo tenha ficado, relativamente a uma língua estrangeira, em pior estado do que uma criança face à língua materna, só sendo compreensível por sua ama-seca. O encadeamento dos sons de uma língua não é tão arbitrário como se imagina; digo o mesmo de suas combinações. Se houver aqueles que não puderem ocorrer sem uma grande fadiga para o órgão da fala, eles não confluirão, ou não poderão durar. São cassados da língua pela eufonia, esta lei poderosa que age contínua e universalmente, sem consideração para com a etimologia e seus defensores, e que tende, sem intermissão, a levar as pessoas que possuem os mesmos órgãos, o mesmo idioma e os mesmos movimentos prescritos a uma pronúncia quase idêntica. As causas, cuja ação não é interrompida, tornam-se as mais fortes com o tempo, ainda que fracas em si mesmas.

Não esconderei que esse princípio não sofra de muitas dificuldades, entre as quais há uma bastante importante que vou expor. Segundo vós, me dirão, a eufonia tende continuamente

65. Parece tratar-se do português Francisco Rodrigues Pereire, imigrante na França, a partir de 1741, e que veio a ser intérprete e professor na corte de Luís XV. Seus netos, Emile e Isaac Pereire, tornaram-se conhecidos empresários e políticos franceses.

a aproximar os homens de uma mesma pronúncia, sobretudo quando os movimentos do órgão estão determinados. No entanto, os alemães, os ingleses, os italianos, os franceses pronunciam todos, diversamente, os versos de Homero e de Virgílio. Os gregos escrevem Μηνιν αειδε Θεα e há ingleses que leem *mi, nine, a, i, dé, zi, è*; franceses que leem *mè, nine, a, ei, ye, dé thé, a* (*ei,* como na primeira de *neige* – neve –, e *ye,* como na última de *paye* – pago ou pagamento; este *y* é um *yeu*, consoante que falta em nosso alfabeto, embora exista em nossa pronúncia – Ver as notas do senhor Duclos sobre Gramática Geral Raciocinada)*.

Mas o que há de singular é que são todos igualmente admiradores da harmonia desses inícios: é o mesmo entusiasmo, embora quase não haja um som em comum. Entre os franceses, a pronúnica do grego varia de tal forma que não é raro encontrarem-se dois sábios que entendam bem a língua, mas não se entendam entre si; só concordam com a quantidade (de sílabas). Mas não sendo a quantidade senão a lei da pronúncia, exprimindo-a mais rápida ou mais lentamente nada faz para a doçura ou a aspereza dos sons. Poder-se-á sempre perguntar como acontece que as letras, as sílabas e as palavras, sozinhas ou combinadas, sejam igualmente agradáveis a muitas pessoas que as pronunciam diversamente. É uma consequência da prenoção favorável a tudo o que nos vem de longe, o prestígio comum da distância dos tempos e dos lugares, o efeito de uma longa tradição? Como se deu que entre tantos versos gregos e latinos não haja uma sílaba completamente contrária à pronúncia dos suecos, dos poloneses, e que a leitura não lhes seja absolutamente impossível? Dirão que as línguas mortas foram tão trabalhadas, foram formadas por uma combinação de sons tão simples e fáceis, tão elementares, que eles formam, em todas as línguas vivas em que são empregados, a

* Nas transcrições acima foram mantidos os acentos para a leitura em francês que correspondem aos nossos acentos agudo e grave (N. da E.).

parte mais agradável e a mais melodiosa? Que essas línguas vivas, aperfeiçoando-se sempre, retificam sem cessar sua harmonia, aproximando-a daquela das línguas mortas? Em uma palavra, que a harmonia destas últimas, factícia e corrompida pela pronúncia de cada país, ainda é superior à harmonia própria e real de suas línguas?

Responderia primeiramente que essa última consideração terá tanto mais força quanto mais estivermos instruídos dos sons extraordinários que os gregos tinham fixado para tornar sua língua harmoniosa. Não entrarei nesse detalhe; observarei apenas que não há quase uma só vogal, um só ditongo, uma só consoante cujo valor seja de tal modo constante que a eufonia dela não possa dispor, seja por lhe alterar o som, seja por suprimi-lo. Em segundo lugar, embora os antigos tenham tomado algumas precauções para nos transmitir o valor de seus caracteres, muito falta para que tenham sido tão exatos e minuciosos quanto deveriam sê-lo. Em terceiro lugar, que o sábio que dominar o que eles nos deixaram poderá se vangloriar de reduzir a uma pronúncia bastante próxima da sua a de um homem razoável e consequente. Em quarto lugar, que se pode demonstrar sem réplica ao inglês que ele, pronunciando *mi, nine, a, i, dé, zi, è*, comete seis erros de pronúncia em sete sílabas. Ele exprime a sílaba grega *Mη* ou *MH* por *mi*; mas um autor antigo nos ensina que as ovelhas exprimiam, ao balir, o som do *η*. Diremos que as ovelhas gregas baliam de outra maneira do que as nossas, dizendo *bi, bi*, e não *bé, bé*? De resto, lemos em Dioniso de Halicarnasso: η *infra basim linguae allidit sonum consequentem, non supra, ore moderate aperto*[66], movimentos que não executa, de maneira alguma, aquele que toma *η* por i. Ele toma *Eι*, que é um ditongo, por um *i*, vogal e som simples. Ele toma o *Θ* por um *z* ou por um *s* gutural ou glotal, enquanto não passa de um *t* comum aspirado: toma *Θε* por *zi*, quer dizer, que em lugar de determinar

66. O *η* projeta o som sob a base da língua, não por cima, com a boca medianamente aberta.

com vivacidade o ar próximo à metade da língua, para formar o *e* fechado breve, *allidit spiritum circa dentes, ore parum adaperto, nec labris sonitum illustrantibus*[67], ou pronuncia a letra *i*. Ele toma A por *é*, quer dizer, que *allidit sonum infra basim linguae, ore moderate aperto*[68], enquanto era prescrito pela justa pronúncia deste caractere *spiritum extendere, ore aperto, et spiritu ad palatum vel supra elato*[69].

Aquele que, ao contrário, pronuncia as palavras gregas Μηνιν αειδε Θεα, *mè, nine, a, ei, ye, dé, thé, a* preenche todas as leis transgredidas pela pronúncia inglesa. Podemos nos assegurar disso ao comparar os caracteres gregos com os sons que a eles acrescento e com os movimentos que Dioniso de Halicarnasso prescreve para cada um desses caracteres em sua admirável obra *De collocatione verborum* (Da Colocação das Palavras). Para fazer sentir a utilidade dessas definições, contertar-me-ei em trazer aquelas do *r* e do *s*. O *P* forma-se, diz ele, *linguae extremo spiritum repercutiente, et ad palatum prope dentes sublato*[70]; e Σ, *lingua adducta supra ad palatum, spiritu per mediam longitudinem labente, et circa dentes cum tenui quoddam e angusto sibilo exeunte*[71]. Pergunto se é possível satisfazer tais movimentos e dar ao *r* e ao *s* outros valores que aqueles que nós lhes atribuímos. Ele não é menos preciso sobre as demais letras.

Mas, se insistirá, se os povos subsistentes que leem o grego se conformassem com as regras de Dioniso de Halicarnasso, todos pronunciariam essa língua da mesma maneira, e como os antigos gregos a pronunciavam?

67. O *ι* projeta o sopro contra os dentes, a boca pouco aberta, e sem que os lábios tornem claro o som.

68. O *e* projeta o som sob a base da língua, a boca medianamente aberta.

69. Prolongar a expiração, a boca aberta e o sopro projetado em direção ao palato ou para cima.

70. Quando a ponta da língua redobra o som e o eleva em direção ao palato, perto dos dentes.

71. A língua se aproxima do palato, o sopro deslizando ao longo da linha mediana da boca e saindo com um sibilo leve e cerrado entre os dentes.

Respondo a tal pergunta por uma suposição que não se pode rejeitar, por extraordinária que seja neste país; a de que um espanhol ou um italiano, acossado pelo desejo de possuir um retrato de sua amante, e que não podia mostrar a qualquer pintor, tomou a decisão que lhe restava: a de fazer-lhe por escrito a descrição mais extensa e a mais exata. Começou por determinar a justa proporção de toda a cabeça. Depois, passou às dimensões da fronte, dos olhos, do nariz, da boca, do queixo e do colo; em seguida, voltou a cada uma dessas partes, e nada economizou para que seu discurso gravasse no espírito do pintor a verdadeira imagem que tinha sob os olhos; não esquece nem as cores nem as formas, nada do que pertence ao caráter. Quanto mais comparava o seu discurso com o rosto de sua amante, mais o achava parecido com ela; acreditou que quanto mais carregasse sua descrição com pequenos detalhes, menos liberdade deixaria ao pintor. Não esqueceu nada do que pensava dever captar o pincel. Quando sua descrição pareceu-lhe acabada, fez cem cópias, que enviou a cem pintores, prescrevendo a cada um executar exatamente sobre a tela o que leriam no papel. Os pintores trabalham e, após um certo tempo, nosso amante recebe cem retratos, assemelhando-se todos rigorosamente à sua descrição; e nenhum se parecia com outro nem com sua amante. A aplicação desse apólogo ao caso de que se trata não é difícil. Dispensarme-ei de fazê-lo em detalhes. Direi somente que, por escrupuloso que um autor possa ser na descrição dos movimentos do órgão, quando este produz sons diferentes, haverá sempre uma latitude, ligeira em si mesma, infinita em relação às divisões reais de que é suscetível e às variações sensíveis, embora inapreciáveis, que resultarão daquelas divisões. Não se pode, entretanto, inferir nem que as descrições sejam inteiramente inúteis, porque não darão jamais uma pronúncia aproximada, nem que a eufonia, esta lei à qual uma língua antiga deveu toda sua harmonia, não tenha uma ação constante cujo efeito não tenda, ao menos, tanto a nos aproximar quanto a dela nos afastar. Duas proposições que havia de estabelecer.

Só direi uma palavra sobre a pontuação. Há pouca diferença entre a arte de ler bem e a de bem pontuar. O repouso da voz no discurso e os signos de pontuação na escrita, sempre se correspondendo, indicam igualmente a ligação ou a disjunção das ideias e suprem uma infinidade de expressões. Não será portanto inútil determinar-lhe a quantidade segundo as regras da lógica e fixar-lhe um valor por exemplos.

Nada mais resta senão determinar a acentuação e a quantidade. O que temos de acento, mais oratório do que silábico, é inapreciável; e pode-se reduzir a nossa quantidade a longos, breves e menos breves, no que parece admitir menos variedade do que aquela dos antigos, que distinguiam até quatro tipos de breves, senão na versificação, ao menos na prosa, que se mostra evidentemente superior à poesia pela variedade de suas quantidades. Assim, diziam que em οδος, ροδος, τροπος, στροφος, os primeiros, que são breves, não possuíam menos uma quantidade sensivelmente desigual. Mas é ainda aqui o caso em que se pode recorrer ao órgão encarregado do cuidado de reparar as negligências.

Eis aqui as condições praticáveis e necessárias para que a língua, sem a qual os conhecimentos não se transmitem, se fixe, tanto quanto for possível fixá-la por sua natureza. É importante fixá-la para o objetivo principal de um dicionário universal e raciocinado. É necessário um alfabeto raciocinado, acompanhado da exposição rigorosa dos movimentos do órgão e da modificação do ar na produção dos sons vinculados a cada caractere elementar, e a cada combinação silábica desses caracteres: escrever primeiramente a palavra segundo o alfabeto usual; escrevê-la em seguida conforme o alfabeto raciocinado, cada sílaba separada e com sua quantidade; acrescentar a palavra grega ou latina que converta a palavra ao vernáculo[72], quando é somente radical, com a citação do lugar em que a

72. O texto original diz "ao francês". Tomamos a liberdade aqui de generalizar o sentido.

palavra grega ou latina é empregada pelo autor; e se há sentidos diferentes, e que entre esses sentidos ele se torne alguma vez radical, fixá-lo tantas vezes pelo radical correspondente na língua morta. Em uma palavra, defini-la quando não é radical, pois isso é sempre possível, e o sinônimo grego ou latino se torna então supérfluo. Vê-se quanto esse trabalho é longo, difícil, espinhoso. Que uso é preciso ter de duas ou três línguas, a fim de comparar as ideias simples representadas por signos diferentes que tenham entre si uma relação de identidade ou, o que é ainda mais delicado, as coleções de ideias representadas por signos que devem ter a mesma relação; e nos casos frequentes em que não se pode obter a identidade de relação, quanta fineza e gosto para distinguir, entre os signos, aqueles cujas acepções são as mais avizinhadas. E entre as ideias acessórias, aquelas que é preciso conservar ou sacrificar. Mas não se deve deixar-se desencorajar. A Academia da Crusca supriu uma parte dessas dificuldades em seu célebre vocabulário. A Academia Francesa, ao reunir a universalidade dos conhecimentos, dos poetas, dos oradores, dos matemáticos, dos físicos, dos naturalistas, da alta sociedade, dos filósofos, dos militares, e estando bem determinada a não considerar em suas eleições senão a necessidade que tem de um talento, e não de outro, para o aperfeiçoamento de seu trabalho, seria inacreditável que não seguisse esse plano geral e que sua obra não se tornasse de uma utilidade essencial para aqueles que se ocuparão em aperfeiçoar o frágil esboço que publicamos.

Ela não terá esquecido, sem dúvida, de apontar nossos galicismos ou os diferentes casos em que acontece à nossa língua afastar-se das leis da gramática geral e raciocinada. Pois um idiotismo ou um afastamento dessa natureza é a mesma coisa. De onde se vê que em tudo há uma medida invariável e comum, e na falta da qual nada se conhece, nada se pode apreciar nem nada definir; que a gramática geral raciocinada é aqui essa medida; e que sem essa gramática um dicionário de língua não tem fundamento, pois não tem nada de fixo a que se possam relacionar os casos embaraçosos que aparecem; nada que possa indicar em que consiste a dificuldade; nada que designe o partido a ser tomado; nada que dê a razão da preferência entre várias soluções opostas; nada que interprete o uso, que o combata ou o justifique, como pode ocorrer com frequência. Sendo a língua a base do comércio entre os homens, seria um prejuízo que nela subsistissem defeitos importantes por muito tempo, sem serem percebidos e corrigidos por aqueles que têm o espírito justo e o coração honesto. É pois verossímil que as exceções à lei geral sejam antes abreviações, energias, eufonias e outros consentimentos ligeiros do que vícios consideráveis. Fala-se sem parar, escreve-se sem cessar; combinamos as ideias e os signos de uma infinidade de modos diferentes; relacionamos todas essas combinações ao jugo da sintaxe universal e a esta aqui as submetemos, cedo ou tarde, por pequenos que sejam os inconvenientes em isentá-las; e quando essa sujeição não se cumpriu, é porque ali encontramos uma vantagem que é algumas vezes difícil, mas que seria sempre impossível de desenvolver sem a gramática raciocinada, a analogia e a etimologia, as quais chamaria de asas da arte de falar, como se diz da cronologia e da geografia, que são os olhos da história.

Não terminaremos nossas observações sobre a língua sem ter falado dos sinônimos. Nós os multiplicaríamos ao infinito se não começássemos a procurar uma lei que fixasse o seu número. Há em todas as línguas expressões que apenas se distinguem por nuanças muito delicadas. Tais nuanças não escapam ao orador ou ao poeta que conhecem sua língua; mas eles as negligenciam a todo momento, um constrangido pela dificuldade de sua arte, outro arrastado pela harmonia da sua. É dessa consideração que se pode deduzir a lei geral da qual temos necessidade. Não será preciso tratar como sinônimos senão os termos que a Poesia toma por tais, a fim de minorar a confusão que se introduziria na língua pela indulgência que se tem face ao rigor das leis da versificação. Não será preciso tratar como sinônimos senão os termos que a arte oratória substitui indistintamente uns pelos outros, a fim de atenuar a confusão que se introduziria na língua pelo charme da harmonia oratória, que às vezes prefere e às vezes sacrifica a palavra apropriada, abandonando o julgamento do bom senso e da razão para submeter-se àquele do ouvido. Abandono que parece inicialmente a extravagância a mais notável, a mais contrária à exatidão e à verdade, mas que devém, quando sobre ele refletimos, o fundamento da fineza, do bom gosto, da melodia do estilo, de sua unidade e das outras qualidades da elocução, que sozinhas asseguram a imortalidade das produções literárias. O sacrifício da palavra própria se faz apenas nas ocasiões em que o espírito não está muito afastado pela expressão melodiosa, quando o entendimento o preenche; então o discurso se retifica, o período se conserva harmonioso; vejo a coisa como é; vejo mais, o caráter do autor, o valor que ele próprio atribuiu aos objetos com os quais me entretém, a paixão que o anima; o espetáculo se complica, se multiplica e, na mesma proporção, cresce em meu espírito o encantamento; o ouvido se contenta e a verdade não é ofendida. Se tais vantagens não puderem ser reunidas, o escritor harmonioso, se tem o sentido do justo e do gosto, jamais decidirá abandonar a palavra própria por seu sinônimo. Ele fortificará ou debilitará a melodia com a ajuda de um corretivo; fará os tempos variarem, ou fará uma modificação para o ouvido por meio de qualquer outra sutileza. Independentemente da harmonia, é preciso ainda abandonar a palavra própria por outra todas as vezes que a primeira despertar ideias pequenas, baixas, obscenas, ou lembrar sensações desagradáveis. Mas em outras circunstâncias, dirão, não seria mais apropriado deixar ao leitor o cuidado de prover a palavra harmoniosa do que substituir a palavra própria? Não. Tendo-se a palavra apropriada, seria tão fácil ao ouvido escutar a palavra harmoniosa quanto, tendo-se a palavra harmoniosa, o espírito encontrar a palavra apropriada. É preciso, para que o efeito da música seja produzido, que a música seja ouvida: ela não se supõe; não é nada se o ouvido não for por ela afetado.

Recolheremos todas as expressões que nossos grandes poetas e nossos melhores oradores tenham utilizado e possam empregar indistintamente. É necessário, sobretudo, ter em vista a posteridade. É ainda uma medida invariável. É inútil nuançar as palavras que estivermos tentados a não confundir quando a língua estiver morta. Para além desse limite, a arte de fazer sinônimos torna-se um trabalho tão extenso quanto pueril. Queria que se prestassem duas outras atenções na distinção das palavras sinônimas. Uma, a de não se limitar apenas às ideias que se diferenciam, mas àquelas ainda que são comuns. O abade Girard sujeitou-se apenas à primeira parte dessa lei; no entanto, aquela que ele negligenciou não é menos essencial nem menos difícil de preencher. Outra, a de escolher seus exemplos de maneira que, explicando a diversidade das acepções, exponham-se ao mesmo tempo os usos do país, seus costumes, seu caráter, seus vícios e virtudes, suas principais transações, e que a memória de seus grandes homens, de suas desgraças e de suas prosperidades seja conservada. Não custará nada mais dar um sinônimo útil, sensato, instrutivo e virtuoso do que fazê-lo contrário à honestidade ou vazio de sentido.

Acrescentemos a essas observações um meio simples e razoável de abreviar a nomenclatura e de evitar as repetições. A Academia Francesa o havia utilizado na primeira edição de seu dicionário e não penso que ela tenha a ele renunciado em proveito de leitores limitados, se tivesse considerado o quanto é fácil ajudá-los. Esse meio de abreviar a nomenclatura não é o de distribuir em vários artigos separados o que deve naturalmente ser enfeixado em um só. É preciso que um dicionário contenha tantas vezes uma palavra quantas são as diferenças às vistas do espírito? A obra se tornará infinita e será, necessariamente, um caos de repetições. Não farei, pois, de *precipitável, precipitar, precipitante, precipitação* e *precipício*, e de toda outra expressão semelhante, senão um artigo ao qual reenviarei em todos os trechos em que a ordem alfabética me ofereça expressões ligadas a uma mesma ideia geral e comum. Quanto às diferenças, o substantivo designa a coisa ou a pessoa, a ação ou a sensação, a qualidade, o tempo ou o lugar; o particípio, a ação, considerada como possível, como presente ou como passada; o infinitivo, a ação relativa a um agente, a um lugar e a um tempo qualquer indeterminado. Multiplicar as definições segundo todas as faces não é definir os termos; é retornar sobre as mesmas noções a cada nova faceta que um termo apresenta. Não é evidente que o que convém a uma expressão, considerada uma vez sob esses diferentes pontos de vista, convém a todas aquelas que admitirão na língua a mesma variedade? Observarei que, para a perfeição de um idioma, seria desejável que os termos tivessem ali toda a variedade das quais são eles suscetíveis. Digo *das quais são eles suscetíveis* porque há verbos, tais como os neutros, que excluem certas nuanças: assim, *ir* não pode ter o adjetivo *irável*[73]. Mas quantos outros não são assim e sua produção se limita sem motivo, apesar da necessidade diária e das dificuldades de uma penúria que se faz particularmente sentir em escritores exatos e lacônicos? Nós dizemos *acusador, acusar, acusação, acusante, acusado*, mas não dizemos *acusável*[74], embora *inescusável* seja de uso. Quantos adjetivos não se encaminham para o substantivo, e quantos substantivos não se encaminham para o adjetivo? Eis uma fonte fecunda de onde muita riqueza ainda resta a extrair. Seria bom reparar em cada expressão as gradações que lhe faltam, a fim de que ousemos suplementá-las ainda na atualidade; ou [então] por medo de que, induzidos depois pela analogia, não saibamos vê-las como maneiras de dizer que estão em uso neste bom século.

73. No original: *aller ne peut avoir l'adjectif allable*. Vê-se que, ao menos formalmente, é possível construir as palavras, tanto em francês quanto em português. Ou seja, a estrutura da língua o permitiria, teoricamente. No entanto, em ambas as línguas o uso dessas construções não se consagrou.

74. No original, *accusable*, forma não existente em francês, mas usada em português.

Eis o que tinha a expor sobre a língua. Por mais que esse objeto tenha sido negligenciado em nossa obra, mais importante o era, relativamente à finalidade de uma Enciclopédia; mais convinha tratá-lo aqui de maneira extensa, não fosse, como dissemos, senão para indicar os meios de reparar o erro cometido. Não falei da sintaxe nem de outras partes rudimentares; aquele que delas se encarregou nada deixou a desejar a respeito; e nosso dicionário está completo desse lado.

Mas após ter tratado da língua, ou do meio de transmitir os conhecimentos, procuremos o melhor encadeamento que se possa dar.

Há, primeiramente, uma ordem geral, aquela que distingue este dicionário de toda outra em que as matérias estão, de modo parecido, submetidas à ordem alfabética; ordem que fê-la chamar-se Enciclopédia. Só diremos uma coisa desse encadeamento, considerado em relação a toda a matéria enciclopédica: é não ser possível ao arquiteto de gênio mais fecundo introduzir mais variedade na construção de um grande edifício, na decoração de suas fachadas, na combinação de suas ordens, em uma palavra, em todas as partes de sua distribuição do que aquela que a ordem enciclopédica admite. Ela pode ser formulada seja relacionando nossos diferentes conhecimentos às diversas faculdades de nossa alma (é o sistema que seguimos), seja os relacionando aos seres que têm por objeto; e esse objeto é de pura curiosidade, de luxo ou de necessidade. Pode-se dividir a ciência geral em ciência das coisas e em ciência dos signos, ou em ciência dos concretos e ciência dos abstratos. As duas causas mais gerais, a Arte e a Natureza, também proporcionam uma bela e grande distribuição. Encontrar-se-ão outras na distinção do físico e do moral, do existente e do possível, do material e do espiritual, do real e do inteligível. Tudo o que sabemos não decorre do uso de nossos sentidos ou de nossa razão? Não é o conhecimento ou natural ou revelado? Não são palavras, coisas ou fatos? Portanto, é impossível banir o arbitrário dessa primeira grande distribuição. O universo não nos oferece senão seres particulares, infinitos em número e quase sem nenhuma divisão fixa e determinada; não há nenhum que se possa chamar de primeiro ou de último; tudo se encadeia e se sucede por nuanças insensíveis e, se através dessa uniforme imensidão de objetos alguns deles são visíveis como pontas de rochedos, parecendo furar a superfície e a dominar, eles só devem essa prerrogativa a sistemas particulares, a convenções vagas, a certos acontecimentos estranhos, e não ao arranjo físico dos seres e à intenção da natureza.

Em geral, a descrição de uma máquina pode ser iniciada por qualquer parte. Quanto maior e mais complicada for a máquina, mais haverá ligações entre suas partes, menos se conhecerão esses elos e haverá mais planos de descrição. Como será pois se a máquina for infinita em todos os sentidos, se se tratar do universo real e do universo inteligível, ou de uma obra que seja como a impressão de ambos? Seja real o universo, seja inteligível, tem ele uma infinidade de pontos de vista sob os quais pode ser representado, e o número dos sistemas possíveis do conhecimento humano é tão grande quanto aquele dos pontos de vista. O único do qual o arbitrário está excluído é, como dissemos no *Prospecto*, o sistema que existe desde toda a eternidade na vontade de Deus. E aquele que se alojaria neste primeiro ser eterno, como em todos os seres que no correr do tempo emanariam de seu seio, se pareceria com a hipótese astronômica pela qual o filósofo se transporta idealmente ao centro do sol para ali avaliar os fenômenos dos corpos celestes que o rodeiam. Disposição que tem simplicidade e grandeza, mas na qual se poderia reprochar um defeito importante em uma obra composta por filósofos e destinada a todos os homens e a todos os tempos: o defeito de estar ligada muito estreitamente à nossa teologia, ciência sublime, útil sem dúvida pelos conhecimentos que o cristão recebe, e, no entanto, mais útil ainda pelos sacrifícios que exige e pelas recompensas que promete.

Quanto a esse sistema geral, em que o arbitrário seria excluído, e que jamais alcançaremos, não seria talvez mais vantajoso tê-lo? Pois que diferença haveria entre a leitura de uma obra onde todos os recursos do universo estariam desenvolvidos e o próprio estudo do universo? Quase nenhuma: não seríamos capazes de entender senão uma certa porção desse livro. E por pouco que a impaciência e a curiosidade que nos dominam, interrompendo tão comumente o curso de nossas observações, provocassem a desordem em nossas leituras, nossos conhecimentos tornar-se-iam tão isolados quanto o são. Perdendo a corrente das induções, e deixando de perceber as ligações anteriores e subsequentes, logo teríamos os mesmos vazios e as mesmas incertezas. Nós nos ocupamos agora, contemplando a natureza, de preencher os vazios; nós nos ocuparíamos de preenchê-los meditando sobre um volume imenso que, não sendo mais perfeito a nossos olhos do que o universo, não estaria menos exposto à temeridade de nossas dúvidas e objeções.

Considerando-se que a perfeição absoluta de um plano universal não remediaria a fraqueza de nosso entendimento, apeguemo-nos ao que convém à nossa condição de homem e contentemo-nos em retornar a alguma noção bem geral. Quanto mais o ponto de vista de onde considerarmos os objetos for elevado, mais ele nos descobrirá em extensão e mais a ordem que seguiremos será grande e instrutiva. É preciso, por conseguinte, que ele seja simples, pois raramente há grandeza sem simplicidade; que ele seja claro e fácil; que não seja um labirinto tortuoso onde nos percamos, onde não percebamos nada além do ponto em que nos encontramos; e sim uma vasta avenida que se estenda ao longe e sobre cujo comprimento encontramos outras igualmente bem distribuídas que conduzam aos objetos solitários e afastados pelo caminho mais curto e fácil.

Uma consideração que não se deve sobretudo esquecer é que, se banirmos o homem ou o ser pensante e contemplador da superfície da Terra, esse espetáculo patético e sublime da natureza será apenas uma cena triste e muda. O universo se cala, o silêncio e a noite o invadem. Tudo se transforma em uma vasta solidão, onde os fenômenos inobservados ocorrem de uma maneira obscura e surda. É a presença do homem que torna a existência dos seres interessante; e o que podemos nos propor de melhor na história desses entes do que submetermo-nos a essa consideração? Por que não introduziremos o homem em nossa obra, tal como está posto no universo? Por que não nos faremos o centro comum? Há no espaço infinito algum ponto de onde, com mais vantagem, possamos fazer partir as linhas imensas que nos propomos estender a todos os demais pontos? Que viva e doce reação não resultaria dos seres para os homens, e dos homens para os seres?

Eis o que nos determinou a procurar nas principais faculdades do homem a divisão geral à qual subordinamos nosso trabalho. Que se siga esse ou outro caminho que se prefira, desde que não se substitua o homem por um ser mudo, insensível e frio. O homem é o termo único de onde se deve partir e ao qual é preciso retornar se se quiser agradar, interessar, tocar até mesmo nas considerações as mais áridas e nos detalhes os mais secos. Abstração feita de minha existência e da felicidade de meus semelhantes, que me importa o resto da natureza?

Uma segunda ordem não menos essencial que a precedente é aquela que determina a extensão relativa das partes da obra. Confesso que aqui se apresenta uma dessas dificuldades impossível de vencer, quando se começa, e difícil de dominar em qualquer edição que se chegue. Como estabelecer uma justa proporção entre as diferentes partes de um todo tão grande? Se esse todo fosse a obra de um homem só, a tarefa não seria fácil; o que é, pois, essa tarefa, quando o todo é obra de uma sociedade numerosa? Comparando-se um dicionário universal e raciocinado do conhecimento a uma estátua colossal, não estamos em melhores condições, pois não sabemos nem como determinar a altura absoluta do colosso nem por quais ciências e artes seus diferentes membros devem ser representados. Que matéria servirá de módulo? Será a mais nobre, a mais útil, a mais importante ou a mais extensa? Preferir-se-á a moral às matemáticas, as matemáticas à teologia, a teologia à jurisprudência, a jurisprudência à história natural? Se nos ativermos a certas expressões genéricas, que ninguém entende da mesma maneira, embora todos as utilizem sem contradição, pois jamais nos explicamos, e se pedirmos a cada um elementos ou um tratado completo e geral, não tardaremos a perceber o quanto essa medida nominal é vaga e indeterminada. E aquele que acreditar tomar precauções com seus diferentes colegas, tais como se os materiais que lhe serão remetidos convirão mais ou menos com seu plano, é um homem sem qualquer ideia de seu objeto ou dos colegas com quem se associa. Cada um possui sua maneira de sentir e de ver. Lembro-me de que um artista, a quem acreditava ter exposto muito exatamente o que devia fazer para sua arte, trouxe-me, de acordo com meu discurso, aquilo que pretendia na maneira de revestir com papel. O que exigia, mais ou menos, uma folha escrita e meia prancha de desenho, converteu-se em dez ou doze pranchas enormemente carregadas de figuras e três cadernos espessos, in-fólio, com letras bem pequenas, preenchendo um ou dois volumes com escrita em doze[75]. Um outro, ao contrário, a quem havia prescrito exatamente as mesmas regras que ao primeiro, trouxe-me, a respeito de uma das maiores manufaturas, dada a diversidade das obras que ali se fabricam, dos materiais que emprega, das máquinas de que se serve e das operações manuais praticadas, um pequeno catálogo de palavras sem definição, sem explicação, sem figura, assegurando-me bem firmemente que sua arte nada mais satisfazia: supunha que o restante ou não era ignorado, ou não poderia ser escrito. Havíamos esperado de um de nossos *amadores* mais louvados o artigo Composição em Pintura (o senhor Watelet ainda não nos tinha oferecido a sua ajuda). Recebemos do *amador* duas linhas de definição, sem rigor, sem estilo e sem ideias, com a humilhante confissão de que *não sabia mais a respeito*. E fui obrigado a fazer o artigo, eu que não sou nem *amador*

75. Tamanho de letra ou medida tipográfica para impressão.

nem pintor. Tais fenômenos não me assombraram. Vivo também com pouca surpresa a mesma diversidade entre os sábios e pessoas de letras. A prova existe em passagens desta obra. Aqui nos encontramos inchados, com um volume exorbitante; ali magros, pequenos, mesquinhos, secos, descarnados. Em um lugar, parecemos esqueletos; em outro, com um ar hidrópico; somos alternativamente anões e gigantes, colossos e pigmeus; retos, bem feitos e proporcionados; corcundas, capengas e contrafeitos. Acrescentai a todas essas bizarrices a de um discurso por vezes abstrato, obscuro e rebuscado, mais frequentemente negligenciado, arrastado e vago; e ireis comparar toda a obra ao monstro da arte poética, ou mesmo a qualquer coisa de mais repugnante. Mas tais defeitos são inseparáveis de uma primeira tentativa, sendo-me evidentemente demonstrado que só pertencem aos tempos e aos séculos seguintes corrigi-los. Se nossos descendentes se ocuparem da *Enciclopédia* sem interrupção, poderão conduzir o ordenamento desses materiais a um maior grau de perfeição. Mas, na ausência de uma medida comum e constante, não há meio-termo; é preciso admitir, sem exceção, tudo o que uma ciência compreende, abandonar cada matéria a si mesma e não lhe prescrever outros limites do que aqueles de seu objeto. Estando então cada coisa, tal como é, na *Enciclopédia*, ela terá sua verdadeira proporção, sobretudo quando o tempo tiver comprimido os conhecimentos e reduzido cada assunto à sua justa extensão. Se houver um grande número de edições sucessivamente aperfeiçoadas, e alguma matéria importante permaneça no mesmo estado, como, entre nós, poderia facilmente acontecer à mineralogia e à metalurgia, não seria por culpa da obra, mas pela do gênero humano, em geral, ou do país, em particular, cujos olhares não se teriam ainda voltado para tais objetos.

Faço amiúde um comentário: a de que a emulação que se acende necessariamente entre colegas produz dissertações, em lugar de artigos. Toda a arte dos reenvios não pode então aliviar a difusão e, em vez de se ler um artigo de enciclopédia, encontramo-nos arrastados a uma memória acadêmica. Tal defeito diminuirá na medida que as edições se multiplicarem; os conhecimentos necessariamente se relacionarão, e o tom enfático e oratório se enfraquecerá. Algumas descobertas devindas mais comuns e menos interessantes ocuparão menos espaço. Não haverá senão matérias novas, as descobertas do dia que terão aumentado. É uma espécie de condescendência que se terá em todos os tempos pelo objeto, pelo autor, pelo público. Passado o momento, o artigo sofrerá a circuncisão, como os outros. Mas, em geral, as invenções e as novas ideias introduzem uma desproporção necessária; e sendo a primeira edição aquela que contém mais coisas, senão recentemente inventadas, ao menos pouco conhecidas, é evidente, por tal razão e outras que a precedem, que é a edição onde mais reina a desordem. Mas, inversamente, mostrará, por suas irregularidades, um ar original que dificilmente passará para edições seguintes.

Por que a ordem enciclopédica é tão perfeita e regular no autor inglês?[76] É que, limitando-se a compilar nos dicionários e a analisar um pequeno número de obras, sem nada inventar e mantendo-se rigorosamente adstrito às coisas conhecidas, tudo lhe sendo igualmente interessante ou indiferente, não fazendo distinção de qualquer matéria ou de um momento favorável ou desfavorável para trabalhar, exceto o de uma dor de cabeça ou de *spleen*, era um trabalhador que arava na superfície, mas de modo igual e reto. Assim não acontece com nossa obra. Temos nossas pretensões. Queremos possuir partes das máquinas. Talvez seja mesmo minha vaidade nesse momento. O exemplo de algo arrasta consigo outro. Os editores se queixam, mas inutilmente. Nós nos precavemos de seus próprios erros contra eles mesmos, e tudo se passa em excesso. Os artigos de Chambers são muito regularmente distribuídos, mas são vazios. Os nossos são plenos,

76. Diderot refere-se a Ephraim Chambers, que, em 1728, publicou em Londres a sua *Cyclopaedia; or an Universal Dictionary of Art and Sciences*, em dois volumes, e cuja tradução para o francês ensejou a ideia da *Enciclopédia*.

mas irregulares. Se Chambers houvesse preenchido os seus, não duvido que sua organização teria sofrido com isso.

Uma terceira ordem é aquela que expõe a distribuição particular de cada parte. Será a primeira parcela que se exigirá de um colega. Essa ordem não me parece inteiramente abstrata, pois não é a mesma coisa uma ciência e o universo. O universo é a obra infinita de um Deus. Uma ciência é a obra finita do entendimento humano. Existem princípios primeiros, noções gerais, axiomas dados. Eis as raízes de uma árvore. É preciso que essa árvore se ramifique ao máximo possível, que parta do objeto geral como de um tronco; que se eleve inicialmente aos grandes ramos ou primeiras divisões; que passe dessas ramificações matrizes aos ramos menores e assim por diante, até estender-se aos termos particulares que serão como as folhas e folhagens da árvore. E por que tais detalhes seriam impossíveis? Não possui cada palavra o seu lugar ou, se se pode assim exprimir-se, seu pedúnculo e sua inserção? Todas essas árvores particulares serão cuidadosamente recolhidas, e para apresentar as mesmas ideias sob a imagem mais exata, a ordem enciclopédica geral será como um mapa-múndi, onde apenas se encontrarão as grandes regiões; as ordens particulares serão como mapas particulares de reinos, de províncias, de regiões; o dicionário, como a história geográfica e detalhada de todos os lugares, a topologia geral e raciocinada do que conhecemos nos mundos inteligível e visível. E os reenvios servirão de itinerários de ambos os mundos, em que o visível pode ser visto como o Antigo, e o inteligível, como o Novo. Há uma quarta ordem, menos geral do que qualquer das precedentes, aquela que distribui convenientemente vários artigos diferentes compreendidos por uma só denominação. Parece aqui ser necessário sujeitar-se à geração das ideias, à analogia das matérias, a seu encadeamento natural, de passar do simples ao figurado etc. Existem termos solitários que são próprios de uma só ciência e que não devem oferecer qualquer cuidado atencioso. Quanto àqueles cuja acepção varia, e que pertencem a várias ciências e artes, é preciso formar com eles um pequeno sistema cujo objetivo principal seja suavizar e atenuar, o quanto se possa, a bizarrice dos disparates. É preciso com eles compor o todo menos irregular e menos descosido, e deixar-se conduzir às vezes pelos vínculos, quando houver sinais deles, e às vezes pela importância das matérias; e, na falta de vínculos, por aspectos originais que aparecerão cada vez com mais frequência aos editores, quanto mais tenham gênio, imaginação e conhecimentos. Há matérias que não se separam, tais como a história sagrada e a história profana; a teologia e a mitologia; a história natural, a física, a química e algumas artes. A ciência etimológica e o conhecimento histórico dos seres e dos nomes fornecerão também um grande número de visões diferentes que se poderá acompanhar sem medo de ser confuso, obscuro ou ridículo.

Em meio a esses diferentes artigos de mesma denominação a serem distribuídos, o editor se comportará como se fosse o autor; seguirá a ordem que teria seguido se houvesse considerado a palavra sob todas as suas acepções. Aqui não há uma lei geral a prescrever; poder-se-ia conhecer uma, a de menor inconveniente a seguir, e que seria o tédio da uniformidade. A ordem enciclopédica geral lançaria de tempos em tempos arranjos bizarros. A ordem alfabética daria a todo momento contrastes burlescos; um artigo de teologia encontrar-se-ia relegado em meio às artes mecânicas. O que se observará comumente e sem dificuldade é começar pela acepção simples, gramatical; traçar, sob a acepção gramatical, um pequeno quadro reduzido de todo o artigo; apresentar com exemplos tantas frases diferentes quantas forem as diferentes acepções; organizar as frases entre si da mesma forma como as diferentes acepções da palavra devem estar ordenadas no resto do artigo; a cada frase ou exemplo, reenviar à acepção particular da qual se trata. Então, ver-se-á quase sempre a lógica suceder à gramática, a metafísica à lógica, a teologia à metafísica, a moral à teologia, a jurisprudência à moral etc. Apesar da diversidade das acepções, cada artigo assim tratado formará um conjunto e, apesar dessa unidade comum a todos os artigos, não haverá nem muita uniformidade nem monotonia. Insisto sobre a liberdade e a variedade dessa distribuição, pois ela é, ao mesmo tempo, cômoda, útil e razoável. A formação de uma enciclopédia é semelhante à de uma grande cidade. Não seria necessário se construírem todas as casas sobre um mesmo modelo após se ter encontrado um modelo geral, belo em si mesmo, e conveniente a todos os terrenos. A uniformidade dos edifícios, arrastando consigo a uniformidade das vias públicas, espalharia por toda a cidade um aspecto triste e cansativo. Aqueles que andam não resistem ao tédio de um muro longo ou mesmo de uma longa floresta que inicialmente os encantou.

Um bom espírito (e se deve supor ao menos essa qualidade num editor) saberá colocar cada coisa em seu lugar; não há porque temer que estabeleça pouquíssima ordem em suas ideias, ou que tenha no espírito pouquíssimo gosto para entremesclar acepções disparatadas sem necessidade. Mas seria também injustiça acusá-lo de uma bizarrice que seria apenas a consequência da diversidade das matérias, das imperfeições da língua e do abuso das metáforas, que levam uma mesma palavra da loja de um artesão para os bancos da Sorbonne, e que reúnem as coisas mais heterogêneas sob a mesma denominação.

Mas qualquer que seja o objeto de que se trate, é preciso expor o gênero ao qual ele pertence; sua diferença específica ou a qualidade que o distingue, se houver uma; ou antes, a reunião daquelas que a constituem (pois que resulta dessa reunião uma diferença necessária, sem a qual dois ou mais seres físicos, sendo absolutamente os mesmos para o julgamento de todos os nossos sentidos, não serão distinguidos); suas causas, quando conhecidas; o que se sabe de seus efeitos; suas qualidades ativas e passivas; seu objeto; sua finalidade; seus usos; as singularidades que nele se observem; sua geração; seu crescimento; suas vicissitudes; suas dimensões; seu perecimento. De onde se segue que um mesmo objeto, considerado sob tantas faces, deve com frequência pertencer a várias ciências, e que uma palavra tomada sob uma só acepção fornecerá vários artigos diferentes. Se se trata, por exemplo, de alguma substância mineral, comumente é o gramático ou o naturalista que dele [o objeto] se mune. Ele o transmite ao físico, este ao químico, o químico ao farmacêutico, o farmacêutico ao médico, ao cozinheiro, ao pintor, ao tintureiro etc.

De onde nasce uma quinta ordem, que será tanto mais fácil instituir quanto mais os colaboradores se mantiverem mais rigorosamente nos limites de suas partes, e tenham bem apreendido o ponto de vista sob o qual deviam considerar o objeto do qual se trata. Uma enumeração metódica e raciocinada das qualidades determinará essa quinta e última ordem, que também será suscetível de uma grande variedade. A sequência dos procedimentos, pelos quais se faz passar uma substância, conforme o uso para o qual se destina, sugerirá o lugar que cada noção deve ocupar. De resto, penso ser necessário deixar os colaboradores se explicarem separadamente. O trabalho dos editores seria infinito se tivessem que fundir todos os artigos em um só; aliás, convém reservar a cada um a honra de seu trabalho, e ao leitor a comodidade de só consultar o lugar de um artigo do qual tem necessidade.

A maior exigência cabe ao método, qualquer que seja ele. Não queria que houvesse um só artigo capital sem divisão e subdivisão. É a ordem que ajuda a memória. Mas é difícil um autor ter essa atenção para com o leitor, sem que ela não seja torneada em seu proveito próprio. Não é senão meditando profundamente sobre a matéria que se encontra uma distribuição geral. Quase sempre, é a última ideia importante que se encontra. É um pensamento único que se desenvolve, se estende e ramifica, nutrindo-se de todos os demais que dele se aproximam como que por si mesmos. Aqueles que se recusam a essa espécie de atração estão muito afastados de sua esfera ou possuem algum outro defeito mais considerável. Num caso e noutro, é apropriado rejeitá-los. Além disso, um dicionário é feito para ser consultado, e o ponto essencial é que o leitor retome claramente em sua memória o resultado de sua leitura. Um andamento ao qual seria preciso submeter-se algumas vezes, pois que ele bem representa o método de invenção, é o de partir dos fenômenos individuais e particulares para elevar-se a conhecimentos mais extensos e menos específicos, até chegar-se à ciência dos axiomas ou daquelas proposições que, por sua simplicidade, universalidade e evidência, tornam-se indemonstráveis. Pois em qualquer matéria, só se percorreu todo o espaço que se tinha a percorrer quando se chegou a um princípio que não se pode provar nem definir, esclarecer, toldar ou negar, sem perder uma parte da luz que nos iluminava, e dar um passo em direção a trevas que acabarão por ser muito profundas se não se puser algum limite à argumentação.

Se penso haver um ponto além do qual é perigoso levar a argumentação, penso também que não se deva parar a não ser quando se está bem certo de tê-lo alcançado. Toda ciência, toda arte, tem sua metafísica. Essa parte é sempre abstrata, elevada e difícil. No entanto, deve ser a principal de um dicionário filosófico; e se pode dizer que por mais que falte prepará-la, há fenômenos inexplicáveis, e reciprocamente. Então, o homem de letras, o sábio e o artista caminham nas trevas; se fazem alguns progressos, eles são devidos ao acaso; chegam como um viajante perdido que segue a boa via sem o saber. É, pois, de extrema importância expor a metafísica das coisas, ou seja, suas razões primeiras e gerais; o resto se tornará mais luminoso e mais seguro para o espírito. Todos esses pretensos mistérios, tão censurados em algumas ciências, e tão alegados por outras para dissimular os seus, desaparecem como fantasmas da noite à chegada do dia. A arte, esclarecida desde o primeiro passo, avançará com segurança, rapidamente, e sempre pelo caminho mais curto. É indispensável, pois, prover as razões das coisas, quando elas existem; assinalar as causas, quando as conhecemos; indicar os efeitos, quando são certos; desatar os nós por uma aplicação direta dos princípios; demonstrar as verdades; desvelar os erros; desacreditar diretamente os preconceitos; ensinar os homens a duvidar e a preparar-se; dissipar a ignorância; apreciar o valor dos conhecimentos; distinguir o verdadeiro do falso, o verdadeiro do verossímil, o verossímil do maravilhoso e do incrível, os fenômenos comuns dos extraordinários, os fatos evidentes dos duvidosos, estes aqui dos absurdos e contrários à ordem da natureza; conhecer o curso geral dos acontecimentos e tomar cada coisa pelo que é, inspirando, consequentemente, o gosto pela ciência, o horror pela mentira e o vício, o amor pela virtude. Pois tudo aquilo que não tem a felicidade e a virtude por fim nada é.

Não posso tolerar que nos apoiemos na celebridade dos autores em questões de raciocínio; e o que importa à verdade que procuremos o nome de um homem que não é infalível? Sobretudo, nada de versos; têm um ar débil e mesquinho no correr de uma discussão filosófica. É preciso remeter esses ornamentos ligeiros aos artigos de literatura; é ali que posso aprová-los, desde que ali tenham sido incluídos pelo gosto, que sirvam de exemplo e que arranquem com força o defeito que se censura, ou que deem brilho à beleza que se recomenda.

Nos tratados científicos, é o encadeamento das ideias ou dos fenômenos que dirige a marcha; à medida que se avança, a matéria se desenvolve, seja generalizando-se, seja particularizando-se, conforme o método preferido. O mesmo será em relação à forma geral de um artigo particular da *Enciclopédia*, com essa diferença de que o dicionário ou a coordenação dos artigos terá vantagens que não se poderiam conseguir em um tratado científico senão às expensas de alguma qualidade; e nessas vantagens, ela será devedora das remissões, parte da ordem enciclopédica a mais importante.

Distingo duas sortes de remissões: uma das coisas, outra das palavras. Os reenvios das coisas esclarecem o objeto, indicam suas ligações próximas com aqueles que lhe dizem respeito mais imediatamente, e as ligações afastadas com outros que se julgariam isolados; relembram as noções comuns e os princípios análogos; fortificam as consequências; entrelaçam o ramo ao tronco e dão ao todo essa unidade tão favorável ao estabelecimento da verdade e à persuasão. Mas quando for necessário, produzirão também um efeito contrário: oporão noções, farão contrastar os princípios; poderão atacar, abalar, destruir secretamente algumas opiniões ridículas que não se ousaria insultar abertamente. Se o autor for imparcial, eles terão sempre a dupla função de confirmar e refutar; de perturbar e de conciliar.

Haveria uma grande arte e uma vantagem infinita nesses últimos reenvios. Toda a obra receberia uma força interna e uma utilidade secreta cujos efeitos surdos seriam necessariamente sensíveis com o tempo. Por exemplo, todas as vezes que um preconceito nacional merecesse respeito, seria preciso, em seu artigo particular, expô-lo respeitosamente, com todo o seu cortejo de verossimilhança e de sedução; mas pôr abaixo o edifício de ignomínia, dissipar um amontoado vão de poeira, remetendo aos artigos em que os princípios sólidos servem de base às verdades opostas. Essa maneira de desenganar os homens opera muito prontamente sobre os bons espíritos, e opera infalivelmente, sem qualquer consequência deplorável, secretamente e sem ruído, sobre todos os espíritos. É a arte de deduzir tacitamente as consequências mais fortes. Se esses reenvios de confirmação e de refutação estiverem previstos com antecedência e preparados com habilidade, darão à *Enciclopédia* o caráter de um bom dicionário; esse caráter é o de mudar a maneira comum de pensar. Consinto que a obra que produzirá esse grande efeito geral terá defeitos de execução. A obra que não produzir nada de parecido será má. Algum bem que se possa dizer além: que o elogio passará e a obra cairá no esquecimento.

As remissões das palavras são muito úteis. Cada ciência, cada arte tem a sua língua. Onde se estaria se em todas as vezes que se emprega um termo de arte fosse preciso, em favor da clareza, repetir sua definição? Quantas seriam as repetições? E se pode desconfiar se tantas digressões e parênteses, tantas extensões, não o tornam obscuro. É comum ser-se difuso e obscuro, tanto quanto obscuro e concentrado. E se algum é por vezes cansativo, outro é sempre tedioso. É preciso somente, ao se fazer uso de tais palavras e não explicá-las, ter a mais escrupulosa atenção de remeter aos lugares devidos, e aos quais só se seria conduzido pela analogia, espécie de fio que não está nas mãos de todos. Em um dicionário universal das ciências e das artes pode-se ser impelido, em diversas circunstâncias, a reclamar um juízo, uma agudeza de espírito, uma sagacidade; mas não há nenhum no qual se tenham reclamado conhecimentos. Que um homem pouco inteligente se lamente, se quiser, ou da ingratidão da natureza ou da dificuldade da matéria, mas não do autor, se nada lhe falta para entender, nem do lado das coisas nem do lado das palavras.

Há uma terceira sorte de remissões à qual não se deve nem abandonar nem recusar inteiramente: são aquelas que, aproximando nas ciências certas relações, nas substâncias naturais as qualidades análogas e nas artes os procedimentos semelhantes, conduziriam a novas verdades especulativas, à perfeição das artes conhecidas, à invenção de novas ou à restituição de antigas habilidades perdidas. Essas remissões são obra de um homem de gênio. Feliz aquele que se encontra em condições de percebê-las. Ele tem esse espírito de combinação, esse instinto que defini em alguns de meus *pensamentos sobre a interpretação da natureza*[77]. Mas vale ainda mais arriscar conjecturas quiméricas do que deixar perder as úteis. O que me encoraja a propor as que se seguem.

Não se poderia entrever na inclinação e na declinação da agulha imantada que sua extremidade descreve, com um movimento composto, uma pequena elipse semelhante àquela que descreve a extremidade do eixo da Terra?

No caso bastante raro em que a natureza nos oferece fenômenos isolados que sejam permanentes, tais como os anéis de Saturno, não se poderia fazer este aqui entrar na lei geral e comum, considerando esse anel não como um corpo contínuo, mas como um certo número de satélites movidos sobre um mesmo plano,

77. Obra de Diderot que, em 1753, apareceu com o título *Da Interpretação da Natureza*, sem indicação de lugar. A segunda edição, de 1754, veio com o título de *Pensamentos sobre a Interpretação da Natureza*.

com uma velocidade capaz de perpertuar a nossos olhos uma sensação não interrompida de sombra ou de luz? Cabe ao meu colega, senhor D'Alembert, apreciar essas conjecturas.

Ou, para vir a objetos mais próximos de nós e de uma utilidade mais certa: por que não se executariam figuras de plantas, de pássaros, de homens e de animais, em uma palavra, quadros, sobre a profissão dos trabalhadores da seda, na qual já se executam flores e folhas tão perfeitamente nuançadas?

Que impossibilidade haveria de preencher nesses mesmos ofícios os fundos das tapeçarias de lã que se fazem com agulha, deixando apenas os lugares do desenho para os matizes, vazios e prontos para serem acabados à mão, seja com lã, seja com seda? O que daria ao ofício velocidade de execução nesses tipos de trabalhos, aquela que se tem na máquina de meias para a operação de malhas. Convido os artistas a meditarem sobre isso.

Não se poderia estender a arte de imprimir com caracteres perfurados à impressão ou à cópia da música? Ter-se-ia um papel regrado. As pautas desse papel também seriam traçadas sobre as pequenas lâminas dos caracteres. Com a ajuda dos riscos e das próprias perfurações dos caracteres, seriam facilmente enfileiradas. As barras que separam os compassos, as que ligam as notas e todos os demais signos da música estariam entre os caracteres. Dar-se-iam às lâminas as larguras que seriam, entre elas, como os valores das notas; por conseguinte, as notas ocupariam uma distância de espaços proporcionais a seus valores, e os compassos se corresponderiam rigorosamente entre si, em diferentes distâncias, sem requerer a menor atenção da parte do músico. Isto feito, se teria um chassi que conteria cada uma das distâncias e que seria aplicada sucessivamente sobre tantos papéis diferentes quantos se queira, o que daria a mesma quantidade de cópias de um mesmo pedaço. A única dificuldade que se teria seria a de levantar e baixar, com um pequeno instrumento, as pequenas lâminas móveis, umas entre as outras, nos lugares onde elas não se correspondessem tão exatamente quanto preciso, seja nas linhas, seja nas entrelinhas. Deixo o julgamento dessa ideia a meu amigo, o senhor Rousseau.

Enfim, uma última espécie de remissão que pode ser ou de palavra ou de coisa é aquela que chamaria de bom grado satírica ou epigramática. Assim é, por exemplo, aquela que se acha em um de nossos artigos, onde, após um elogio pomposo, lê-se "ver *capuz*"[78]. A burlesca palavra *capuz*, e o que se encontra no artigo *capuz* poderia fazer suspeitar que o elogio pomposo é apenas uma ironia, e que se deve ler o artigo com precaução, pesando todos os termos.

Eu não queria suprimir inteiramente todos os reenvios, pois eles têm algumas vezes sua utilidade. Pode-se dirigi-los secretamente contra certos ridículos, como as remissões filosóficas contras certos preconceitos. É por vezes um meio delicado e ligeiro de repelir uma injúria, sem quase se pôr na defensiva, e arrancar a máscara de graves personagens *qui curios simulant et bacchanalia vivunt*[79]. Mas não gosto de sua frequência; esse mesmo que citei não me agrada. Frequentes alusões dessa natureza cobririam de trevas uma obra. A posteridade, que ignora pequenas circunstâncias que não mereceriam lhe ser transmitidas, não percebe mais a fineza do propósito e olha tais palavras, que nos divertem, como puerilidades. Em lugar de compor um dicionário sério e filosófico, cai-se na pasquinada. Tudo bem considerado, preferiria que se dissesse a verdade, sem rodeios, e que, se por sorte ou azar, tivéssemos que fazê-lo para homens de reputação perdida, sem conhecimentos e bons costumes, e cujos nomes quase se tornaram um termo desonesto, nos absteríamos de nomeá-los por pudor ou caridade, ou cairíamos sobre eles sem complacência, suscitando a vergonha mais ignominiosa de seus vícios, chamando-os a seu estado

78. Trata-se do artigo sobre os franciscanos, ali bastante elogiados.

79. "Que se fazem de Curios e cuja vida é uma bacanal", versos de Juvenal, *Sátiras*, II. Quanto ao nome Curius, diz respeito ao general romano Manius Curius, exemplo de temperança e austeridade.

e deveres por traços ofensivos e perseguindo-os com a amargura de Persius[80] ou com o fel de Juvenal ou de Buchanan[81].

Sei o que se diz das obras nas quais os autores se abandonaram inteiramente às suas indignações: "Isso é horrível! Não se tratam as pessoas com essa dureza! São injúrias grosseiras que não podem ser lidas" e outros discursos similares que se conservaram em todos os tempos e em todas as obras nas quais o ridículo e a maldade foram pintados com mais força, e que hoje lemos com o maior prazer. Expliquemos essa contradição de nossos julgamentos. No momento em que essas produções poderosas foram publicadas, todos os maus temeram por si: quanto mais um homem tinha vícios, mais alto se lamentava. Objetava ao satírico a idade, a posição social, a dignidade da pessoa e uma infinidade dessas pequenas considerações passageiras que se debilitam dia a dia e que desaparecem antes do fim do século. Crê-se que no tempo em que Juvenal abandonava Messalina aos carregadores de Roma e Persius tomava um valete e o transformava em grave personagem, em magistrado respeitável, as pessoas da magistratura e as mulheres galantes não se indignaram, não disseram ser esses traços de uma indecência horrível e castigável? Se nisso não se crê, se engana. Mas as circunstâncias momentâneas são esquecidas: a posteridade não vê senão a loucura, o ridículo, o vício ou a maldade cobertos de ignomínia, e com ela se regozija como de um ato de justiça. Aquele que acusa o vício ligeiramente não me parece bastante amigo da virtude. Mais indignado se fica com a injustiça quanto mais afastado se está de cometê-la. E é uma fraqueza repreensível aquela que nos impede de mostrar à maldade, à baixeza, à inveja, à hipocrisia essa aversão vigorosa e profunda que todo homem honesto deve sentir.

80. Aulus Persius Flaccus, poeta latino do I século (34-62), autor de sátiras nas quais se revela sua tendência estoica, extremamente culto, mas de difícil leitura.

81. George Buchanan (1506-1582), poeta, tradutor, gramático e historiador escocês.

Qualquer que seja a natureza da remissão, não se poderá multiplicá-las em demasia. No entanto, valeria mais a pena tê-las em excesso do que omitidas. Um dos efeitos mais imediatos e a vantagem mais importante na multiplicidade das remissões será, primeiramente, aperfeiçoar a nomenclatura. Um artigo essencial tem relação com tantos artigos diferentes que seria impossível que qualquer um dos colaboradores não tivesse feito ali uma remissão. De onde se segue que não pode ser esquecida, pois tal palavra, que só é acessória em uma matéria, é a palavra importante em outra. Mas se trata tanto de coisas como de palavras. Um colaborador faz menção a um fenômeno e reenvia ao artigo particular do fenômeno; o outro, a uma qualidade e reenvia ao artigo da substância; este aqui a um sistema, aquele a um procedimento, e cada um faz sua remissão ao lugar conveniente, não sobre o que ele contém, pois não lhe foi comunicado, mas sobre o que presume ali estar contido, para esclarecer e completar o artigo sobre o qual trabalha. Assim, a todo momento a gramática reenviará à dialética, a dialética à metafísica, a metafísica à teologia, a teologia à jurisprudência, a jurisprudência à história, a história à geografia e à cronologia, a cronologia à astronomia, a astronomia à geometria, a geometria à álgebra, a álgebra à aritmética etc. Uma precaução quanto a esta última consequência é a de ele não ter uma opinião muito boa de seu colega, crendo assim que nada terá omitido. Há muitas outras razões, que não a má-fé, seja para pular um artigo, seja para nele não tratar tudo o que é seu objeto, para que não se possa ser bastante escrupuloso para fazer a remissão.

Em segundo lugar, evitar as repetições. Todas as ciências se alastram umas para as outras: são ramos contínuos que partem de um mesmo tronco. Aquele que compõe uma obra não entra em seu assunto de maneira abrupta, não se fecha nele com rigor e dele não sai abruptamente. De um lado, vê-se compelido a antecipar-se sobre um terreno vizinho ao seu; suas consequências o levam, com frequência, a um terreno contíguo, do lado oposto; e quantas outras excursões necessárias não há no corpo de uma obra? Qual é a finalidade dos preâmbulos, das introduções, dos prefácios, dos exórdios, dos episódios, digressões e conclusões? Caso separássemos de um livro tudo o que está fora do assunto de que ele trata, o reduziríamos, quase sempre, à quarta parte de seu volume. O que faz o encadeamento enciclopédico? Essa severa circunscrição. Ela marca tão exatamente os limites de uma matéria que não resta num artigo senão o essencial. Uma só ideia nova engendra volumes sob a pena de um escritor; tais volumes se reduzem a algumas linhas sob a pena de um enciclopedista. Na enciclopédia se está sujeito, sem se perceber, àquilo que o método dos geômetras tem de mais estreito e preciso. Anda-se rapidamente. Uma página sempre apresenta outra coisa daquela que a precede ou a segue. A necessidade de uma proposição, de um fato, de um aforismo, de um fenômeno, de um sistema exige apenas uma citação, não mais do que em geometria. O geômetra remete um teorema ou problema a outro; o enciclopedista, de um artigo a outro. E é assim que dois gêneros de obras, que parecem de uma natureza muito diferente, vêm, por um meio idêntico, a formar um conjunto bastante enlaçado e contínuo. O que digo é de tal exatidão que o método pelo qual as matemáticas são tratadas em nosso dicionário é o mesmo que seguimos para os demais temas. Sob tal ponto de vista, não há qualquer diferença entre um artigo de álgebra e um de teologia.

Por meio da ordem enciclopédica, da universalidade dos conhecimentos e da frequência das remissões, os vínculos aumentam, as ligações se conduzem em todos os sentidos, a força da demonstração cresce, a nomenclatura se completa, os conhecimentos se aproximam e se fortificam; percebe-se ou a continuidade ou as falhas de nosso sistema, seus lados fracos, seus lugares fortes e, de um golpe de vista, quais são os objetos com os quais importa trabalhar para sua própria glória e a maior utilidade do gênero humano. Se nosso dicionário for bom, quantas obras melhores produzirá?

Mas como um editor verificará as remissões se não tem todo o manuscrito sob os olhos? Essa condição me parece de tal importância que diria daquele que imprimir a primeira folha de uma enciclopédia, sem a ter lido antes vinte vezes, que não percebe a extensão de sua atividade, que é indigno de dirigir uma empresa tão elevada; ou que subjugado, como o fomos, por acontecimentos que não se podem prever, encontrou-se inopinadamente nesse labirinto, estando, portanto, constrangido, pela honra, em dele sair o menos mal que possa.

Um editor jamais dará ao todo um certo grau de perfeição se não detiver as partes sucessivamente. Seria mais difícil julgar assim o conjunto de um dicionário universal do que a organização geral de uma arquitetura, da qual não se veriam as diferentes ordens senão separadamente, e umas após as outras. Como ele não omitiria as remissões? Como não lhe escapariam as inutilidades, as falsidades, os ridículos? Um autor reenvia como prova, ao menos é seu propósito, e ocorre que reenviou para uma objeção. O artigo que um outro terá citado ou não existirá, absolutamente, ou não conterá nada de análogo à matéria da qual se trata. Um outro inconveniente é faltar alguma porção do manuscrito porque o autor o compõe à medida que a obra se imprime; do que advirá que, abusando das remissões para conciliar seu lazer ou para atender à sua preguiça, a matéria será mal distribuída, os primeiros volumes estarão vazios, os últimos sobrecarregados e a ordem natural inteiramente pervertida. Mas há um mal pior a temer: é que esse trabalhador, sobrecarregado ao final por uma multidão prodigiosa de artigos remetidos de uma letra a outra, os estropie, ou mesmo não os escreva, mandando-os para outra edição. Ele hesitará tanto menos por esta última opção quanto mais a fortuna da obra for alcançada, ou então não se fará. Mas em que estranha complicação não se cairá se acontecer do amigo, que só anda em seu trabalho com o ritmo da impressão, morrer ou ser surpreendido por uma longa enfermidade! A experiência nos há infelizmente ensinado a desconfiar desses eventos, embora o público não os tenha ainda percebido.

Se o editor tiver todo o manuscrito em suas mãos, tomará uma parte e a seguirá em todas as suas ramificações. Ou ela conterá tudo o que é de seu objeto, ou estará incompleta; se estiver incompleta, é bem difícil que ele não seja informado das omissões pelos reenvios que serão feitos de outras partes para aquela que ele examina; assim como as remissões desta aqui para outras lhe indicarão o que consta nestas últimas, ou o que se deverá suprir. Se uma palavra estiver tão isolada, que não se faça menção em nenhuma parte, seja no discurso, seja na remissão, ouso assegurar que ela poderá ser omitida quase sem consequência. Mas pensa que haja muitas dessa natureza, mesmo entre as coisas individuais ou particulares? Seria preciso não ter qualquer lugar de importância nas ciências, qualquer espécie de utilidade, nenhuma utilização nas artes. Nem mesmo a castanheira da Índia, esta árvore tão fecunda em frutos inúteis, está nesse caso. Não há nada existente na natureza ou no entendimento, nada de prático ou de uso nos ateliês que não se prenda, por uma grande quantidade de fios, ao sistema geral do conhecimento humano. Sendo, ao contrário, a coisa omitida importante, para que a omissão não fosse percebida ou reparada seria preciso, ao menos, supor uma segunda omissão, que arrastaria uma terceira e assim por diante, até um ente isolado e posto nos últimos limites do sistema. Haveria uma ordem inteira de seres ou de noções suprimida, o que é metafisicamente impossível. Se restar um desses entes ou noções, seremos conduzidos dali, tanto descendo quanto subindo, à restituição de um outro, e assim por diante, até que todo o intervalo vazio seja preenchido, a cadeia completada e a ordem enciclopédica prosseguida.

Ao detalhar assim como uma verdadeira enciclopédia deve ser feita, estabelecemos regras bem severas para examinar e julgar aquela que publicamos. Qualquer uso que se faça das regras, contra nós ou a favor, elas provarão ao menos que ninguém estava mais em condições de criticar sua obra do que os autores. Resta saber se nossos inimigos, após terem dado até o presente muitas e fortes provas de ignorância, não resolverão dar as de covardia, atacando-nos com armas que não teremos medo de lhes pôr nas mãos.

A leitura prévia e reiterada do manuscrito completo evitará três sortes de acréscimos: de coisas, de palavras e de remissões. Quantos termos, às vezes definidos, às vezes apenas enunciados na corrente de um artigo e que reentrariam na ordem alfabética? Quantos conhecimentos anunciados em um lugar em que não se os procuraria inutilmente? Quantos princípios que permanecem isolados e que se teriam aproximado com uma palavra indicativa?[82] Em um artigo, as remissões são como essas pedras que se veem desigualmente separadas uma das outras e que se salientam nas extremidades verticais de um muro longo ou na convexidade de uma abóbada e cujos intervalos anunciam mais além outros intervalos e pedras similares.

Insisto cada vez mais fortemente sobre a necessidade de se possuir toda a cópia, pois que as lacunas são, em meu entender, os maiores defeitos de um dicionário. É preferível que um artigo seja mal feito do que não ser feito. Nada irrita tanto um leitor quanto não encontrar a palavra que procura. Eis aqui um exemplo marcante que trago com tanto mais liberdade porque devo partilhar da censura: um homem honesto compra uma obra na qual trabalhei; ele estava atormentado por cãibras e não tinha nada mais urgente do que ler o artigo cãibra; ele encontra esta palavra, mas com um reenvio a convulsão; ele recorre a convulsão, de onde é remetido a músculo, dali a espasmo, onde não encontra nada sobre cãibra. Eis, confesso, um erro bem ridículo, e não duvido que o tenhamos cometido vinte vezes na *Enciclopédia*. Mas estamos no direito de exigir um pouco de indulgência. A obra na qual trabalhamos não é de nossa

82. No original, *mot de réclame*, expressão de edições antigas para um termo impresso ao pé de página, indicando a primeira palavra da página ou da folha seguinte.

escolha. Não estabelecemos a ordem dos primeiros materiais que nos remeteram e os jogamos, por assim dizer, em uma confusão bem capaz de desencorajar quem quer que tivesse ou menos honestidade, ou menos coragem. Nossos colegas são testemunhas das dificuldades que enfrentamos e ainda temos. Ninguém como eles sabe o que nos custou e nos custa disseminar sobre a obra toda a perfeição em uma primeira tentativa; e nos propusemos, senão evitar, ao menos dar satisfação às censuras em que incorremos, relendo nosso dicionário quando o houvermos terminado, com o propósito de completar a nomenclatura, a matéria e as remissões.

Não há nada de minucioso na execução de uma grande obra; a negligência mais ligeira tem consequências importantes e o manuscrito me fornece um exemplo: cheio de nomes pessoais, de termos de arte, de caracteres, de cifras, de letras, de citações e remissões, a edição formigará de erros se não houver a máxima exatidão. Eu queria, pois, convidar os enciclopedistas a escrever com letras maiúsculas as palavras com as quais seria fácil equivocar-se. Por esse meio, evitaríamos quase todos os erros de impressão: os artigos seriam corretos, os autores não teriam do que se lamentar e o leitor jamais ficaria perplexo. Embora não tenhamos tido a vantagem de possuir um manuscrito tal como o poderíamos desejar, há, no entanto, poucas obras impressas com mais exatidão e elegância do que a nossa. Os cuidados e a habilidade do tipógrafo foram superiores à desordem e às imperfeições da cópia. E não ofenderemos nenhum de nossos colegas ao assegurar que, em meio ao grande número daqueles que tomaram parte na *Enciclopédia*, não há ninguém que melhor satisfez seus compromissos do que o impressor. Sob esse aspecto, que impressionou e impressionará sempre as pessoas de gosto e os bibliômanos, as edições subsequentes dificilmente igualarão a primeira.

Cremos sentir todos os benefícios de um empreendimento tal como este de que nos ocupamos. Cremos ter tido muitas ocasiões de conhecer o quanto é difícil sair com algum sucesso de uma primeira tentativa, e quantos talentos de um só homem, qualquer que fosse, estavam acima deste projeto. A esse respeito, tínhamos, muito tempo antes de ter começado, uma parte das luzes e toda a desconfiança que uma longa meditação podia inspirar. A experiência não enfraqueceu tais disposições. À medida que trabalhávamos, víamos a matéria estender-se, a nomenclatura tornar-se obscura, as substâncias serem reconduzidas sob uma enorme quantidade de nomes diferentes, os instrumentos, as máquinas e as operações se multiplicarem sem medida e os desvios numerosos de um labirinto inextrincável se complicarem cada vez mais. Vimos o quanto custava assegurar-se de que as mesmas coisas eram as mesmas, e quanto para assegurar-se que outras, que pareciam muito diferentes, não o eram. Vimos que essa forma alfabética, que nos proporcionava pausas a todo o instante, que difundia tanta variedade no trabalho e que, sob tais pontos de vista, parecia tão vantajosa para ser seguida em uma obra tão longa, tinha suas dificuldades, as quais era preciso ultrapassar a todo momento. Vimos que ela se expunha a dar aos artigos capitais uma extensão imensa se ali se fazia entrar tudo o que se podia naturalmente esperar e encontrar; ou a torná-los secos e empobrecidos se, com o auxílio das remissões, se fizessem supressões e neles se excluíssem muitos objetos que não fossem impossíveis de separar. Vimos o quanto era importante e difícil manter um meio-termo. Vimos o quanto escapavam coisas falsas e inexatas; quanto se omitiam de verdadeiras. Vimos que só um trabalho de vários séculos pôde introduzir tantos materiais reunidos na forma verdadeira que lhe convinha; dar a cada parte sua extensão; reduzir cada artigo a um comprimento justo; suprimir o que havia de mau; prover o que falta de bom e terminar uma obra que preenche a intenção formulada no início. Mas não vimos que, de todas as dificuldades, uma das mais consideráveis era a de produzi-la uma vez, por imperfeita que fosse, e que nos transportaríamos pela honra de ter vencido tal obstáculo. Não vimos que a *Enciclopédia* só podia ser a tentativa de um século filosófico; que este século havia chegado; que o renome, conduzindo à imortalidade os nomes daqueles que a finalizaram, talvez não desdenhasse encarregar-se dos nossos; e nos sentimos reanimados por essa ideia tão consoladora e doce, a de que também seríamos lembrados quando aqui não mais estivéssemos; por esse murmúrio tão voluptuoso que nos fazia escutar da boca de alguns de nossos contemporâneos o que diriam de nós homens instruídos e para a felicidade dos quais nós nos sacrificaríamos, que estimaríamos e amaríamos, embora ainda não existissem. Sentimos desenvolver-se em nós esse germe da emulação, que cobiça na morte a melhor parte de nós mesmos, e rouba do nada os únicos momentos de nossa existência nos quais somos realmente lisonjeados. Com efeito, o homem se mostra aos seus contemporâneos e se vê tal como é, um composto bizarro de qualidades sublimes e de fraquezas vergonhosas. Mas as fraquezas seguem o cadáver mortal no túmulo e com ele desaparecem; a mesma terra as cobrem; restam apenas as qualidades eternizadas nos monumentos a ele erguidos, ou que ele deve à veneração e ao reconhecimento públicos. Honras cuja consciência de seu próprio mérito lhe dá uma satisfação antecipada; satisfação tão pura, tão forte e real como nenhuma outra, e na qual só há de imaginário os títulos sobre os quais se fundam as pretensões. Os nossos estão depositados nesta obra; a posteridade os julgará.

Disse que só pertencia a um século filosófico tentar uma Enciclopédia; e o disse porque esta obra requer, em todos os lugares, mais ousadia do espírito do que se tem comumente nos séculos pusilânimes do gosto. É preciso examinar tudo, tudo remexer, sem exceção e sem reservas: ousar ver, assim que começamos a nos convencer de que não há quase nada a respeito dos gêneros de literatura, tanto quanto da compilação das leis e da primeira formação das cidades; que foi a um acaso singular, a uma circunstância bizarra, algumas vezes a um surto de gênio que elas deveram seu nascimento; que aqueles que vieram após os primeiros inventores não foram, na maioria, senão seus escravos; que produções que se devia olhar como o primeiro degrau, tomadas cegamente como último termo, em lugar de avançar em seu aperfeiçoamento só serviram para retardá-las, reduzindo os demais homens à condição servil de imitadores; que tão logo um nome foi dado a uma composição de caráter particular, foi preciso modelar todas as que se fizeram rigorosamente sobre tal esboço; que se apareceu de tempos em tempos um homem de um gênio ousado e original, e que, cansado do jugo recebido, ousou estremecê-lo, afastar-se da rota ordinária e produzir alguma obra à qual o nome dado e as leis prescritas não lhe foram exatamente aplicáveis, caiu no esquecimento e ali ficou por muito tempo. É necessário desprezar todas essas velhas puerilidades, destruir as barreiras que a razão não teria erguido, dar às ciências e às artes uma liberdade que lhes é tão preciosa e dizer aos admiradores da Antiguidade, chamai o Mercador de Londres, como vos aprouver, desde que convenhais que esta peça cintila belezas sublimes. Era preciso um tempo racional em que não mais se procurassem as regras nos autores, mas na natureza, e no qual se percebesse o falso e o verdadeiro de tantas poéticas arbitrárias: tomo a palavra poética em sua acepção mais geral, por um sistema de regras dadas, segundo as quais, em qualquer gênero que seja, pretende-se trabalhar para obter resultado.

Mas esse século se fez esperar por tão longo tempo que pensei algumas vezes que seria feliz para um povo se nele não se encontrasse um homem extraordinário, sob o qual uma arte nascente fizesse seus primeiros progresos, muito grandes e rápidos, e que interrompesse seu movimento insensível e natural. As obras desse homem serão necessariamente compostos monstruosos, pois que o gênio e o bom gosto são duas qualidades muito diferentes. A natureza dá a primeira em um momento; a outra é o produto de séculos. Esses monstros se converterão em modelos nacionais e decidirão o gosto de um povo. Os bons espíritos vindouros encontrarão em seu favor uma prevenção que não ousarão afrontar; e a noção do belo se obscurecerá, como aconteceria à do bem se obscurecer entre bárbaros que tivessem adquirido uma veneração excessiva por algum chefe de caráter equívoco, que se tivesse tornado recomendável por serviços importantes e vícios felizes. Em moral, só Deus deve servir de modelo ao homem; nas Artes, só a natureza. Se as ciências e as artes avançam por degraus insensíveis, um homem não será muito diferente de outro para impor-se-lhe, fundar um gênero a ser adotado e dar um gosto à nação; consequentemente, a natureza e a razão conservam seus direitos. Elas os haviam perdido e estão prestes a recuperá-los. E vai-se ver o quanto nos importava conhecer e assegurar esse momento.

Enquanto os séculos escoam, a massa das obras cresce sem parar e se prevê um momento em que seria quase tão difícil instruir-se em uma biblioteca quanto no universo, e quase tão rápido procurar uma verdade subsistente na natureza quanto perder-se em uma imensidão de volumes; seria preciso então dedicar-se a um trabalho que se houvesse negligenciado empreender porque não teríamos percebido sua necessidade.

Caso se represente a face da literatura no tempo em que a imprensa ainda não existia, ver-se-á um pequeno número de homens de gênio ocupado em compor, e um grupo inumerável de operadores manuais ocupado em transcrever. Caso nos antecipemos aos séculos vindouros e representemos a face da literatura quando a imprensa, que não está em repouso, houver preenchido imensos prédios com volumes, a encontraremos mais uma vez dividida em duas classes de homens. Alguns lerão pouco e se entregarão a pesquisas que serão novas ou tidas como tais (pois se já ignoramos uma parte do que está contido em tantos volumes publicados em todas as línguas, saberemos bem menos ainda do que abrangerão os volumes aumentados de uma quantidade cem ou mil vezes maior); os outros, operadores incapazes de produzir, se ocuparão em folhear noite e dia esses volumes e a separar o que julgarem digno de ser recolhido e conservado. Essa predição já não começa a se cumprir, quando muitos de nossos literatos já se dedicam a reduzir todos os nossos grandes livros a pequenos, nos quais encontramos muito de supérfluo? Suponhamos agora suas análises bem feitas e distribuídas sob a forma alfabética em um número de volumes organizados por homens inteligentes e ter-se-á os materiais de uma Enciclopédia.

Empreendemos hoje, pois, para o bem das letras e no interesse do gênero humano uma obra à qual nossos descendentes teriam sido obrigados a se entregar, mas em circunstâncias bastante menos favoráveis, quando a superabundância dos livros teria convertido a realização em muito penosa.

Que me seja permitido, antes de entrar mais adiante no exame da matéria enciclopédica, dar uma olhada sobre esses autores que já ocupam tantas estantes em nossas bibliotecas, que ganham terreno todos os dias e que, em um século ou dois, preencherão edifícios sozinhos. É, parece-me, uma ideia bem mortificante para esses voluminosos escritores que de tanto papel que cobriram de escrita não haja sequer uma linha para o dicionário universal do conhecimento humano. Se eles não se sustentam pela excelência do colorido, qualidade particular aos homens de gênio, eu pergunto o que se tornarão.

Mas é natural que essas reflexões, que nos escapam sobre a sorte de tantos autores, nos façam retornar a nós mesmos para considerar a sorte que nos espera. Examino nosso trabalho sem parcialidade; vejo que não há qualquer tipo de erro que não tenhamos cometido, e sou forçado a confessar que, de uma Enciclopédia como a nossa, nela só caberiam dois terços deles em uma verdadeira Enciclopédia. É muito, sobretudo se conviermos que, lançando os primeiros fundamentos de uma obra similar, fomos forçados a tomar por base um mau autor, qualquer que fosse, Chambers, Alstedius ou outro. Não há quase nenhum de nossos colegas que se disporia a trabalhar se lhe propuséssemos compor sua parte de maneira inteiramente nova. Todos se teriam alarmado e a *Enciclopédia* não seria feita. Mas ao apresentar a cada um um rolo de papéis, tratando-se apenas de rever, corrigir e aumentar, o trabalho de criação, que é aquele que se teme, desaparecia, e ele se deixava levar pela mais quimérica consideração. Pois esses pedaços descosidos se encontravam tão incompletos, tão mal compostos e traduzidos, tão cheios de omissões, de erros e inexatidões, tão contrários às ideias de nossos colegas, que a maioria os rejeitou. Quantos não tiveram a mesma coragem? A única vantagem obtida pelos primeiros foi a de conhecer, de um golpe de vista, a nomenclatura de sua parte, algo que poderiam encontrar ao menos tão completo nas páginas de obras diferentes ou em um dicionário de língua.

Essa vantagem frívola custou bastante caro. Quanto tempo perdido em traduzir coisas ruins! Que dispêndios para se conseguir um plágio constante! Quantos erros e censuras seriam economizados com uma simples nomenclatura! Mas teria ela sido suficiente para convencer nossos colegas? Além disso, essa mesma parte não podia ser aperfeiçoada a não ser pela execução. Na medida que se realiza um pedaço, a nomenclatura se desenvolve, os termos a serem definidos se apresentam em massa; vem uma infinidade de ideias a serem remetidas para diferentes títulos; o que não se fez foi ao menos indicado por uma remissão, como sendo parte de uma outra; em síntese, o que cada um fornece e se pergunta, reciprocamente, eis aí a fonte de onde decorrem as palavras.

De onde se vê: 1. que não se podia, numa primeira edição, empregar um grande número de colaboradores; mas que, se o nosso trabalho não é de todo inútil, um pequeno número de homens, bem escolhidos, seria o bastante para a execução de uma segunda. Seria preciso empregar-lhes diferentes trabalhadores subalternos, aos quais concederiam as honras dos auxílios que teriam recebido, mas estando obrigados a adotar a obra, a fim de que não pudessem se dispensar de pôr-lhe a última demão; que suas próprias reputações estivessem comprometidas, e que se pudesse acusá-los diretamente ou de negligência ou de incapacidade. Um trabalhador que ouse pedir que seu nome não seja inscrito ao fim de seus artigos confessa que o acha mal feito ou, ao menos, indigno de si. Creio que, segundo esse novo arranjo, não seria impossível que um só homem se encarregasse da Anatomia, da Medicina, da Cirurgia, da Matéria Médica e de uma porção da Farmácia. Um outro, da Química, da parte restante da Farmácia e daquilo que há de química nas Artes, tais como a Metalurgia, a Tinturaria, uma parte da Ourivesaria, uma parte da Caldeiraria, da fabricação do chumbo, da preparação de cores de toda espécie, metálicas e outras. Um só homem bem instruído na arte do ferro, abraçaria as ocupações de fabricante de pregos, Cuteleiro, Serralheiro, Ferramenteiro etc. Um outro, versado na Bijuteria, estaria encarregado das artes da Joalheria, dos Diamantes, do Lapidário, da Ourivesaria prática. Daria sempre preferência a um homem que houvesse escrito com sucesso a respeito da matéria da qual se encarregaria. Quanto àquele que preparasse uma obra sobre esta matéria, somente o aceitaria como colega se a honestidade de seu caráter me fosse bem conhecida, e que eu não pudesse, sem lhe fazer uma grande injúria, desconfiar de um desejo secreto de sacrificar nossa obra à sua. 2. Que a primeira edição de uma Enciclopédia apenas pode ser uma compilação bastante incompleta. Mas, dirão, como é que com todos esses defeitos vos aconteceu obter um sucesso que nenhuma outra produção tão considerável jamais teve? A isso respondo que nossa *Enciclopédia* tem, sobre qualquer outra obra (não digo a mesma extensão, mas, como quer que seja, composta por uma sociedade ou um só homem), a vantagem de conter uma infinidade de coisas novas e que inutilmente se procuraria em outra parte. É a consequência natural da feliz escolha daqueles que a ela se consagraram.

Ainda não se fez e por muito tempo não se fará uma coleção tão considerável e bela de máquinas. Temos, aproximadamente, mil pranchas. Estamos bem determinados a nada economizar quanto à gravura. Apesar do número prodigioso de figuras que as preenchem, tivemos o cuidado de não admitir quase nenhuma que não representasse uma máquina subsistente e que trabalhe para a sociedade. Que se comparem nossos volumes com a antologia de Ramelli[83], o teatro de máquinas de Lupold[84], ou mesmo com os volumes das máquinas aprovadas pela Academia de Ciências e se julgará se de todos esses volumes fundidos em um só conjunto seria possível tirar vinte pranchas dignas de entrar em uma coletânea tal como aquela que tivemos a coragem de conceber e a felicidade de executar. Nada existe aqui de supérfluo, de obsoleto ou de ideal: tudo está em ação e vivo. Mas, independentemente desse mérito e de alguma diferença que possa e deva necessariamente haver entre esta primeira edição e as seguintes, já não é algo se ter começado? Entre infinitas dificuldades que se apresentarão por elas mesmas ao espírito, que se considere apenas a de se ter reunido um grande número de colaboradores que, sem se conhecerem, parecem todos concorrer com amizade para a produção de uma obra comum. Pessoas de letras fizeram para seus semelhantes e iguais o que deles não se obteve por qualquer outra consideração. É esse o motivo que nos torna devedores de nossos primeiros colegas e à mesma causa somos devedores daqueles com os quais nos associamos todos os dias. Reina entre eles uma emulação, deferências, uma concórdia que se teria dificuldade em imaginar. Não basta fornecer as ajudas prometidas; fazem-se ainda sacrifícios mútuos, coisa bem mais difícil. Daí tantos artigos que saem de mãos estranhas, sem que ninguém, dentre aqueles que estavam encarregados das ciências às quais pertenciam, jamais tenha sido ofendido. É que não se trata de um interesse particular; não reina entre nós qualquer pequena inveja pessoal, e a perfeição da obra e a utilidade do

83. Trata-se de Agostino Ramelli (1531?-1600?), engenheiro militar e projetista italiano, autor de *Le diverse et artificiose machine del capitano Agostino Ramelli* (1588), contendo 195 gravuras de máquinas as mais diversas, com sua descrição e modo de emprego.

84. Na verdade, Jacob Leupold, autor de *Theatrum machinarum generale*, de 1774.

gênero humano fizeram nascer o sentimento geral do qual se está animado.

Gozamos de uma vantagem rara e preciosa, que não seria de se negligenciar no projeto de uma segunda edição. Os homens de letras da maior reputação e os artistas de primeira força não desdenharam nos enviar alguns trechos de seus gêneros. Devemos Eloquência, Elegância e Espírito ao senhor Voltaire. O senhor Montesquieu deixou-nos fragmentos do artigo Gosto; o senhor De la Tour prometeu-nos suas ideias sobre a Pintura; o senhor Cochin, filho, não nos recusará o artigo Gravura, caso suas ocupações deixem-lhe tempo de escrever[85].

Não seria inútil estabelecer correspondências entre os principais locais do mundo letrado, e não duvido que com isso se tivesse sucesso. Seremos instruídos dos costumes, usos, produções, trabalhos, máquinas etc. se não negligenciarmos ninguém e se tivermos por todos esse grau de consideração que se deve ao homem desinteressado e que se quer tornar útil.

Seria um esquecimento inescusável não se valer da grande Enciclopédia Alemã[86], da coletânea dos regulamentos sobre as Artes e os Ofícios de Londres e de outros países; das obras chamadas em inglês *the mysteries*[87], do famoso regulamento dos piemonteses sobre suas manufaturas, de registros de aduana, de vários inventários de grandes senhores e de burgueses; de todos os tratados sobre as artes em geral e em particular, dos regulamentos do comércio e dos estatutos das comunidades, de todas as coletâneas das academias, sobretudo da coleção acadêmica cujo discuro preliminar e primeiros volumes acabam de ser publicados. Essa obra não pode deixar de ser excelente a

85. Nem Cochin nem De la Tour escreveram os artigos inicialmente prometidos. Coube a Watelet a *Gravura* e a Jacourt a *Pintura*.

86. Refere-se ao *Universal Lexicon aller Wissenchaften und Künste* (Léxico Universal de Todas as Ciências e Artes), organizado pelo editor e livreiro Johann Heinrich Zedler, composto por 64 volumes, 284 mil artigos e escrito entre 1731 e 1750-51, sem tradução para o francês no século XVIII. Diderot houvera apenas ouvido falar de sua existência.

87. Os segredos de cada ofício manual da época.

julgar pelas fontes de onde se pretende extrair e pela extensão de seus conhecimentos, a fecundidade das ideias e a firmeza do julgamento e do gosto do homem que dirige este grande empreendimento. A maior felicidade que pode acontecer àqueles que nos sucederão um dia na *Enciclopédia*, e que se encarregarão das edições seguintes, é que o dicionário da Acaemia Francesa, tal como o concebo e é concebido pelos melhores espíritos dessa ilustre companhia, tenha sido publicado, que a história natural tenha aparecido integralmente e que a coleção acadêmica seja completada. Quanto trabalho poupado!

Dentre os livros ainda necessários de se munir, é preciso contar com os catálogos das grandes bibliotecas; é lá que se aprende a conhecer as fontes de onde extrair; seria até mesmo desejável que o editor mantivesse correspondência com os bibliotecários. Se é necessário consultar as boas obras, não é inútil percorrer as más. Um bom livro fornece um ou vários artigos excelentes; um mau livro nos ajuda a fazer melhor. Vossa tarefa é completada neste aqui e abreviada naquele. Além disso, na falta de um grande conhecimento da bibliografia, está-se continuamente exposto a compor mediocremente, com muita dificuldade, tempo e despesa, o que outros executaram de maneira superior. Atormentamo-nos com descobrir coisas conhecidas. Observemos que, excetuando-se a matéria das artes, não há propriamente conteúdo de dicionário que já não tenha sido publicado e que, por conseguinte, é mais desejável que cada um conheça os grandes livros escritos em seu tema, e que o editor esteja munido dos catálogos os mais completos e extensos.

A citação exata das fontes será de grande utilidade: será preciso impor-se essa lei. Será um serviço importante, para aqueles que se dedicam ao estudo particular de uma ciência ou de uma arte, dar-lhes a conhecer os bons autores, as melhores edições e a ordem que devem seguir em seus estudos. Nisso, a *Enciclopédia* saiu-se bem algumas vezes e jamais deveria faltar.

Deve-se analisar escrupulosa e fielmente toda obra a quem o tempo assegurou uma constante reputação. Digo o tempo porque há uma boa diferença entre uma Enciclopédia e uma coleção de jornais. Uma Enciclopédia é uma exposição rápida e desinteressada das descobertas dos homens em todos os lugares, em todos os gêneros e em todos os séculos, sem nenhum julgamento das pessoas; enquanto que os jornais são apenas uma história momentânea das obras e dos autores. Percebem-se indistintamente os esforços felizes e os infelizes, quer dizer, que para uma página que mereça atenção, trata-se ao longo de uma infinidade de volumes que caem no esquecimento antes que o último jornal do ano haja aparecido. O quanto essas obras periódicas seriam abreviadas se se deixasse apenas um ano de intervalo entre a publicação de um livro e o relato que dele se faria ou não: tal obra da qual falou-se tanto no jornal não seria nem mesmo mencionada. Mas no que se converte o extrato quando o livro é esquecido? Um dicionário universal e raciocinado destina-se à instrução geral e permanente da espécie humana; os escritos periódicos, à satisfação momentânea da curiosidade de alguns ociosos. Eles são pouco lidos pelos literatos.

É preciso extrair particularmente dos autores os sistemas, as ideias singulares, as observações, as experiências, as visões, as máximas e os fatos.

Mas há obras tão importantes, tão bem meditadas e precisas, na verdade em pequeno número, que uma Enciclopédia deve devorá-las inteiramente. São aquelas cujo objeto geral é tratado de uma maneira metódica e profunda, tais como o Ensaio sobre o Entendimento Humano, ainda que muito difuso; As Considerações sobre os Costumes, embora bem compactadas; As Instituições Astronômicas, embora não sejam muito elementares.

É necessário distribuir as observações, os fatos e as experiências aos lugares que lhes são próprios.

É preciso saber recortar artisticamente uma obra, arranjar as distribuições, apresentar-lhe o plano, fazer-lhe uma análise que forme o corpo de um artigo, e cujas remissões indicarão o restante do objeto. Não se trata de quebrar as junções, mas de deixá-las descontraídas; não de romper as partes, mas de desuni-las e conservar escrupulosamente o que os artistas chamam de marcas.

Importa algumas vezes fazer menção a coisas absurdas; mas é preciso que seja ligeiramente e de passagem, apenas para a história do espírito humano, que se desvela melhor em certos vieses singulares do que na ação mais racional. Esses vieses são para o moralista o que a dissecação de um monstro é para a história natural: serve-lhe mais do que o estudo de cem indivíduos que se pareçam. Há palavras que pintam mais forte e completamente do que um discurso inteiro. Um homem a quem não se podia reprovar qualquer ação má, falava do mal infinito da natureza humana. Alguém lhe perguntou: mas onde haveis visto um homem assim tão ignóbil? Em mim, respondeu. Eis um malvado que nunca fez mal; que ele possa morrer logo! Um outro dizia de um velho amigo: é um homem bastante honesto; é pobre, mas isso não me impede de tomá-lo como um caso singular; há quarenta anos sou seu amigo e jamais me pediu um tostão. Ah, Molière onde vós estáveis? Esse traço não vos há escapado e vosso Avaro não poderia oferecer ninguém mais verdadeiro nem mais enérgico.

Como é ao menos tão importante tornar os homens melhores quanto menos ignorantes, não ficaria agastado se se recolhessem todos os traços marcantes das virtudes morais. Seria necessário que fossem bem constatadas: nós as distribuiríamos cada uma aos artigos que lhes dariam vida. Por que se seria tão atencioso em conservar a história dos pensamentos dos homens e se negligenciaria a história de suas ações? Não é essa história a mais útil? Não é ela que mais honra faz ao gênero humano? Não quero que se recordem as más ações; seria desejável que elas jamais existissem. O homem não tem necessidade de maus exemplos nem a natureza humana de ser mais desacreditada. Só seria preciso fazer menção às ações desonestas quando elas fossem acompanhadas não pela perda da vida e dos bens, que são frequentemente as consequências funestas da prática da virtude, mas quando tivessem tornado o malvado infeliz e desprezado, em meio às recompensas mais ruidosas de seus crimes. Os traços que serão necessários sobretudo recolher serão aqueles em que o caráter de honestidade está unido ao de uma grande perspicácia ou ao de uma heroica firmeza. O traço do senhor Pelisson não seria, seguramente, esquecido[88]. Torna-se acusador de seu mestre e benfeitor; é conduzido à Bastilha, confrontado com seu acusado, a quem responsabiliza por alguma malversação. O acusado pede-lhe a prova. "A prova?", responde-lhe Pelisson. "Ora, Senhor, ela não pode ser extraída a não ser de vossos papéis e vós bem sabeis que foram queimados". De fato, haviam sido: o próprio Pelisson os havia queimado. Mas era preciso instruir o prisioneiro. E ele não hesitou em recorrer a um expediente, seguro da verdade, pois todo o mundo havia sido enganado; mas expondo sua liberdade, talvez sua vida; se tivesse sido ignorado, como poderia ser, vincularia seu nome a uma infâmia eterna, cuja vergonha podia recair sobre a república das letras, onde Pelisson ocupava uma condição distinguida. O senhor Gobinot, de Reims, suporta durante quarenta anos a indignação pública, na qual incorreu por uma excessiva parcimônia, da qual tirava somas imensas, as quais destinava a monumentos da maior utilidade. Associemos-lhe um prelado respeitável por suas qualidades apostólicas, suas dignidades, seu nascimento, a nobre simplicidade de seus costumes e a solidez de suas virtudes. Durante uma calamidade, este prelado, após ter aliviado com abundantes distribuições de dinheiro e de grãos a parte de seu rebanho que deixava ver toda a sua indigência, sonha em socorrer aquela que escondia sua miséria, a quem a vergonha sufocava a queixa, sendo assim mais infeliz, contra a opressão desses homens de sangue, cuja alma nada na alegria, em meio aos gemidos gerais, e faz transportar grãos àquele lugar, distribuindo-os a um preço bem abaixo

88. Refere-se a Paul Pelisson (1624-1693), advogado e historiador, membro da Academia. Trabalhava para Nicolas Foucquet, superintendente de finanças, a quem acusou de malversação de fundos.

daquele que haviam custado. O espírito de corpo, que execra todo ato virtuoso que não seja o dos seus, considera sua caridade de monopólio e um celerado obscuro inscreve essa calúnia atroz entre aquelas com que ele preenche, há tanto tempo, suas folhas semanais. No entanto, sobrevêm novas calamidades; o zelo inalterado desse raro pastor continua a ser exercido e ele se depara por fim com um homem honesto que eleva sua voz, que diz a verdade, que presta homenagem à virtude e que grita, transportado de admiração: que coragem!, que paciência heroica!, como é consolador para o gênero humano não ser a maldade eficaz em seus esforços. Eis os traços que se devem coletar. E quem não os leria sem sentir o coração aquecer-se? Se se publicasse uma coletânea que contivesse muitas dessas grandes e belas ações, quem se disporia a morrer sem fornecer-lhe a matéria de ao menos uma linha? Crê-se ter havido alguma obra mais patética? Parece-me, quanto a mim, que nela haveria poucas páginas em que um homem nascido com alma honesta e sensível não derramasse suas lágrimas.

Seria preciso, singularmente, precaver-se da adulação. Quanto aos elogios merecidos, seria injusto não reconhecê-los, a não ser pela cinza insensível e fria daqueles que não podem mais ouvi-los: a equidade que deve despendê-los cederá à modéstia que os recusa? O elogio é um encorajamento à virtude; é um pacto público que vós fazeis contratualmente com um homem virtuoso. Se as belas ações estivessem gravadas em uma coluna, perder-se-ia de vista, por um momento, esse imponente monumento? Não seria ele um dos apoios mais fortes que se poderia dar à fraqueza humana? Seria preciso que o próprio homem se determinasse a quebrar sua estátua. O elogio a um homem honesto é a mais digna e a mais doce recompensa de outro homem honesto; após o elogio de sua consciência, o que mais incensa é aquele de um homem de bem. Ó Rousseau, meu caro e digno amigo, jamais tive força para me recusar teu elogio: com ele senti acreditar em meu gosto pela verdade e meu amor pela virtude. Por que tantas orações fúnebres e tão poucos panegíricos dos vivos? É crível não ter tido Trajano receio de desmentir seu panegírico? Caso se acredite nisso, não se conhece toda a autoridade da consideração geral. Após as boas ações que se tenham feito, o aguilhão mais vivo para multiplicá-las é a notoriedade das primeiras; é essa notoriedade que dá ao homem um caráter público, ao qual é difícil renunciar. Esse inocente segredo não é exatamente um dos mais importantes da educação virtuosa? Ponde vosso filho em condições de praticar a virtude; fazei de suas boas ações um atributo doméstico; ligai a seu nome algum epíteto que as recorde; dai-lhe a consideração: se ele algum dia ultrapassar essa barreira, ouso assegurar que o fundo de sua alma é mau; que vosso filho é mal nascido e que vós não fareis dele senão um malvado. Com a diferença de que, se ele se precipitou no vício de cabeça baixa e decidido pelo contraste que observará entre as denominações honrosas que lhe concederam e aquelas em que vai incorrer, ele se deixará deslizar para o mal por uma inclinação que não será suficientemente insensível para que os parentes atentos não percebam a degradação sucessiva de seu caráter.

Detesto cem vezes mais as sátiras em uma obra do que os elogios que ali não me agradam; as personalidades são odiosas em todo gênero de escrita; está-se seguro de divertir o comum dos homens, quando se trata de alimentar sua maldade. O tom da sátira é o pior de todos para um dicionário; e a obra mais impertinente e mais tediosa que se possa conceber será um dicionário satírico: é o único que nos falta. É preciso sem dúvida banir de um grande livro tais conveniências ligeiras, essas alusões finas, essas decorações delicadas que farão a fortuna de uma historieta: os traços que se devem explicar tornam-se insignificantes ou não demoram a se tornar ininteligíveis. Seria uma coisa bem ridícula a necessidade de um comentário numa obra cujas diferentes partes estivessem destinadas a ser interpretadas reciprocamente. Toda essa ligeireza não passa de uma espuma que cai aos poucos; logo a parte volátil evaporou-se e não resta mais do que um vaso insípido. Assim também o destino da maioria dessas cintilações que saem do choque do diálogo: a sensação agradável, mas passageira, que elas excitam nasce das relações que possuem no momento, das circunstâncias, dos lugares, das pessoas, do acontecimento do dia; relações que passam rapidamente. Os aspectos que não se observam, já que a vivacidade não é o mérito principal, repletos de substância e que carregam consigo o caráter da simplicidade e de grande sentido são os únicos que se sustentam aos olhos de todos. Para perceber a frivolidade dos outros, basta escrevê-los. Se me mostrassem um autor que tenha composto suas miscelâneas de acordo com suas conversas, estaria quase certo de que teria recolhido tudo o que se deveria negligenciar, e negligenciado tudo o que importa recolher. Evitemos cometer, com aqueles que iremos consultar, o mesmo erro que este escritor cometeria com as pessoas que frequentasse. Acontece com grandes obras o mesmo que com grandes edifícios: incluem apenas ornamentos raros e grandes. Esses ornamentos devem ser espalhados com economia e discernimento, ou prejudicarão a simplicidade, multiplicando as relações; a grandeza dividindo as partes e obscurecendo o conjunto; e o interesse dividindo a atenção que, sem esse defeito que a distrai e a dispersa, reuniria integralmente os blocos principais.

Se rechaço as sátiras, o mesmo não acontece com os retratos nem com as reflexões. As virtudes se encadeiam umas com as outras, e os vícios cabem, por assim dizer, na mão. Não há nenhuma virtude, nenhum vício, que não possua seu cortejo; é uma espécie de associação necessária. Imaginar um caráter é encontrar, conforme a paixão dominante, boa ou má, as paixões subordinadas que a acompanham, os sentimentos, os discursos e as ações que ela sugere, e o tipo de tonalidade ou de energia que todo o sistema intelectual e moral recebe. Donde se vê que as pinturas ideais, concebidas segundo as relações e a influência recíprocas das virtudes e dos vícios, não podem jamais devir quiméricas. São elas que dão verossimilhança às representações dramáticas e a todas as obras dos costumes; e que se encontrarão eternamente na sociedade indivíduos que terão a felicidade e a infelicidade de lembrá-las. É assim que acontece a um século bem distante erguer estátuas horrorosas ou respeitáveis, abaixo das quais a posteridade escreve, sucessivamente, diferentes nomes: ela escreve Montesquieu, onde havia gravado Platão; Desfontaines, onde se lia antes Eróstrato ou Zoilo. Com esta aflitiva diferença: a de que nunca faltarão nomes cada vez mais desonrosos para substituir os de Eróstrato e Zoilo, enquanto não se ousa esperar da sucessão dos séculos que ela nos ofereça alguns cada vez mais ilustres para suceder a Montesquieu e para ser o terceiro ou quarto depois de Platão. Não podemos erguer um grande número de estátuas em nossa obra: elas deveriam ser de bronze em nossas praças públicas e jardins, convidando-nos à virtude dos pedestais, onde se expuseram aos nossos olhos e aos olhares de nossas crianças os deuses do paganismo.

Após ter tratado da matéria enciclopédica em geral, se desejaria sem dúvida que entrássemos no exame de cada uma de suas partes, em particular; mas é ao público, e não a nós, que cabe julgar o trabalho de nossos colaboradores e o nosso.

Responderemos apenas àqueles que teriam querido que se suprimisse a Teologia, que é uma ciência, que esta ciência é bastante extensa e muito curiosa, e que se poderia torná-la mais interessante do que a Mitologia, a qual teriam lamentado se a houvéssemos omitido. Aos que excluem de nosso dicionário a Geografia, (responderemos) que os nomes, a longitude e a latitude das estrelas que eles admitem não têm mais direito de nele permanecer do que os nomes, a longitude e a latitude das cidades que rejeitam.

Àqueles que o teriam desejado menos seco: que era necessário manter-se no conhecimento geográfico científico das cidades, o único com qualidade suficiente para elaborar bons mapas dos tempos antigos, se o tivéssemos, e que contentará a posteridade para elaborar bons mapas de nossos tempos, se nós o transmitirmos; o resto, sendo integralmente histórico, está fora de nosso objeto.

Aqueles que olharam com aversão certos traços históricos, a cozinha, as modas etc., esqueceram o quanto essas matérias produziram obras de erudição; que o mais sucinto de nossos artigos deste gênero talvez poupe anos de pesquisa e volumes de dissertação aos nossos descendentes; que supondo os sábios futuros infinitamente mais reservados que aqueles do século passado, é possível presumir que não desdenharão escrever algumas páginas para explicar o que é falbalá ou um pompom; que um escrito sobre nossas modas, que hoje se trataria de obra frívola, seria vista, em dois mil anos, como obra sábia e profunda a respeito dos hábitos franceses; obra muito instrutiva para literatos, pintores e escultores; quanto à nossa cozinha, não se pode discutir ser ela um ramo importante da química.

Àqueles que protestaram não ser a nossa botânica nem bastante completa nem muito interessante, que essas censuras não têm fundamento; pois era impossível estender-se para além dos gêneros sem compilar in-fólios; não se omitiu nenhuma das plantas usuais; foram elas descritas e se lhe forneceram a análise química e as propriedades, seja como remédio, seja como alimento; que a única coisa que se poderia ter acrescentado, que fosse científica e não teria ocupado um espaço bem considerável, tenha sido indicar, no artigo do gênero, quantas espécies se contavam e quantas as variedades. E quanto à parte das árvores, que é tão importante, ela tem na *Enciclopédia*, a partir do terceiro volume, toda a extensão que se lhe pode desejar.

Àqueles que estão descontentes com a parte das Artes e àqueles que com ela estão satisfeitos: que têm razão uns e outros, porque há coisas nessa matéria imensa que não poderiam ser piores, e outras que talvez seja difícil fazer melhor.

Mas como as Artes foram o objeto principal do meu trabalho, vou explicar-me livremente sobre os defeitos nos quais incorri e sobre as precauções que se teriam que tomar para corrigi-los.

Aquele que se encarregar da matéria das Artes não se verá livre de seu trabalho de modo satisfatório, para os outros e para si mesmo, se não estudou profundamente a história natural e, sobretudo, a mineralogia; se não for excelente mecânico[89], se não for bem versado na física racional e experimental, se não fez vários cursos de química.

Naturalista, conhecerá, de uma só mirada, as substâncias que os artistas empregam e das quais fazem tanto mistério.

Químico, saberá as propriedades daquelas substâncias; as razões de uma infinidade de operações lhe serão conhecidas; descobrirá seus segredos; os artistas não se lhe imporão; discernirá imediatamente o absurdo de suas mentiras; perceberá o espírito de funcionamento de uma máquina; as manobras não lhe escaparão; ele distinguirá sem esforço um movimento indiferente de uma precaução essencial; tudo o que escrever sobre a matéria das Artes será claro, certo, luminoso; e as conjecturas sobre os meios de aperfeiçoar o que se tem, de reencontrar as artes perdidas e de inventar novas se apresentarão em multidão ao seu espírito.

A física lhe dará as razões de uma infinidade de fenômenos sobre os quais os operários permanecem assombrados por toda a vida.

Com a mecânica e a geometria, chegará sem dificuldade ao cálculo real e verdadeiro das forças; não lhe restará senão adquirir experiência para temperar o rigor das suposições matemáticas, qualidade que distingue, sobretudo na construção das máquinas delicadas, o grande artista do trabalhador comum, a quem nunca será atribuída uma ideia justa desse temperamento se não o adquiriu, e que jamais será corrigido se feito de falsas noções.

89. No sentido mais estrito de especialista nas leis do movimento das máquinas.

Munido de tais conhecimentos, começará por introduzir alguma ordem em seu trabalho, relacionando as artes às substâncias naturais, o que é sempre possível, pois a história das artes não é mais do que a história da natureza utilizada.

Traçará em seguida, para cada artista, um plano a ser preenchido; lhes imporá tratar da matéria da qual se servem, dos locais de onde a tiram, do preço que lhe custam, dos instrumentos, das diversas obras e de todas as operações.

Comparará os memorandos dos artistas com seu plano; o conferirá com eles e fará com que suplementem, de viva voz, o que tiverem omitido, e esclareçam o que tiverem explicado mal.

Por ruins que possam ser esses memorandos, quando feitos com boa-fé conterão sempre uma infinidade de coisas que o homem o mais inteligente não perceberá, não suspeitará e não poderá perguntar. Na verdade, desejará outras, mas serão aquelas que os artistas não escondem de ninguém: pois comprovei que aqueles que se ocupam incessantemente de um só objeto tinham tendência a acreditar que todo o mundo sabia aquilo de que não faziam segredo, e que aquilo de que faziam segredo não era conhecido por ninguém. De sorte que estavam sempre tentados a tomar aquele que lhes questionavam ou por um gênio transcendente ou por um imbecil.

Enquanto os artistas estiverem trabalhando, ele se ocupará em retificar os artigos que lhes transmitiremos e que encontrará em nosso dicionário. Não tardará a perceber que, apesar de todos os cuidados que nos demos, intrometeram-se bobagens grosseiras e que existem artigos inteiros onde não há sombra do senso comum. Mas aprenderá, por sua experiência, a nos agradecer pelas coisas que estiverem boas, e a nos perdoar por aquelas que estarão más. É sobretudo após ter percorrido os ateliês por algum tempo, com dinheiro na mão, e ter sido levado a pagar dispendiosamente as falsidades mais ridículas, que ele conhecerá que espécie de gente são os artistas, sobretudo em Paris, onde o medo dos impostos os mantêm perpetuamente desconfiados, olhando com curiosidade todo homem que os interrogue como emissário da controladoria geral da fazenda, ou como um operário que quer abrir uma oficina. Pareceu-me que se evitariam tais inconvenientes procurando nas províncias todos os conhecimentos sobre as artes que ali se pudessem recolher; somos ali conhecidos e nos dirigimos a pessoas que não têm desconfiança; o dinheiro é ali mais raro e o tempo menos caro. De onde me parece evidente que se aprenderia mais facilmente e com menos despesas, tendo instruções mais seguras.

Seria necessário indicar a origem de uma arte, e seguir pé ante pé seus progressos, quando não forem ignorados, ou substituir a conjectura e a história hipotética pela história real. Pode-se assegurar aqui que o romance seria mais instrutivo, com frequência, do que a verdade.

Não é a mesma coisa a origem e o progresso de uma arte do que a origem e o progresso de uma ciência. Os sábios se entretêm, eles escrevem e fazem valer suas descobertas; eles contradizem e são contraditos. Suas contestações manifestam os fatos e constatam as épocas. Os artistas, ao contrário, vivem ignorados, obscuros, isolados; fazem tudo por seu interesse e nada por sua glória. Há invenções que permanecem por séculos inteiros fechadas em uma família; passam de pai para filho, se aperfeiçoam ou degeneram, sem que se saiba precisamente a quem ou a que tempo se deva atribuir a descoberta. Os passos insensíveis pelos quais uma arte avança para a perfeição também confundem as datas. Um recolhe o cânhamo, outro o lava, um terceiro lhe tasquinha as fibras; de início, é uma corda grosseira, depois um fio, em seguida um pano. Mas se passa um século entre cada um desses progressos. Aquele que conduz uma produção de seu estado natural até seu mais perfeito uso dificilmente será ignorado. Como seria impossível que um povo se encontrasse de repente vestido com um novo tecido e não perguntasse a quem ele é devedor? Mas esses casos não acontecem, ou muito raramente.

Comumente, o acaso sugere as primeiras tentativas; elas são infrutuosas e permanecem ignoradas; um outro as retoma e há um começo de sucesso, mas do qual não se fala; um terceiro caminha sobre os passos do segundo, um quarto sobre os passos do terceiro e assim por diante, até que o último produza experiências excelentes e este produto é o único que faz sensação. Acontece ainda de apenas uma ideia eclodir em um ateliê, dela sair e espalhar-se. Trabalha-se ao mesmo tempo em vários lugares e cada qual opera de seu lado; e a mesma invenção, reivindicada ao mesmo tempo por muitos, não pertence propriamente a ninguém, ou é atribuída apenas àquele que com ela se enriqueceu. Se a invenção depende do estrangeiro, o ciúme nacional cala o nome do inventor e ele permanece desconhecido.

Seria desejável que o governo autorizasse a entrada nas manufaturas para se ver trabalhar, interrogar os operários, desenhar os instrumentos, as máquinas e mesmo o local. Há circunstâncias em que os artistas são de tal maneira impenetráveis que o meio mais curto seria o de pôr-se a si mesmo como aprendiz, ou ali colocar alguém de confiança. Há poucos segredos que não se chegue a conhecer por essa via; dever-se-iam divulgar todos os segredos, sem qualquer exceção.

Sei que esse sentimento não é o de todo o mundo: há cabeças estreitas, almas mal nascidas, indiferentes ao destino do gênero humano, e de tal forma concentradas em sua pequena sociedade que nada veem além de seu interesse. Esses homens querem que os chamemos de bons cidadãos; e o consinto, desde que me permitam chamá-los de homens miseráveis. Dir-se-ia, ao escutá-los, que uma Enciclopédia bem feita, que uma história geral das Artes não deveria ser senão um grande manuscrito cuidadosamente fechado na biblioteca do monarca, inacessível a outros olhos; um livro do Estado e não do povo. Para que serve divulgar os conhecimentos do país, suas transações secretas, suas invenções, sua indústria, seus recursos, seus segredos, sua luz, suas artes e toda a sabedoria! Não são essas coisas a quem ele deve uma parte de sua superioridade sobre nações rivais e circunvizinhas? Eis aí o que dizem. E eis o que poderiam ainda ajuntar: não seria preferível que, em lugar de esclarecer o estrangeiro, pudéssemos propagar sobre ele as trevas e mergulhar na barbárie o resto da Terra, a fim de dominá-la com mais segurança? Eles não se preocupam com apenas ocupar um ponto sobre o globo, e só perdurar um momento; que é nesse local e nesse instante que sacrificam a felicidade dos séculos vindouros e do espaço inteiro. Eles sabem, melhor do que ninguém, que a duração média de um império não chega a dois mil anos e que em menos tempo, talvez, o nome Francês, este nome que durará eternamente na história, seria inutilmente procurado na superfície da Terra. Tais considerações não ampliam suas visões; parece que o nome humanidade é uma palavra vazia de sentido. Se ainda fossem consequentes! Mas em outro momento irão se encolerizar contra a impenetrabilidade dos santuários do Egito, deplorar a perda dos conhecimentos antigos, acusar a negligência ou o silêncio dos outros que se calaram, ou que falaram tão mal de uma infinidade de assuntos importantes. E não perceberão que exigem dos homens de outros tempos aquilo de que fazem um crime aos homens de hoje, condenando os outros por terem sido o que se dão a honra de ser.

Esses bons cidadãos são os mais perigosos inimigos que temos tido. Em geral, é preciso aproveitar as críticas, sem respondê-las, quando elas são boas; negligenciá-las, quando são más. Não é uma perspectiva bem agradável para todos aqueles que se obstinam em caluniar-nos se a *Enciclopédia* conservar por dez anos a reputação de que desfruta? Não mais haverá preocupações com aqueles escritos, e menos ainda se tiver sido ignorada.

Ouvi dizer ao senhor De Fontenelle[90] que em seu apartamento não caberiam todas as obras que contra ele se publicaram.

90. Bernard Bouvier de Fontenelle (1657-1757), escritor polímata, autor de obras teatrais, científicas e filosóficas, entre as quais foram célebres, em seu tempo, os *Nouveaux dialogues des morts* (Novos Diálogos dos Mortos), *Entretiens sur la pluralité des mondes* (Conversações sobre a Pluralidade dos Mundos; em defesa do sistema copernicano) e *Digressions sur les anciens et les modernes* (Digressões sobre os Antigos e os Modernos).

Quem conhece uma só? *O Espírito das Leis* e *A História Natural* acabam de aparecer e as críticas feitas são completamente ignoradas. Já reparamos que, entre aqueles que se erigiram em censores da *Enciclopédia*, quase não há um que possua talentos necessários para enriquecê-la com um bom artigo. Não acreditaria exagerar se acrescentasse que é um livro cuja maior parte seria para que eles o estudassem. O espírito filosófico é aquele no qual o compusemos, e falta muito para que a maioria daqueles que nos julgam estejam, sob esse aspecto, apenas no nível do século. Valho-me de suas obras. É por essa razão que eles não durarão e que ousamos presumir que nosso dicionário será mais lido e estimado em alguns anos do que o é hoje em dia. Não nos seria difícil citar outros nomes que tiveram e que terão a mesma sorte. Alguns (como já dissemos antes), elevados aos céus, porque escreveram para a multidão, submetidos às ideias correntes, puseram-se ao alcance do comum dos leitores, perderam sua reputação na medida que o espírito humano fez progressos, e terminaram no esquecimento. Outros, ao contrário, muito fortes para o tempo em que surgiram, foram pouco lidos, pouco entendidos e apreciados, permanecendo muito tempo obscuros, até o momento em que o século que haviam suplantado se foi e que um outro, onde antes estavam, chegasse, os alcançasse e lhes fizesse enfim justiça a seus méritos.

Creio ter ensinado meus concidadãos a estimar e a ler o chanceler Bacon; folheou-se mais esse autor profundo desde há cinco anos do que nunca o havia sido. No entanto, ainda estamos bastante longe de sentir a importância de suas obras; os espíritos não estão avançados suficientemente. Há muitas pessoas em estado de se elevar à altura de suas meditações. E talvez o número nunca se tornará maior. Quem sabe se o *Novum organum*, os *Cogitata et visa*, o livro *De augmentis scientiarum* não estejam muito acima do alcance médio do espírito humano para se tornarem, em um século, uma leitura fácil e comum? Cabe ao tempo esclarecer essa dúvida.

Mas essas considerações sobre o espírito e a matéria de um dicionário enciclopédico nos conduzem naturalmente a falar do estilo próprio desse gênero de obra.

O laconismo não é o tom de um dicionário; ele estimula mais a adivinhação do que se deve para o comum dos leitores. Queria que se deixasse para pensar apenas o que poderia ser perdido, sem que se ficasse menos instruído sobre o principal. O efeito da diversidade, além de ser inevitável, não me parece aqui desagradável. Cada trabalhador, cada ciência, cada arte e artigo, cada pessoa tem sua língua e seu estilo. Que inconveniência há em se conservá-lo? Se fosse necessário que o editor se fizesse reconhecer em todos os lugares, a obra seria bastante retardada, sem ser melhor. Por mais instruído que seja um editor, ele se exporia a cometer frequentemente um erro de substância, com a intenção de retificar um erro de linguagem.

Eu limitaria o caráter geral do estilo de uma Enciclopédia em duas palavras: *communia, proprie; propria, communiter*[91]. Conformando-se a essa regra, as coisas comuns seriam sempre elegantes; e as coisas próprias e particulares, sempre claras.

É preciso considerar um dicionário universal das ciências e das artes como um campo imenso, coberto de montanhas, de planícies, de rochedos, de águas, de florestas, de animais e de objetos que fazem a variedade de uma grande paisagem. A luz do céu os ilumina a todos, mas são tocados diversamente. Alguns se adiantam, por sua natureza e exposição, até a frente da cena; outros estão distribuídos sobre uma infinidade de planos intermediários; há alguns deles que se perdem ao longe; todos se fazem valer reciprocamente.

Se o mais leve traço de afetação é insuportável em uma pequena obra, o que seria, no julgamento de literatos, de uma grande obra em que esse defeito dominasse? Estou certo de que a excelência da matéria não contrabalançaria esse vício de

91. As coisas comuns ditas de maneira particular; as coisas particulares, de maneira comum.

estilo, e que ela seria pouco lida. As obras de dois dos maiores homens que a natureza produziu, um filósofo, outro poeta[92], seriam infinitamente mais perfeitas e apreciadas se estes homens raros não fossem dotados, em um grau extraordinário, de dois talentos que me parecem contraditórios, o gênio e o *bel esprit*[93]. Os traços mais brilhantes e as comparações as mais engenhosas ali enfeiam, a todo o instante, as ideias mais sublimes. A natureza os haveria tratado mais favoravelmente se, tendo-lhes acordado o gênio, lhes recusasse o *bel esprit*. O gosto sólido e verdadeiro, o sublime, em qualquer gênero que seja, o patético, os grandes efeitos do medo, da comiseração e do terror, os sentimentos nobres e elevados, as grandes ideias rejeitam o deslocamento epigramático e o contraste das expressões.

Se existe, todavia, alguma obra que comporte a variedade no estilo, essa é a *Enciclopédia*: mas como desejei que ali os objetos mais diferentes sempre se referissem ao homem e adotassem uma roupagem moral, exprimindo a decência, a dignidade, a sensibilidade, a elevação de alma, em uma palavra, que se discernisse em todo lugar um sopro de honestidade, também queria que o tom respondesse a tais intenções e que ele recebesse alguma austeridade, mesmo nos lugares onde as cores mais brilhantes e mais alegres não tivessem sido deslocadas. É falhar em seu objetivo divertir e agradar, quando se pode instruir e sensibilizar.

Quanto à pureza da dicção, tem-se o direito de exigi-la em toda obra. Não sei de onde vem a indulgência injuriosa que se tem pelos grandes livros e, sobretudo, pelos dicionários. Parece que se permitiu à impressão in-fólio ser escrita pesadamente, negligentemente, sem gênio, sem gosto e fineza. Crê-se ser impossível introduzir essas qualidades em uma obra de grande fôlego? Ou será que a maior parte das obras de grande

92. Voltaire e Fontenelle, respectivamente.

93. Termo que se refere a uma pessoa ao mesmo tempo talentosa e erudita, e que gosta de demonstrar tais qualidades.

fôlego que até agora apareceu, tendo comumente esses defeitos, foi olhada como apanágio da forma?

Olhando mais de perto, no entanto, se perceberá que, se há alguma obra na qual seja fácil estabelecer-se um estilo, é o dicionário; ela é toda recortada por artigos; e as partes mais extensas são menos do que um discurso oratório.

Mas eis o que acontece. É raro que aqueles que escrevem de maneira superior queiram e possam continuar por muito tempo uma tarefa tão penosa. Além disso, nas obras de colaboração, em que a glória é repartida e onde o trabalho se confunde com o de vários, designa-se um colaborador por êmulo e compara-se aquele trabalho com o seu; fica-se envergonhado de estar por baixo, mas não há preocupação em estar por cima; emprega-se apenas uma parte de suas forças; e espera-se que o que foi negligenciado desaparecerá na imensidão dos volumes.

É assim que o interesse se debilita em cada um, na medida que o número dos associados aumenta e, distinguindo-se a obra tanto menos quanto mais colaboradores houver, o livro encontra-se em geral num estado de mediocridade tanto maior quanto mais forem eles.

No entanto, o tempo levanta o véu, e cada qual é julgado segundo seu mérito. Distingue-se o trabalhador negligente do honesto ou daquele que cumpriu o seu dever. O que alguns fizeram mostra o que se devia exigir de todos, e o público nomeia quem desagradou e deplora o fato de terem tão mal respondido à importância da empresa e a escolha com a qual foram honrados.

Explico-me a esse respeito com tanto mais liberdade, pois que ninguém será menos exposto do que eu a essa espécie de censura e que, qualquer crítica que se faça a nosso trabalho, seja em geral ou em particular, não será menos certo ser muito difícil formar-se uma segunda sociedade de gentes de letras e de artistas tão numerosa e melhor composta do que aquela que concorre para a elaboração deste dicionário. Se fosse fácil encontrar alguém melhor do que eu por autor e editor, seria preciso convir que fosse, sob esses dois aspectos, infinitamente mais fácil ainda encontrar ninguém menos do que o senhor D'Alembert. Quanto eu ganharia com essa espécie de enumeração, pela qual os homens se compensariam uns pelos outros! Acrescentemos a isso haver partes para as quais não há escolha e que esse inconveniente será o de todas as edições. Com qualquer honorário que se propuser a um homem, ele jamais preencheria o tempo que se lhe pedisse. É necessário que um artista vele em sua oficina; é preciso que um homem público permaneça em suas funções. Este aqui é, infelizmente, muito ocupado, e o homem de gabinete não é, infelizmente, bastante instruído. Faz-se o que se pode.

Mas se é fácil um dicionário ser bem escrito, não há muitas obras que, mais essencialmente, devam sê-lo. Quanto mais longa for uma rota, mais se desejará que ela seja agradável. De resto, temos algumas razões para crer que, sob tal aspecto, não deixamos de obter sucesso. Há pessoas que leram a *Enciclopédia* do início ao fim, e se excetuarmos o dicionário de Bayle[94], que perde todos os dias um pouco dessa prerrogativa, não há mais senão o nosso que a teve e dela se aproveita. Desejamos que a conserve pouco, pois amamos mais os progressos do espírito humano do que a duração de nossas produções, e teríamos realizado algo para além de nossas esperanças se tivéssemos tornado os conhecimentos tão populares que fosse preciso ao comum dos homens uma obra mais forte que a *Enciclopédia* para os encantar e instruir.

Seria de se desejar, quando se trata de estilo, que se pudesse imitar Petrônio, que deu, ao mesmo tempo, o exemplo e o pretexto, quando, tendo de pintar as qualidades de um bom discurso, disse: *grandis, et ut ita dicam pudica oratio neque maculosa este neque turgida, sed naturali pulchritudine exsurgit*[95]. A descrição é a própria coisa.

94. Ver nota 57.

95. A grande e, se posso dizer, a casta eloquência não admite uma beleza nem maculada nem empolada, mas que exsurja naturalmente.

É preciso garantir-se singularmente da obscuridade e relembrar, a cada linha, que um dicionário é feito para todo o mundo, e que a repetição das palavras, que ofenderiam em uma obra mais leve, convertem-se em um caráter de simplicidade que jamais desagradará em uma obra volumosa.

Que nunca haja algo de vago nas expressões. Seria ruim empregar em um livro filosófico os termos mais usuais, quando não levam com eles qualquer ideia fixa, distinta e determinada; e existem esses termos, e em grande número. Se se pudesse dar-lhes as definições, em conformidade com a natureza, que não muda, e não segundo as convenções e os preconceitos dos homens, que mudam continuamente, essas definições se tornariam germes de descobertas. Observemos ainda aqui a necessidade contínua que temos de um modelo invariável e constante, ao qual nossas definições e descrições se relacionem, tal como a natureza do homem, dos animais ou de outros seres subsistentes. O resto é nada, e aquele que não sabe afastar certas noções particulares, locais e passageiras, se atormenta em seu trabalho e expõe-se a dizer, continuamente, contra o testemunho de sua consciência e a tendência de seu espírito, coisas inexatas para o momento e falsas, ou pelo menos obscuras e temerárias, para o futuro.

As obras dos gênios mais intrépidos e mais elevados, dos maiores filósofos da Antiguidade, estão um pouco desfiguradas por esse defeito. E falta muito para que as atuais estejam isentas dele. A intolerância, a falta da dupla doutrina e o defeito de uma língua hieroglífica e sagrada sempre perpetuarão tais contradições e continuarão a manchar nossas mais belas produções. Frequentemente, não se sabe o que um homem pensou sobre as matérias mais importantes. Ele se cobre de trevas fingidas; seus próprios contemporâneos ignoram seus sentimentos; e não se deve esperar que a *Enciclopédia* esteja isenta desse defeito.

Quanto mais abstratas forem as matérias, mais será preciso se esforçar para colocá-las ao alcance dos leitores. Um editor experiente e seguro de si se porá numa situação intermediária entre os espíritos. Se a natureza o tivesse elevado à categoria dos primeiros gênios e dali não descesse, conversando permanentemente com os homens da maior perspicácia, lhe aconteceria considerar os objetos de um ponto de vista que a multidão não pode alcançar. Muito acima dela, a obra tornar-se-ia obscura para muita gente. Mas se ele infelizmente se encontrasse, ou tivesse a complacência de rebaixar-se em demasia, as matérias, tratadas de modo imbecil, se tornariam longas e fastidiosas. Ele irá, pois, considerar o mundo como sua escola e o gênero humano como seu pupilo; e ditará lições que não façam os bons espíritos perder um tempo precioso, nem desencorajar a multidão dos espíritos ordinários. Há duas classes de homens, igualmente estreitas, que se deve negligenciar. São os gênios transcendentes e os imbecis: nenhuma delas necessita de mestres.

Mas se não é fácil compreender o alcance dos espíritos, bem menos ainda é, para o homem de gênio, fixar-se. O gênio tende naturalmente a elevar-se; procura a região das nuvens; se ele se esquece, é conduzido por um rápido voo, e logo os olhos ordinários deixam de percebê-lo e de segui-lo.

Se cada enciclopedista houvesse bem cumprido seu trabalho, a atenção principal de um editor se reduziria a circunscrever rigorosamente os diferentes objetos; a confinar as partes nelas mesmas e a suprimir as repetições, o que é mais fácil do que preencher as omissões; as repetições se percebem e se corrigem com um traço de pena; as omissões se dissimulam e não são supridas sem trabalho. O grande inconveniente é que se mostram tão bruscamente que o editor, constrangido entre uma matéria que pede tempo e a velocidade da impressão, que não se combinam, faz com que a obra fique estropiada ou a ordem se perverta; obra estropiada, caso se cumpra a tarefa no tempo; ordem pervertida, se a enviamos para algum lugar afastado do dicionário.

Onde está o homem versado em todos os assuntos que possa escrever imediatamente, como se estivesse há muito tempo ocupado? Onde está o editor que terá os princípios de um autor tão presentes, ou as noções tão conformes às suas, para não cair em contradição? Não é mesmo um trabalho quase acima de suas forças o ter de observar as contradições que necessariamente se encontram entre os princípios e as ideias de seus colaboradores? Se não é sua função suprimi-las, quando reais, deve ao menos fazê-lo quando forem aparentes; e no primeiro caso, pode ele se dispensar de indicá-las, de retirá-las, de indicar a fonte, de mostrar a via comum que os autores seguiram e o ponto de divisão onde começaram a se separar? De balançar suas razões, de propor observações e experiências contra e a favor, de designar o lado da verdade ou o da verossimilhança? Ele não porá a obra a coberto de censura a não ser observando expressamente que não é o dicionário que se contradiz, e sim as ciências e as artes que não estão de acordo. Se fosse mais longe, se resolvesse as dificuldades, seria como um gênio. Mas pode-se exigir de um editor que seja homem de gênio? E não seria loucura pedir que fosse um gênio universal?

Uma atenção que recomendaria ao editor que nos suceder, para o bem da obra e a segurança de sua pessoa, é o de enviar aos censores as folhas impressas, e não o manuscrito. Com tal precaução, os artigos não serão perdidos, desorganizados ou suprimidos; e a rubrica do censor, posta embaixo da folha impressa, será a garantia mais segura de que nada se ajuntou, alterou ou cortou, e que a obra ficou no estado que ele julgou apropriado que se imprimisse.

Mas o nome e a função do censor lembrou-me uma questão importante. Perguntamos se valeria mais a pena que uma Enciclopédia fosse tacitamente permitida, ao invés de expressamente aprovada. Os que sustentavam a afirmativa diziam: "então os autores gozarão de toda a liberdade necessária para fazer uma obra excelente. Quantos assuntos importantes serão tratados! Que belos artigos o direito público fornecerá! Quanto outros se poderão imprimir em duas colunas, nas quais uma estabelecerá os prós, e a outra os contras! O histórico será exposto sem parcialidade; o bem altamente louvado; o mal atacado sem reserva; as verdades asseguradas; as dúvidas propostas; os preconceitos destruídos e o uso das remissões políticas bem restringidas".

Seus antagonistas simplesmente respondiam: "que é preferível sacrificar um pouco de liberdade do que se expor ao licencioso; e, além disso, acrescentavam, tal é a constituição das coisas que nos rodeiam que se um homem extraordinário se propôs uma obra tão extensa quanto a nossa, e que lhe fosse dado conhecer, pelo Ser Supremo, a verdade completa, seria preciso ainda, para sua segurança, que lhe fosse assinalado um ponto inacessível nos ares, de onde suas páginas caíssem sobre a Terra".

Já que é, pois, tão pertinente submeter-se à censura literária, não se pode ter um censor muito inteligente: será necessário que ele saiba adaptar-se ao caráter geral da obra; ver sem interesse nem pusilanimidade, não ter respeito senão por aquilo que é verdadeiramente respeitável; distinguir o tom que convém a cada pessoa e a cada assunto; não se espantar com os propósitos cínicos de Diógenes nem com os termos técnicos de Winslou ou com os silogismos de Anaxágoras; não exigir que se refute, que se debilite ou que se suprima o que só contamos historicamente; perceber a diferença entre uma obra imensa e um caderno com vinte e quatro páginas[96]; e amar bastante a verdade, a virtude, os progressos dos conhecimentos humanos e a honra de uma nação, para ter em vista apenas esses grandes temas. Eis o censor que gostaria.

Quanto ao homem que desejaria para autor, seria firme, instruído, honesto, verídico, de nenhum país ou seita, de nenhum Estado. Que relatasse as coisas do momento em que vive como se fosse há mil anos, e aquelas do lugar onde habita como se estivesse a duas mil léguas de distância. Mas para um tão digno

96. No original, *in-douze*, ou seja, impresso em doze folhas que, desdobradas, compõem 24 páginas.

colaborador, o que seria necessário como editor? Um homem dotado de um grande senso, célebre pela extensão de seus conhecimentos, pela elevação de seus sentimentos e ideias, por seu amor ao trabalho; um homem amado e respeitado por seus caracteres doméstico e público; nunca entusiasta, a não ser da verdade, da virtude e da humanidade.

Não se deve imaginar que o concurso de tantas circunstâncias felizes não deixe nenhuma imperfeição à *Enciclopédia*: sempre haverá defeitos em uma obra dessa envergadura. Nós os repararemos primeiramente pelos suplementos, na medida que forem descobertos; mas virá necessariamente um tempo em que o próprio público pedirá uma reimpressão geral. E como não se pode saber a que mãos esse importante trabalhado será confiado, permanece incerto se a nova edição será inferior ou preferível à precedente. Não é raro ver obras consideráveis, revistas, corrigidas e aumentadas por pessoas desastradas, degenerar a cada reimpressão e, por fim, cair no desprezo. Poderíamos citar um exemplo recente, se não temêssemos nos abandonar ao ressentimento, acreditando ceder ao interesse da verdade.

A *Enciclopédia* pode facilmente ser melhorada, e facilmente deteriorada. Mas o perigo ao qual se deve principalmente pôr um obstáculo, e que previmos, é que o cuidado com as edições subsequentes não seja abandonado ao despotismo de uma sociedade, de uma companhia, qualquer que seja ela. Anunciamos e atestamos aos nossos contemporâneos e à posteridade que o menor inconveniente que possa ocorrer seria que se suprimissem coisas essenciais; que se multiplicasse ao infinito o número e o volume daquelas que se precisa suprimir; que o espírito de corpo, ordinariamente pequeno, ciumento, concentrado, infectasse o aglomerado da obra; que as artes fossem negligenciadas; que um assunto de interesse passageiro sufocasse os demais; e que a *Enciclopédia* suportasse o destino de tantas obras de controvérsia. Quando os católicos e os protestantes, cansados de disputas e saciados de injúrias, tomaram o partido do silêncio e do repouso, viu-se imediatamente uma grande quantidade de livros elogiados desaparecer e cair no esquecimento, como quando se vê, no fundo de um vaso, acalmar-se o sedimento de uma fermentação.

Eis as primeiras ideias que se ofereceram ao meu espírito sobre o projeto de um dicionário universal e raciocinado do conhecimento humano, sobre sua possibilidade, seu fim, seus materiais, a ordem geral e particular dos temas; o estilo, o método, os reenvios, a nomenclatura, o manuscrito, os autores, os censores, os editores e o tipógrafo.

Caso se pese a importância desses assuntos, se perceberá facilmente não haver nenhum que não forneça matéria para um discurso bastante extenso; que deixei mais coisas por dizer do que aquelas que disse; e que talvez a prolixidade e a adulação não estejam entre os defeitos com os quais se poderiam me censurar.

GOZO. (Gramática e Moral) Gozar é conhecer, experimentar, sentir os benefícios de possuir, pois reiteradamente se possui sem gozar. A quem pertencem esses magníficos palácios? Quem plantou esses jardins imensos? O soberano. Quem deles goza? Eu.

Mas deixemos esses palácios magníficos que o soberano construiu para outros que não ele, esses jardins encantadores onde ele jamais passeia, e nos detenhamos na volúpia que perpetua a cadeia dos seres vivos e à qual consagramos a palavra gozo.

Entre os objetos que, de todas as partes, a natureza oferece aos nossos desejos, vós, que tendes uma alma, dizei-me: existe nela coisa mais digna de nossa busca, e cuja posse e gozo possam nos tornar tão felizes, do que aquelas do ser que pensa e sente como vós, que possui as mesmas ideias, que experimenta o mesmo calor, os mesmos transportes, que leva seus braços tenros e delicados aos vossos, que vos enlaça, e cujas carícias serão seguidas da existência de um novo ser semelhante a um de vós, que em seus primeiros movimentos vos procurará para vos apertar, que vós elevareis, que juntos amareis, que vos protegerá em vossa velhice, que sempre vos respeitará e cujo feliz nascimento já fortaleceu o elo que vos unia?

Os seres brutos, insensíveis, imóveis, privados de vida e que nos cercam podem servir à nossa felicidade; mas sem o saber e sem compartilhá-la; e nosso gozo estéril e destrutivo, que os altera, não reproduz nenhum.

Se houvesse algum homem perverso que pudesse ofender-se com o elogio que fiz da mais augusta e da mais geral das paixões, evocaria para ele a Natureza e a faria expressar-se. E ela diria: "por que te envergonhas de ouvir pronunciar o nome de uma volúpia e não te envergonhas de experimentar sua tentação nas sombras da noite? Ignoras qual o seu fim e aquilo que tu deves a ela? Crês que tua mãe teria exposto sua vida para dá-la a ti, se eu não houvesse atado um encanto inexprimível aos abraços de seu esposo? Cala-te, infeliz, e pensa que foi o prazer que tirou-te do nada".

A propagação dos seres é o maior objetivo da natureza[97]. Ela a solicita imperiosamente aos dois sexos, tão logo eles tenham recebido o que ela lhes destinou de força e beleza. Uma inquietação vaga e melancólica os adverte do instante: seu estado é a mescla do esforço, da inquietação e do prazer. É então que escutam seus sentidos e dão atenção a si mesmos. Um indivíduo apresenta-se a outro da mesma espécie e de sexo diferente; a sensação de qualquer outra necessidade é suspensa; o coração palpita, os membros fremem e imagens de prazer vagueiam pelo cérebro; torrentes de espíritos correm pelos nervos, os estimulam e vão dirigir-se à sede de um novo sentido que se mostra e atormenta. A visão se atrapalha e nasce o delírio; a

97. Ainda que não tenha lido essa passagem, Schopenhauer concordaria integralmente com a afirmação.

razão, escrava do instinto, limita-se a servi-lo. E a natureza se satisfaz.

É assim que as coisas se passavam no nascimento do mundo e ainda se passam no antro do adulto selvagem.

Mas quando a mulher começou a discernir, quando pareceu prestar atenção à sua escolha, e, entre vários homens sobre os quais a paixão passeava seus olhares, houve um que os deteve, que pôde se orgulhar de ser o preferido, que acreditou levar ao coração que estimava a estima que fazia de si mesmo, e que olhou o prazer como a recompensa de algum mérito; quando os véus que o pudor jogou sobre os encantos deixaram à imaginação inflamada o poder de dispô-los à sua vontade, as ilusões mais delicadas concorreram com o sentimento mais refinado para exagerar a felicidade. A alma foi tomada de entusiasmo quase divino; dois jovens corações, perdidos de amor, devotaram-se um ao outro para sempre, e o céu ouviu os primeiros juramentos indiscretos.

Não houve dia de instantes felizes, antes daquele em que toda a alma buscou precipitar-se e perder-se na alma do objeto amado! Houve gozos como esperado.

No entanto, a confiança, o tempo, a natureza e a liberdade das carícias levaram ao esquecimento de si mesmo; jurou-se, após se ter sentido o último arrebatamento, que não havia nenhum outro que se pudesse compará-lo; e isso se tornou verdade todas as vezes que se uniram órgãos sensíveis e jovens, um coração terno e uma alma inocente que não conheceu nem a desconfiança nem os remorsos.

INTOLERÂNCIA. (Moral) A palavra intolerância é entendida comumente como paixão feroz que leva a odiar e a perseguir aqueles que nos parecem viver no erro. Mas para não confundir coisas bastante diversas, é necessário distinguir dois modos de intolerância – a eclesiástica e a civil.

A intolerância eclesiástica consiste em olhar como falsa toda e qualquer outra religião que não a nossa e a invectivá-la abertamente, sem reservas, sem respeito humano, correndo até mesmo o risco de perder a vida. Neste artigo, não trataremos desse heroísmo que tantos mártires fez em todos os séculos da Igreja.

A intolerância civil consiste em romper toda comunicação e a perseguir, por meios violentos e diversos, aqueles que possuem uma maneira de pensar em Deus e em seu culto diferentemente de nós.

Algumas linhas retiradas da Escritura, dos pais da Igreja, dos concílios, serão suficientes para mostrar que o intolerante, tomado neste último sentido, é um homem ruim, um mau cristão, um sujeito perigoso, um mau político e um mau cidadão.

Mas antes de entrarmos na matéria, devemos dizer, em favor de nossos teólogos católicos, que muitos subscreveram, sem restrições, aquilo que iremos expor, conforme os autores mais respeitáveis.

Diz Tertuliano no *Apologeticum*: "Tamen humanis juris et naturalis potestatis est unicuique quod putaverit, colere; nec alii obest aut prodest alterius religio. Sed nec religionis est cogere religionem quae sponte suscipi debeat, non vi; cum et hostiae ab animo lubenti expostulentur"[98].

Eis o que os cristãos, ainda poucos e perseguidos, representavam para os idólatras que os arrastavam aos pés de seus altares.

É impiedade expor a religião às acusações odiosas de tirania, de rigorismo, de injustiça, de insociabilidade, mesmo com a pretensão de reconduzir aqueles que, infelizmente, dela se tenham afastado.

98. É próprio do direito humano e da faculdade natural que cada um preste o culto que desejar; a religião de um homem não prejudica nem é benéfica a outro. E não é próprio da religião impor a religião, que deve ser aceita espontaneamente, e não à força, pois os sacrifícios são requeridos só pela vontade livre.

O espírito não pode aquiescer senão ao que lhe parece verdadeiro; o coração não pode amar a não ser o que lhe pareça bom. A violência fará do homem um hipócrita se ele for fraco; um mártir, se corajoso. Fraco ou valente, sentirá a injustiça da perseguição e se indignará.

A educação, a persuasão e a prece, eis os únicos meios legítimos de compreender a religião.

Todo meio que incite ao ódio, à indignação e ao menosprezo é ímpio. Todo meio que desperte as paixões e que se prenda a pontos de vista interessados é ímpio. Todo meio que afrouxe os elos naturais e afaste pais de filhos, irmãos de irmãos, irmãs de irmãs é ímpio. Todo meio que tenda a sublevar os homens, a armar as nações e a mergulhar a terra em sangue é ímpio. É ímpio querer impor leis à consciência, regra universal das ações. É preciso esclarecê-la, e não constrangê-la.

Os homens que se enganam de boa-fé merecem pesar, jamais punição. Não é preciso atormentar os homens de boa-fé, nem os de má-fé, mas abandoná-los ao julgamento de Deus.

Se rompermos o elo com aquele a quem chamamos de ímpio, romperemos a ligação com o avaro, com o impudente, o ambicioso, o colérico, o vicioso. Aconselharemos essa ruptura com os outros, mas três ou quatro intolerantes serão suficientes para afligir toda a sociedade.

Se pudermos arrancar um cabelo daquele que pensa diferentemente, poderemos dispor de sua cabeça, pois não há limites à injustiça. Será o interesse ou o fanatismo, o momento ou a circunstância que decidirá o maior ou o menor mal que nos permitiremos cometer.

Se um príncipe estrangeiro e não cristão perguntasse aos missionários de uma religião intolerante de que modo eles a empregam em meio aos que nela não creem, seria necessário que eles confessassem algo odioso, ou mentissem, ou guardassem um silêncio vergonhoso.

O que o Cristo recomendou a seus discípulos quando os enviou às nações? Matar ou morrer? Perseguir ou sofrer? São

Paulo escreveu aos Tessalonicenses: "se alguém vier vos anunciar um outro Cristo, vos propor um outro espírito, vos pregar um outro evangelho, vós o sofrereis". Intolerantes, é assim que vós vos comportais, mesmo com aquele que nada anuncia, nada propõe e nada prega?

E escreveu ainda: "Não trateis como inimigo aquele que não tem os mesmos sentimentos que vós, mas preveni-o como a um irmão". Intolerantes, é assim que vós fazeis? Se vossas opiniões vos autorizam a me odiar, por que minhas opiniões não me autorizariam a vos odiar também?

Se vós gritais, e sou eu que tenho a verdade do meu lado, gritarei tão alto quanto vós, pois tenho a verdade ao meu lado. Mas acrescentaria: o que importa quem esteja enganado, desde que a paz esteja entre nós? Se sou cego, é preciso que vós me firais no rosto?

Se um intolerante se explicasse claramente e se revelasse o que é, que parte da terra não lhe estaria fechada? Que homem sensato ousaria chegar-se ao país onde habita o intolerante?

Lê-se em Orígenes, em Minúcio Félix, nos pais da Igreja dos três primeiros séculos: "a religião persuade, não exige. O homem deve ser livre na escolha de seu culto; o perseguidor faz com que seu Deus seja odiado; o perseguidor calunia sua religião". Digam-me: é da ignorância ou da impostura que vêm essas máximas?

Em um Estado intolerante, o príncipe não passaria de um carrasco a serviço dos sacerdotes. Ora, o príncipe é o pai comum de seus súditos e seu apostolado é fazê-los felizes.

Se fosse suficiente publicar uma lei para se adquirir o direito de punir, não haveria tiranos.

Há circunstâncias nas quais estamos tão fortemente persuadidos do erro quanto da verdade. Isso só pode ser desmentido por aquele que jamais tenha errado, quando conduzido pela sinceridade.

Se vossa verdade me proscreve, meu erro, que tomo por verdade, vos proscreverá.

Deixai de ser violentos, ou deixai de repreender a violência aos pagãos e muçulmanos. Quando vós odiais vossos irmãos, e quando pregais o ódio ao próximo, é Deus que vos inspira?

Cristo afirmou: "meu reino não é deste mundo". E vós, seus discípulos, quereis tiranizar o mundo! Disse ele: "sou doce e humilde de coração". Sois vós doces e humildes de coração? E ainda: "bem-aventurados os simples, os pacíficos e os misericordiosos". Sondai vossa consciência e vede se mereceis essa bênção: sois simples, pacíficos e misericordiosos? Ele disse: "eu sou o cordeiro conduzido ao sacrifício, sem protesto". E vós estais prontos a pegar o cutelo do açougueiro e a degolar aquele por quem o sangue do cordeiro foi vertido. Disse ele: "se vos perseguirem, fugi" e vós perseguis aos que vos deixam dizê-lo e nada mais pedem senão pastar docemente ao vosso lado. Ele disse: "vós quereis que eu faça cair o fogo do céu sobre os vossos inimigos; vós não sabeis que espírito vos anima". E eu o repito com ele: intolerantes, vós não sabeis que espírito vos anima.

Escutai São João: "minhas crianças, amai-vos uns aos outros".

Santo Atanásio: "se eles perseguem, eis uma prova manifesta de que não têm piedade, nem medo de Deus. É próprio da piedade não constranger, mas persuadir, da mesma maneira que o Salvador, que deixou a cada um a liberdade de o seguir. O diabo, que não possui a verdade, usa achas e machados".

São João Crisóstomo: "Jesus Cristo pergunta a seus discípulos se também querem ir-se; pois estas devem ser as palavras daquele que não pratica a violência".

Salviano: "Estes homens encontram-se no erro, mas ali estão sem o saberem. Enganam-se entre nós, mas não entre eles. Estimam-se tão bons católicos que nos chamam de heréticos. O que somos a seus olhos, eles o são aos nossos. Erram, mas com boa intenção. Qual será o seu destino futuro? Só o Grande Juiz sabe. Nessa espera, Ele os tolera".

Santo Agostinho: "Que aqueles vos maltratem, os que ignoram com que dificuldade se encontra a verdade e não sabem como é raro e penoso renunciar aos fantasmas da carne; que aqueles vos maltratem, os que não sabem o quanto é preciso gemer e suspirar para compreender algo de Deus; que aqueles vos maltratem, que não caíram em erro".

Santo Hilário: "Vós vos servis do constrangimento em uma causa em que só é necessária a razão; vós empregais a força, lá onde só é preciso a luz".

As constituições do papa São Clemente: "O Salvador deixou aos homens o uso do livre-arbítrio, não os punindo de uma morte temporal, mas lhes conduzindo a um outro mundo, para ali prestarem contas de suas ações".

Os pais de um concílio de Toledo: "Não façais a ninguém qualquer tipo de violência para levá-lo à fé, pois Deus dá a misericórdia a quem quer e fortalece a quem lhe agrada".

Poderíamos encher muitos volumes com essas citações, esquecidas pelos cristãos de nossos dias.

São Martinho arrependeu-se por toda vida por ter mantido relações com os perseguidores de heréticos. Homens sábios desaprovaram a violência que o imperador Justiniano fez aos samaritanos. Os escritores que aconselharam leis penais contra a incredulidade foram detestados. Nos últimos tempos, o apologista da revogação do édito de Nantes foi considerado um sanguinário, com o qual não se devia dividir o mesmo teto.

Qual é o caminho para a humanidade? A do perseguidor que agride ou a do perseguido que se lamenta? Se um príncipe incrédulo tem o direito incontestável à obediência de seu súdito, uma pessoa que não crê tem igualmente o direito incontestável à proteção de seu príncipe. É uma obrigação recíproca.

Se um príncipe diz que um agnóstico é indigno de viver, não se deve temer que o súdito diga que o príncipe infiel é indigno de reinar? Intolerantes, homens de sangue, vede as consequências de vossos princípios e tremam por elas. Homens que eu amo, quaisquer que sejam os vossos sentimentos, é para vós que recolhi esses pensamentos e sobre os quais peço que reflitam. Meditai e vós abdicareis de um sistema atroz que não convém nem à integridade do espírito nem à bondade do coração.

Trabalhai por vossa salvação. Rezai pela minha e crede que tudo o que permitis para além disso é de uma injustiça abominável aos olhos de Deus e dos homens.

IRRELIGIOSO. Que não possui religião, que falta ao respeito pelas coisas santas e que, não admitindo Deus, vê a piedade e as outras virtudes que se vinculam à Sua existência e culto como palavras vazias de sentido.

É-se irreligioso apenas na sociedade de que se é membro; é certo que não se cometerá em Paris qualquer crime contra um maometano por seu desprezo à lei de Maomé, assim como a um cristão, em Constantinopla, pela negligência de seu culto.

O mesmo não ocorre com os princípios morais; eles são os mesmos em todos os lugares[99]. Sua inobservância é e será repreensível em todos as regiões e em todos os tempos. Os povos se dividem em cultos diferentes, religiosos ou irreligiosos, conforme o local da superfície da Terra para onde se transportam ou habitam; a moral é a mesma em todos os lugares.

É a lei universal que o dedo de Deus gravou em todos os corações. É o preceito eterno da sensibilidade e das necessidades comuns.

Não se deve, pois, confundir imoralidade com irreligião. A moralidade pode existir sem a religião, e a religião pode existir, e frequentemente convive, com a imoralidade[100].

Sem estender suas visões para além dessa vida, há uma enorme quantidade de razões que podem demonstrar a um homem que, para ser feliz nesse mundo, tudo bem pesado, não há nada melhor a se fazer do que ser virtuoso.

99. Deve-se observar que Diderot antepõe os princípios éticos e o comportamento moral aos da prática religiosa ou dos hábitos culturais. Tema hoje presente nas disputas entre cosmopolitismo e multiculturalismo.

100. Bayle já havia chamado a atenção para a existência possível de uma sociedade de ateus virtuosos em *Pensamentos Diversos sobre o Cometa de 1680*.

Bastam o bom senso e a experiência para perceber que não há qualquer vício que não arraste consigo uma porção de infelicidade; e nenhuma virtude que não seja acompanhada de alguma porção de felicidade; que é impossível que o mau seja completamente feliz e o homem de bem completamente infeliz; e que malgrado o interesse e o atrativo do momento, só há uma conduta a manter.

De irreligião se fez a palavra irreligioso, que não é ainda muito utilizada em sua acepção geral.

NADA OU NEGAÇÃO. (Metafísica)[101] Conforme os filósofos escolásticos, é algo que não é um ser real e que não se concebe e não se nomeia a não ser por uma negação.

Veem-se pessoas que se lastimam de, após todos os esforços imagináveis para conceber o nada, não conseguir concluí-los. O que precedeu à criação do mundo? O que havia em seu lugar? Nada. Mas e o meio de se representar esse nada? É mais cômodo representar-se uma matéria eterna. Tais pessoas fazem um esforço lá onde não seria preciso fazê-lo e eis aí justamente o que os confude – eles querem fazer uma ideia que lhes represente o nada. Mas como cada ideia é real, aquilo que ela representa também é real. Quando falamos do nada, a fim de que nossos pensamentos se disponham de acordo com nossa linguagem e a ela respondam, é necessário abster-se de representar o que quer que seja. Antes da criação, Deus existia. Mas o que existia, o que ocupava o lugar do mundo? Nada, nenhum lugar. O lugar foi criado com o universo[102], que é o seu próprio lugar, pois ele está em si mesmo, e não fora de si. Nada existia, pois. Mas como concebê-lo?

101. No título original, há duas palavras para indicar a ideia do artigo, *rien* e *néant*, usadas sem diferença de acepção, além do termo *négation*.

102. Hoje se diria, com a mesma intenção, que o espaço foi criado simultaneamente com a matéria.

Não é preciso conceber nada. Quem diz nada declara, por sua linguagem, que ele afasta qualquer realidade; é necessário pois que o pensamento, para responder a essa linguagem, afaste toda ideia e não ponha sua atenção sobre o que quer que seja de representativo. Na verdade, não nos abstemos de todo pensamento. Sempre se pensa. Mas, nesse caso, é simplesmente sentir em si mesmo que se se abstém de formar representações.

DAMNATIO, ET PROHIBITIO

Operis in plures Tomos distributi, cujus est Titulus: Encyclopedie, ou Dictionaire raisonnè des Sciences, des Ars, des Metiers par une societè de Gens de Lettres mis en ordre, & publiè par M.r Diderot de l' Academie Royale des Sciences, & des belles Lettres de Prusse, & quant a la partie Mathematique, par M.r d' Alembert de l' Academie Royale de Sciences de Paris, de celle de Prusse, & de la Societè Royale de Londres.

CLEMENS PAPA XIII.

Ad futuram rei memoriam

UT primum in lucem prodiit spissum opus in plures Tomos tributum, cujus est titulus – *Encyclopedie, ou Dictionaire raisonè des sciences, des Arts, & des Metiers par une societè de Gens de Lettres mis en ordre, & publiè par M.r Diderot de l' Academie Royale des sciences, & des belles Lettres de Prusse, & quant a la partie Mathematique, par M.r d' Alembert de l' Academie Royale des sciences de Paris, de celle de Prusse, & de la Societè Royale de Londres* – non publico tantum rumore, sed gravissimorum quoque hominum Fidei, & Religionis zelo flagrantium judicio accepimus plurima in eo efferri, ac contineri, quæ non solum Christianæ pietati, ac morum disciplinæ quammaxime obessent, sed quæ Religionem ipsam impeterent, eamque vel ex imo convellere niterentur, vel summa certe ejus capita, ac dogmata labefactarent: quapropter instituto a Venerabilium Fratrum nostrorum S. R. E. Cardinalium Congregatione Indici Librorum prohibendorum, atque expurgandorum præposita accurato ejusdem operis examine, atque judicio inter Libros ab apostolica Sede damnatos, atque proscriptos referendum esse decretum est die v. Martii proxime præteriti. Fuere interea nonnulli, qui e publica rei literariæ, & Christianæ quoque fore putantes, si, correctis, quibus scatet, erroribus, nova editione recusum, emendatumque prodiret, ad eam adornandam aggressi, adjectisque ad certa capita, seu articulos notis, idoneum periculo, ac malo omni remedium attulisse arbitrati sunt: sed diffusum, ac serpens in opere universo venenum, cum tale non esset, quod leni curaretur antidoto, irrito plane studio, ac labore operam ii suam luserunt; neque enim legentium periculo, ac detrimento satis consultum, neque opus satis correctum expurgatumque prodiisse compertum est. Novæ subinde, ac graves adversus utramque editionem querelæ ad Apostolatum nostrum delatæ sunt, quæ pro rei gravitate auctoritatis, & vigilantiæ nostræ opem flagitare videntur. Primum igitur in amaritudine cordis nostri vehementer dolemus, jam ad ea, quæ prædixit Salvator, devenisse Nos tempora, in quibus refrigescente charitate, atque in deterius labente morum disciplina, tum exundante per effrænem philosophandi, scribendique licentiam fallacium, impiarumque doctrinarum illuvie, fides quoque ipsa, & cui innititur Divina Revelatio, impudentissime oppugnatur. Incredulitas vero jam non tantum admittitur, sed & palam, aperteque docetur, lateque adeo propagatur, ut, si fieri posset, unam usque ad consummationem saeculi permansuram Christus Jesus promisit, Ecclesia impiorum hominum Doctrinis everteretur funditus, ac tolleretur; cum enim et Civitas illa fortis per Isaiam descripta, in qua, ut exponit Hieronymus – *ponitur murus bonorum operum, & antemurale rectæ Fidei, ut duplici septa sit munimento* – perversa, ac præpostera cum agendi, tum docendi ratione murum pariter, & antemurale disjicere, ac dissipare moliuntur. Nos vero, quos posuit Dominus custodes, ac viriles super muros Hierusalem, ut iis fortiter obsistamus, qui dicunt – *exinanite, exinanite usque ad fundamentum in ea* – pro loci, ac muneris nostri ratione silere diutius nec possumus, nec debemus: sed creditum Nobis Fidei, ac Religionis depositum, omni, qua possumus, ope, ne quid detrimenti capiat, custodire, ac tueri volentes, ne latius manaret in Ecclesiæ, animarumque perniciem exitialis operis lues, Venerabilibus Fratribus nostris ejusdem S. R. E. Cardinalibus in tota Republica Christiana Generalibus Inquisitoribus adversus haereticam pravitatem auctoritate Apostolica deputatis opus ipsum cum adjectis quoque notis, seu correctionibus novo examini subjiciendum commisimus, qui consultis primum Theologis ad censuram ferendam designatis, eorumque judiciis mature expensis, in Congregatione deinde Generali coram Nobis habita feria v. die 11. Augusti nuper elapsi, quid de opere ipso statuendum foret, per sua Nobis singillatim suffragia exposuerunt. Itaque, exceptis eorum sententiis, inspectisque Teologorum censuris, Motu proprio, atque ex certa scientia, & matura deliberatione nostris, deque Apostolicæ potestatis plenitudine opus prædictum ubicumque, & quocumque idiomate, etiam cum notis, seu declarationibus, ac correctionibus quibuscumque hactenus impressum, aut imposterum imprimendum, tamquam continens doctrinam, atque propositiones falsas, perniciosas, & scandalosas, ad incredulitatem, & religionis contemptum inducentes, morum corruptelæ, atque impietati viam facile aperientes damnamus, ac reprobamus, ipsumque legi, retineri, & quocumque etiam idiomate describi prohibemus omnibus & singulis Christifidelibus etiam specifica, & individua mentione, & expressione dignis sub pœna excommunicationis majoris quoad personas saeculares, quo vero ad Ecclesiasticas, etiam regulares sub pœna suspensionis a Divinis ipso facto absque alia declaratione incurrendis, quarum absolutionem, & respective relaxationem Nobis, & Successoribus Nostris Romanis Pont. pro tempore existentibus, excepto dumtaxat quoad excommunicationem prædictam mortis articulo, reservamus. Mandantes omnibus & singulis Christifidelibus sub iisdem excommunicationis respective, & suspensionis pœnis, qui ejusdem opus apud se habuerint, seu in quorum manus subinde pervenerint, ut illud, statim ac præsentes nostræ Literae eis innotuerint, locorum Ordinariis, vel hæreticæ pravitatis Inquisitoribus, seu eorum Vicariis tradere teneantur, qui exempla sibi tradita illico flammis abolenda curent. In contrarium facientibus non obstantibus quibuscumque. Ut autem eædem præsentes Literæ ad omnium notitiam facilius perducantur, nec quisquam illarum ignorantiam pertexere possit, volumus, ac mandamus, illas ad valvas Basilicæ Principis Apostolorum, & Cancellariæ Apostolicæ, necnon Curiæ generalis in Monte Citatorio, & in Acie Campi Floræ de Urbe per aliquem ex Cursoribus nostris, ut moris est, publicari, illarumque exempla ibi affixa relinqui: ipsarum etiam præsentium Literarum transumptis, seu exemplis etiam impressis manu alicujus Notarii publici subscriptis & sigillo personæ in Ecclesiastica dignitate constitutæ munitis eamdem prorsus fidem tam in judicio, quam extra illud ubicumque locorum haberi, quæ ipsis originalibus Literis adhiberetur, si forent exhibitæ, vel ostensæ.

Datum Romæ apud S. Mariam Majorem sub Annulo Piscatoris die III. Septembris MDCCLIX. Pontificatus Nostri Anno Secundo.

D. Cardinalis Passioneus.

Die, mense & anno, quibus supra, supradicta Damnatio, & Prohibitio affixa, & publicata fuit ad valvas Basilicæ Princ. Apost., & Cancel. Apostolicæ, necnon Curiæ Generalis in Monte Citatorio, & in Acie Campi Floræ, ac in aliis locis solitis et consuetis Urbis per me Joseph Renzoni Apost. Curs.

Philippus Contini Mag. Curs.

ROME, & SENIS apud Bonettos Typis Publicis, Per Franciscum Rossi Typographum MDCCLIX.

Ato de condenação da *Enciclopédia* pela Igreja, de 1759.

Le Repas des philosophes, tela de Jean Huber, 1772-1773. À direita, de perfil, Diderot; à sua frente, *père* Adam, observado por Grimm, atrás do qual aparece La Harpe, de perfil, ladeado por D'Alembert; de braço erguido, Voltaire, acompanhado do pintor da obra, Huber, à sua esquerda; Sophie d'Houdetot aparece a seguir, quase completamente encoberta e, ao seu lado, parcialmente encoberto, está o poeta Saint--Lambert; de costas, à esquerda de Diderot, está Marmontel, seguido de Condorcet, provavelmente.

COLEÇÃO TEXTOS

1.
Marta, A Árvore e o Relógio
Jorge Andrade

2.
Antologia dos Poetas Brasileiros da Fase Colonial
Sergio Buarque de Holanda

3.
A Filha do Capitão e o Jogo das Epígrafes
Aleksandr S. Púchkin / Helena S. Nazario

4.
Textos Críticos
Augusto Meyer (João Alexandre Barbosa, org.)

5.
O Dibuk
Sch. An-Ski (J. Guinsburg, org.)

6.
Panaroma do Movimento Simbolista Brasileiro (2 vols.)
Andrade Muricy

7.
Ensaios
Thomas Mann (Sel. de Anatol Rosenfeld)

8.
Leone De'Sommi: Um Judeu no Teatro da Renancença Italiana
J. Guinsburg (org.)

9.
Caminhos do Decadentismo Francês
Fulvia M. L. Moretto (org.)

10.
Urgência e Ruptura
Consuelo de Castro

11.
Pirandello: Do Teatro no Teatro
J. Guinsburg (org.)

12.
Diderot: Obras I
Filosofia e Política
J. Guinsburg (org.)

Diderot: Obras II
Estética, Poética e Contos
J Guinsburg (org.)

Diderot: Obras III
O Sobrinho de Rameau
J Guinsburg (org.)

Diderot: Obras IV
Jacques, o Fatalista, e seu Amo
J Guinsburg (org.)

Diderot: Obras V
O Filho Natural
J Guinsburg (org.)

Diderot: Obras VI (1)
O Enciclopedista: História da Filosofia I
J Guinsburg e Roberto Romano (orgs.)

Diderot: Obras VI (2)
O Enciclopedista: História da Filosofia II
J Guinsburg e Roberto Romano (orgs.)

Diderot: Obras VI (3)
O Enciclopedista: Arte, Filosofia e Política
J Guinsburg e Roberto Romano (orgs.)

13.
Makunaíma e Jurupari: Cosmogonias Ameríndias
Sergio Medeiros (org.)

14.
Canetti: O Teatro Terrível
Elias Canetti

15.
Idéias Teatrais: O Século XIX no Brasil
João Roberto Faria

16.
Heiner Müller: O Espanto no Teatro
Ingrid Dormien Koudela (org.)

17.
Büchner: Na Pena e na Cena
J. Guinsburg e Ingrid Dormien Koudela (org.)

18.
Teatro Completo
Renata Pallottini

19.
A República de Platão
J. Guinsburg (org.)

20.
Barbara Heliodora: Escritos sobre Teatro
Claudia Braga (org.)

21.
Hegel e o Estado
Franz Rosenzweig

22.
Almas Mortas
Nikolai Gógol

23.

Machado de Assis: Do Teatro

João Roberto Faria (org.)

24.

Descartes: Obras Escolhidas

J. Guinsburg, Roberto Romano e Newton Cunha (orgs.)

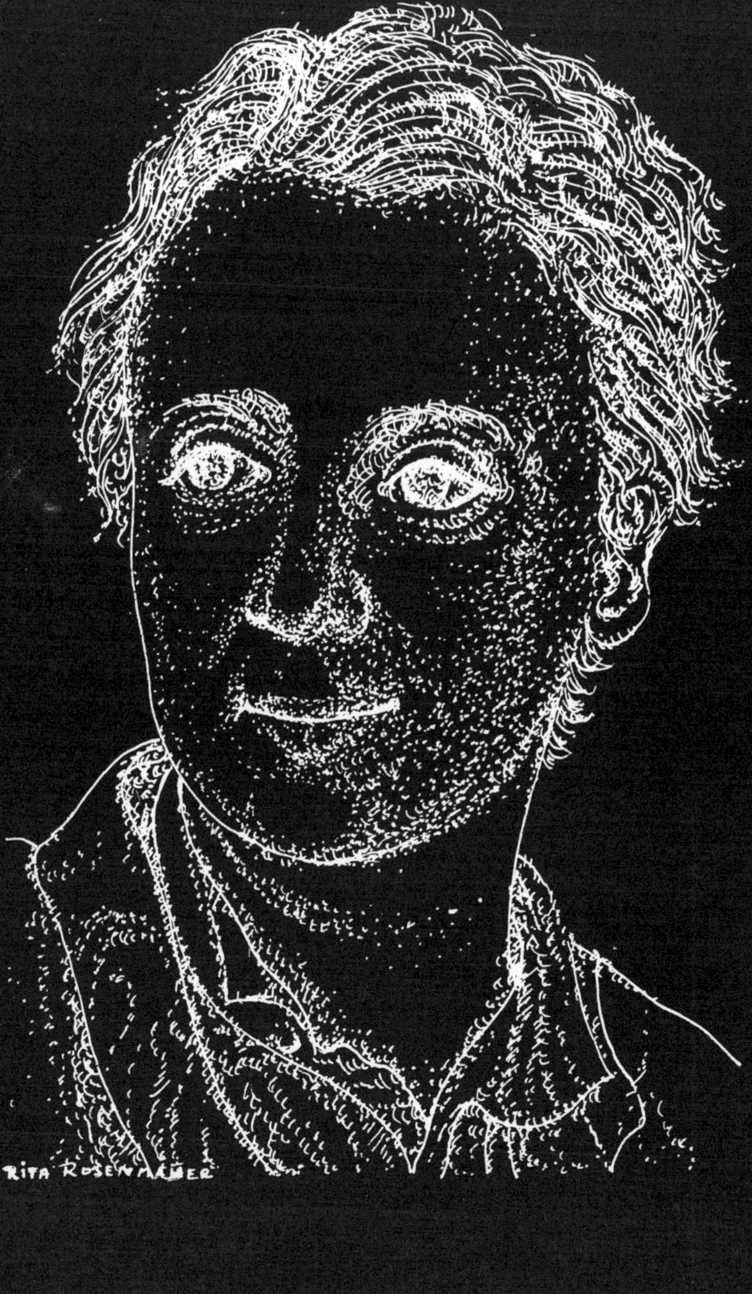
RITA ROSENMAYER

Este livro foi impresso em São Paulo,
nas oficinas da Cherma Indústria da Arte Gráfica Ltda.,
em janeiro de 2011, para a Editora Perspectiva S.A.